格差の連鎖と若者 1

石田 浩 [監修]

教育とキャリア

石田 浩 [編]

編集協力
東京大学社会科学研究所附属社会調査・
データアーカイブ研究センター

keiso shobo

シリーズ刊行のことば

　現代日本の若者を取り巻く環境は，厳しさを増している．特に1990年代以降，安定した職場に就職しそこで働き続け，交際相手をみつけて結婚するという以前には当たり前であったことが難しく感じられ，若者たちは乗り越えなければならない多数のハードルが存在することを痛感するようになった．

　事実，1990年代からの景気停滞は，新規の学卒者の就職機会を大きく後退させた．学校が組織的に学生たちの就職活動を支援することで，卒業と同時に安定した正規社員の仕事を得るといった慣行は揺らぎ，教育の世界から職業の世界へのスムーズな移行が困難になってきたと指摘されはじめたのもこの頃である．若年者の失業率が上昇し，学校から職場への移行問題がすでに深刻化した欧米での出来事が，にわかに日本でも現実味を帯びてきたのである．

　新規学卒者の一括採用による長期雇用を前提とした「日本型雇用慣行」は，若年労働者の賃金を相対的に低く設定することで，中高年労働者の相対的に高い賃金を保障するという仕組みがある．若年の正規社員は，雇用保障と社内での昇進の長期的な展望の見返りに，低賃金の長時間労働や転勤といった働き方を受け入れることを余儀なくされる．このような雇用慣行の下では，すでに雇われている正規社員の雇用と賃金を保障せざるを得ず，景気の悪化に伴って急遽取りやめることはできない．そこで企業は，固定費となる正規社員の雇用をできるだけ抑え，非正規社員の雇用を増やし，正規社員が担ってきた業務を代替させ，柔軟性を確保する必要がある．既得権の恩恵に与らない若年者こそ「新たな」ニーズを埋める絶好の人材となり得る．このように，絞り込んだ正規社員であっても企業は固定費を回収すべく若者への労働強化を図り，非正規の雇用の場合には雇用保障，賃金，福利厚生の面での不利を甘受せざるを得ず，若年を取り巻く労働環境は厳しさを増している．

また少子高齢化に代表される社会的環境の変容は，若者の生き方（ライフコース）の変化と大きく関わっている．例えば，1989年の合計特殊出生率が丙午の年よりも低い値となったことを受けた「1.57ショック」は，少子化の問題を公の舞台に押し上げた．少子化は現役労働人口の減少に伴う税収入の減少を生み，高齢化による社会保障費の増加の中で財政のアンバランスが懸念された．その背景として真っ先に指摘されたのが，若者が結婚時期を遅らせ（晩婚化），あるいは一生結婚しない者が増える（未婚化）傾向である．結婚年齢は上昇傾向にあり，生涯未婚率も上昇していることから，若年者の結婚への道が険しくなっていることがわかる．しかし，若者が結婚を希望しなくなったわけではない．結婚願望は依然として強い一方で，その願望が実際にかなえられない現実がある．

21世紀に入り，社会経済の環境は大きく変容し，これまで当然と思われてきたことがそうではなくなってきた．それでも若者は1歩1歩，社会を構成する1人前のメンバーである「大人」へと成長する道を歩んでいかなければならない．スムーズな大人への移行を実現するのは，若者個人だけの問題ではなく，その移行を支援し環境を整える社会にとっても重要な課題である．「大人への移行」とは，親から独立し経済的に独り立ちすること，仕事を持ち納税の義務を果たし投票すること，結婚し子どもを育てること，などさまざまな局面での経済的・社会的・市民的「自立」のプロセスと密接に関連している．

若者の大人への巣立ちというライフコースの過程と格差の関連を考えるのが，本シリーズの問題意識である．若者の間の格差・不平等の現状はいかなるものなのか．格差はどの時点で生まれ，連鎖していくのか．具体的には，生まれ落ちた家庭の不平等，教育を受ける機会の格差，はじめての仕事での有利さ・不利さの違い，交際や結婚という家族形成をめぐる格差など，若者が歩むライフコースの過程で，格差がどのように生成されてくるのか，初発の格差がその後の人生における有利さ・不利さとどのように関連していくのか，について実証的な調査データに基づいて分析していく．

現代日本の若年者をめぐる格差の生成・連鎖とライフコースの関連を把握するために，東京大学社会科学研究所（東大社研）では，「働き方とライフスタイルの変化に関する全国調査」（JLPS: Japanese Life Course Panel Surveys）とい

シリーズ刊行のことば

うパネル（追跡）調査を実施している．本調査研究は，通称，東大社研パネル調査プロジェクトと呼ばれ，若年，壮年，高卒パネル調査という3つの調査を実施している．同じ対象者を何年にもわたり追跡することで，対象者の人生の軌跡を丹念に跡付けることができるところに最大の特色がある．ライフコースのさまざまなイベント（転職，結婚，出産など）の発生時期やその効果をつぶさに観察することができると同時に，それぞれのライフコースの段階で若者個人がどのように考え，意識を変化させたのかを辿ることが可能となる．3巻のシリーズ本は，このJLPSを利用した東大社研パネル調査プロジェクトの成果である．

毎年3つのパネル調査を継続的に実施するのは，多くの時間と労力を要求される．東大社研パネル調査プロジェクトの参加者，特に調査実施委員会のメンバーであった朝井友紀子，有田伸，石田賢示，伊藤秀樹，大島真夫，小川和孝，佐藤香，佐藤博樹，鈴木富美子，田辺俊介，戸ヶ里泰典，中澤渉，藤原翔，三輪哲，諸田裕子（故人），山本耕資，吉田崇の皆さんには，多大なご尽力をいただいた．社会科学研究所の歴代の所長（仁田道夫，小森田秋夫，末廣昭，大沢真理）には，社研パネル調査プロジェクトについて，適宜必要なときに支援の手を差し伸べ，暖かく見守っていただいた．研究所の附属施設である社会調査・データアーカイブ研究センターには，職業・産業コーディングと調査データの公開に関して援助を受けた．これらの人々・組織の力が結集されなければ，このような形で長期に渡り調査を継続し，プロジェクト研究を推進することはできなかった．

調査の実施と分析にあたっては，日本学術振興会の科学研究費補助金基盤研究(S)(18103003, 22223005)，特別推進研究(25000001)，基盤研究(C)(25381122)および厚生労働科学研究費補助金政策科学推進事業(H16－政策－018)の助成を受けた．社研パネル調査プロジェクトの運営とパネル調査の継続にあたっては，東京大学社会科学研究所からの研究および人的支援，株式会社アウトソーシングからの奨学寄付金を受けた．

本シリーズの刊行を強く勧めてくださったのは，勁草書房の松野菜穂子氏である．東大社研パネル調査プロジェクトの仕事に早くから関心を寄せられ，3巻構成として体系的なシリーズ本としてまとめることを提案してくださり，編

シリーズ刊行のことば

集面でも大変お世話になった．

　最後になるが，いうまでもなく，私たちの調査・研究プロジェクトが何年にも渡り継続することができ，本書のような研究成果を世に問うことができるのも，調査の対象となったひとりひとりの回答者が，毎年真摯に調査に協力してくださったからにほかならない．心から感謝申し上げたい．

2016 年 10 月

石田　浩

目　次

シリーズ刊行のことば …………………………………………石田　浩　i

総　論　ライフコースから考える若者の格差 ………………石田　浩　3
　　　　──研究の意義と調査研究の特色
　1. はじめに　3
　2. 研究の枠組み──ライフコースと格差の連鎖・蓄積　5
　3. パネル調査の意義と特性　11
　4. 東大社研パネル調達プロジェクト
　　　「働き方とライフスタイルの変化に関する全国調査」　15

序　章　格差の連鎖・蓄積と若者 ……………………………石田　浩　35
　1. はじめに　35
　2. 格差研究の2つの流れ　36
　3. 「格差の連鎖・蓄積」の枠組み　38
　4. 東大社研パネル調査（JLPS）を用いた「格差の連鎖・蓄積」の検証　42
　5. 本書の構成　55

目次

第Ⅰ部　学校から仕事への移行

第1章　学校経由の就職活動と初職 ………………………………大島真夫　65
1. 学校経由の就職活動の何が問題か　65
2. 就職活動の仕方と初職との関係　71
3. 学校は生徒の選抜をしているのか　78
4. セーフティネットとしての就職斡旋　84

第2章　教育拡大と学歴の効用の変容 ……………………苅谷剛彦　90
　　　　　──日本型学歴インフレの進行
1. 問題の設定　90
2. 90年代までの大卒就職・雇用の仕組み　94
3. 分析方法　98
4. 初職の職業機会の分析　101
5. 能力評定への影響　104
6. 結論　107

第3章　新卒一括採用制度の日本的特徴とその帰結……有田　伸　113
　　　　　──大卒者の「入職の遅れ」は何をもたらすか？
1. はじめに　113
2. 「新卒一括採用制度」の日韓比較　115
3. 課題の設定・データ・分析方法　121
4. クロス表による基礎分析　122
5. ロジットモデルによる分析　125
6. 考察──なぜ入職・卒業の遅れは不利となるのか？　130
7. おわりに　134

第Ⅱ部　初期キャリアの格差

第4章　正規／非正規雇用の移動障壁と
　　　　　非正規雇用からの脱出可能性……………………中澤　渉　143

1. 正規／非正規雇用の格差をめぐる議論の背景　143
2. 若年労働市場の動きと分析課題　146
3. パネルデータからみる個人内の地位の変動　152
4. 不安定な地位からの脱出　161
5. まとめ　165

第5章　現代日本の若年層の貧困………………………………林　雄亮　171
　　　　　――その動態と階層・ライフイベントとの関連

1. はじめに　171
2. 「低所得」とはいかなる状態か　175
3. 低所得状態の持続性と変化　180
4. 不利の連鎖は存在するか　184
5. まとめ　190

第6章　社会的孤立と無業の悪循環　……………………………石田賢示　194

1. 問題の所在　194
2. 先行研究　197
3. 問いと検討課題　201
4. データと方法　202
5. 分析結果　206
6. 考察とまとめ　212

目　次

終　章　教育とキャリアにみる若者の格差 ……………石田　浩　217
　1. ライフコースと格差　217
　2. 教育とキャリアにみる格差の連鎖・蓄積　220
　3. 格差の連鎖・蓄積の枠組み　234
　4. 大人への移行と格差の連鎖・蓄積　237
　5. おわりに　238

付　録　分析に使用した調査票の設問一覧 ……………………………243

索　引……………………………………………………………………………279

格差の連鎖と若者　第1巻

教育とキャリア

総論

ライフコースから考える若者の格差
―― 研究の意義と調査の特色

石田　浩

1. はじめに[1]

　現代日本の若者を取り巻く社会・経済的環境は，1990年代以降に大きく変貌してきた．新規学卒者の就職に関してみると，高卒者・大卒者の就職率は，求人倍率の低下とともに1990年代後半大幅に落ち込んだ．この就職率の低下に対応した形で，高卒・短大卒・大卒ともに就職も進学もしない「無業者」の比率が増加した（苅谷ほか1997；粒来1997）．これら「無業者」の多くは，学校卒業後，一定の進学先や就職先を持たずに「フリーター」と呼ばれる非正規就業に従事する若年層であり，正規就業から転職して「フリーター」に流れ込む層，労働意欲自体を失い求職活動もしない「ニート」と呼ばれる若者とともに，社会的な関心を集めた（玄田・曲沼2004；小杉2003；小杉編2002, 2005, 小杉・堀編2006；太郎丸編2006）．さらに1990年代にバブルが崩壊し，経済の逆風を直接的に受けたのは若年層である．10代（15～19歳層）の失業率は1990年に7%であったものが，2000年には12%と大きく上昇した．これらの高い失業率，無業率，そして非正規雇用率を生み出した過程はいかなるものか．若年者自身は，この変化をどのように受け止め生活してきたのか．これらの問いに答えるためには，若年者を追いかけ，学校から労働市場への移行の経験と初期キャリアにおける就業行動と彼ら・彼女らの意識を丹念に跡付けることによってしか明らかにすることができない．追跡調査によって，例えば，非正規就

業や失業，貧困状態は，若年者のキャリアの中で一時的なものなのか，それともその後の彼らの人生に長期的なインパクトを及ぼすのか，といった時間の変遷が鍵となる命題についての検証が可能になる．

1990年の「1.57ショック」以来出生率は，近年若干の持ち直しがみられるものの，長期的には低下傾向にある．この少子化をもたらす主たる要因は，若年層の晩婚化・未婚化であるといわれている（白波瀬 2005）．若年層の婚姻行動は親世帯との関係を抜きには語ることはできない．親元を離れようとしない若者は一時期「パラサイト・シングル」と呼ばれて，世間の注目を浴びた（宮本ほか 1997；山田 1999）．子が成人しても依然として世話をやき続け，「結婚適齢期」をすぎても，もはや結婚を急がせようとしない親がいる．同時に，親元を離れ，独立することで生活水準が低下することを好まない未婚者は，親との同居を続け，晩婚化・未婚化傾向を生み出すと考えられている．しかしながら，親元を離れる時期（離家）の遅れと婚姻行動との因果関係は，実際に時間の経過とともに親世帯との関係の変化を追うことによってしか正確に把握することはできない．さらに結婚は，出会いと一定期間の交際を経て実現されるものであり，若年者の交際経歴を丹念に追うことで結婚への経路をはじめて理解することができる．

このような就業や結婚をめぐる変容は，不況の進展，雇用慣行の変遷，人口変動などの社会・経済構造の変化の影響を受けただけでなく，若者自身の意識や価値観が変化したことと関連していると考えられている．安定した終身雇用にこだわらず，経済的に自立することに主眼をおくよりも，自分がやりたいことを優先するライフスタイル，何ら抵抗なく親に依存しつづけ結婚という選択に価値を見出さない考え方など，若年層の価値観の変化が強調されている．しかし本当にこのような意識・価値観の変容があり，それは「いまの若者特有」のことなのであろうか．また，価値観・意識の変化が行動の違いを生み出しているのか，それとも就業，結婚をめぐる社会的な条件や過去の選択の結果が，意識や価値観の変容を生み出したのか，いままでの研究では十分に明らかにされてきたとはいえない．

私たちの研究は，以上述べたような疑問と問題意識を出発点としている．本研究では，若年者を追跡するパネル調査を長期にわたって継続することにより，

若年者が壮年期に差し掛かるライフコースの流れを，(1) 教育，(2) 労働，(3) 家族，(4) 意識，という4つの軸から総合的に捉えるとともに，若年者の格差がどのように生成され拡大していくのかを検証する．社会に出たスタートラインでの機会の平等・不平等が，その後のライフコースにどのような影響を与え，将来にわたって持続して格差を拡大させるのか，それともキャリア形成の過程で初期の不利を跳ね返すことが可能なのか．このようなライフコースと格差の関連を，若年層を対象にした調査データを分析する中で明らかにしていくことを目指している．

2. 研究の枠組み──ライフコースと格差の連鎖・蓄積

私たちの研究プロジェクトの目的は，若年者を対象としたパネル（追跡）調査を継続することにより，若年者の多面的な生活の変化を「ライフコース」の変容として包括的・総合的に捉えることである．さらにその変容過程を「格差の連鎖・蓄積」という理論枠組を用いて，ライフコースをとおした格差生成のメカニズムを解明することにある．

2.1 ライフコース研究の流れ

本研究プロジェクトでは，若年者を長期的に追跡するパネル調査を実施することにより，ライフコースの大きな流れの中で若年者の行動と意識の変容を捉えることを目指す．ライフコースとは，「個人が時間の経過の中で演じる社会的に定義された出来事や役割の配列（sequence）」のことである（Giele and Elder 1998 = 2003: 70）．ライフコースの視点は，時間による変化を強調することで，人々の人生の流れを断片的に考察するのではなく，個人の発達という体系的な切り口を提供した．逆に発達論者に対しては，社会的・文化的・歴史的な文脈の中で個人の変化を捉えることの重要性を指摘したのである．

個人のライフコースは時間の流れ（つまり加齢）とともに進行し，体や精神の発達などの生理的・心理的変化とともに，ある出来事や役割が起こる時期が社会的に定められている社会的変化を伴う．日本社会という文脈では，個人の権利や義務は法律で定められ，結婚や出産などに関する社会的な規範が存在す

る．就学年齢，飲酒ができる年齢，選挙で投票できる年齢は，法律で決められ，個人は特定の年齢に達することで自動的に権利と義務が発生する．しかし多くの出来事や役割は法律で明確に規定されているのではなく，社会的な期待，規範によって担うべき年齢が決められている場合がある．結婚適齢期は，結婚という出来事により夫あるいは妻という役割を取得するのに相応しい年齢を表現したものである．いつ学校を終えるべきか，いつ就職すべきかについても社会的な期待がある．また結婚適齢期や就職年齢などの社会的期待は，歴史的な時間とともに変遷し，社会・地域によっても異なる．日本に限ってみても戦争を体験した戦前世代，戦後ベビーブームの団塊の世代など，戦争や高度経済成長といった歴史の変動を体験した世代の社会的期待は，その後の団塊ジュニアの世代が持つ規範とは明らかに異なる．

　戦後の日本社会においては，高度経済成長期にライフコースの制度化が大きく進展したといわれている（嶋崎 2008, 2013）．男性にはサラリーマン雇用者としてのライフコース，女性には専業主婦としてのライフコースという2つの「公的ライフコース」が制度的に確立し，この2つが「ごく普通の人生をたどる」ことを象徴するものになった（嶋崎 2013: 9）．高度経済成長期には「公的ライフコース」が日本社会全体に広がり，「人生の時刻表」として標準化されていった．その後サラリーマンと専業主婦の標準世帯のモデルは温存されたまま，女性の社会進出や就業継続が進み，女性のライフコースの「多様化」と「個人化」の流れが進行している．自らの選択とその責任を強調する個人主義の志向性が，家族や伝統ではなく個人の選好を優先するライフコースの個人化を促している．

　エルダー（Elder 1974; Elder and Giele 2009 = 2013）によれば，ライフコースの形状を規定する要因として以下の4つを挙げている．(1) 歴史的および地理的な位置，(2) 他者との関係，(3) 個人の自己制御，(4) タイミングの差異，である．個人のおかれた社会・文化的な位置（文脈），友人関係など重要な他者との社会的絆，個人の動機付けや意志（ヒューマンエージェンシー）の3つの要素が絡みあってイベントが発生するタイミングが決まり，ライフコースの軌道の差異となってあらわれる．例えば，個人がいつどのように家族をつくるのかは，その個人の生きる時代や国の制度や状況に左右され，同時代の人々の行

動や規範に影響を受け，個人の成長の段階や動機付け・目標によっても変わってくる．これらの要因が複合的に影響し合い，最終的な結婚・出産のタイミングとしてライフコースのパターンが形成される．

2.2 ライフコース研究と格差の連鎖・蓄積

ライフコース研究の重要な特色は，個人内（within individual）の変化と安定性の軌跡を，個人間（between individuals）の特徴や経験と関連付けることである．本研究で特に注目する個人間の特徴は，社会・経済的な格差である．個人間にみられる初発の不平等（父母の学歴や階層，世帯の経済的豊かさなどの家庭的な背景）が，その後の個人内のライフコースの軌道とどのような関連があるのか，ライフコースの中で獲得していく社会・経済的な地位の違いがその後のライフコースにどのような影響を及ぼしていくのかに着目する．つまり個人のライフコースの形状が，社会・経済的な格差の連鎖・生成の過程とどのような関連があるのかに焦点を当てる．

本研究では，ライフコースと格差を結びつける理論的枠組みとして「格差の連鎖・蓄積」（cumulative advantage and disadvantage）という概念を用いる（Merton 1968; DiPrete and Eirich 2006）．この概念は，個人のある時点での有利さ・不利さが時間とともに連鎖・蓄積していく過程をあらわす．例えば，「学卒後の初職が非正規の仕事で不規則な就業であることから健康を害し，長く親元を離れずに暮しているため結婚が遅れる」という過程は，学校から職場への移行，就業，健康，家族形成といった流れの中で「不利な立場が連鎖」していく状況を生み出しているといえる．1時点の横断的調査データでは格差の断面はわかるが，どのようにして1時点の格差（有利・不利）が生成されたのか，格差の連鎖を断ち切る要因は存在するのかを検証することはできない．若年者を長期にわたって追跡していくパネル調査によって，ライフコースの流れの中で格差が時間とともに継続・拡大あるいは消滅していくメカニズムを解明することがはじめて可能となる．このように「格差の連鎖・蓄積」という枠組みを用いることで，ライフコース研究と格差研究の橋渡しという学術的貢献が期待できる．

図表総-1は，若年者のライフコースの流れを示したものである．左から右

図表総-1 ライフコース研究の枠組み

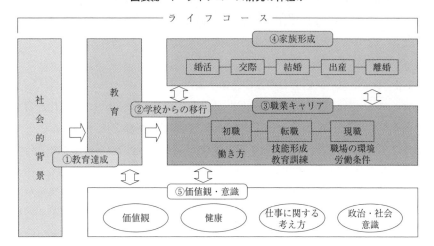

に時間が流れる形になっている．本研究では，5つの移行過程と変化に着目する．初発の不平等である社会的な背景が出発点となる．初発の不平等は，個人が生まれ落ちた環境により決定される生得的なもので，個人が主体的に獲得したものではない．出発点での格差は，個人の能力や努力とは無関係に所与として与えられたものであり，個人の責任の範囲を超えた変えることのできない属性である．この意味で出発点における格差の持つ意義は，他の時点の格差とは異なる．出発点における格差が，その後の個人の達成・移行過程に与える継続的な影響について考察する．

最初に個人が獲得する業績として，学歴の達成（学校レベルの移行）が考えられる（①教育達成）．個人の動機付けや意欲，能力と努力により学歴達成の程度は異なるが，生まれた家庭の経済的豊かさ・文化的な資源，両親の学歴などの初発の不平等が教育達成にも影響を与える過程を分析する．第2に学校から職業世界への移行に着目する（②学校からの移行）．日本では学校が生徒・学生の就職の支援・斡旋に関して積極的な役割を果たしていることが知られている（苅谷1991）．本研究では，若年者が学校教育を修了した後にどのような形で就職していくのかについて，学校の役割に着目しながら分析する．第3の移行・変化は，初期の職業キャリアに関するものである（③職業キャリア）．正規・非

正規などの働き方の違いと移動障壁，技能習得の機会などの職場の労働条件を含む技能形成と転職，低所得状態（貧困），無業状態とその帰結など，転職・職業キャリアの展開過程に焦点を当てる．

　第4の移行・変化の枠組みは，家族形成に関するものである（④家族形成）．親世帯からの独立（離家）は，大人への移行としての最初のステップとして位置付けられている．新たな家族の形成に向けた婚活と交際，そして結婚・出産といったイベントの発生は，少子高齢化の問題と関連して重要なテーマとなっている．第5の変化の枠組みは，個人の意識や価値観の変容に着目する（⑤価値観・意識）．個人が経験する職業キャリアや家族形成は，どのような働き方をしたいのか，仕事と家庭のバランスをどのようにとるのかなど，個人がもともと抱いていた将来のキャリアデザイン・家族設計と大きく関連している．そこで若年者の価値観や意識の変容を職業キャリアや実際の家族形成の過程とあわせて分析する．

　以上のような5つの移行・変化の過程の中で，社会・経済的格差がどのように生成され，再生産されていくのかが大きな問題関心である．生まれ落ちた家庭による出発点での格差にはじまり，それぞれの移行段階で新たな格差が生成される．教育達成の段階で，高等教育を受ける機会の有無による学歴格差が生じ，それが初職段階での正規・非正規職の格差と関連していく．初期の職業キャリアの形成過程で低所得状態（貧困）が継続することは，その後の職業キャリアの展開だけでなく，結婚のチャンス，健康状態，働き方の意識にも影響を及ぼすことが推察される．このように有利・不利な立場が連鎖していく過程を丹念に跡付けることにより，ライフコースと格差生成のメカニズムの関連を明らかにすることを目指している．

　第1巻では，①教育達成，②学校からの移行，③職業キャリアの3つの移行・変化の軸に焦点を当てた分析により構成されている．第2巻は，④家族形成に関連した分析が中心となる．交際から結婚へ至る道のりとともに，夫婦関係や出産意欲などが論じられる．第3巻は，⑤価値観・意識を取り上げ，職業キャリアや家族形成についての考え方，希望，幸福感などを分析する．このように本研究は，5つの移行・変化の軸を個人のライフコースの流れの中で総合的に捉えることによって，若年の行動と意識の変容の関連を明らかにし，若年

雇用政策や晩婚化・少子化に関する施策を検討するための学術的な基盤を提供することを目指している．

2.3 ライフコースと「大人への移行」

本研究では，個人に起こるさまざまなイベントの流れを若年者のライフコースとして捉えるだけでなく，その過程を大人へと成長していく長期の移行過程として考える．学校を卒業する，就職をする，親元を離れる，結婚をする，などというイベントは，「大人への移行」過程での移行のマーカー（transition markers），つまり大人への階段を上る象徴的なステップとして考えることができる．第3巻では，「大人への移行」過程を「若者の自立の歩み」と呼び，若者が経済的・社会的・市民的な自立を確立し，社会のフルメンバーとして参加していく道程に着目している．

研究に用いた若年・壮年パネル調査では，回答者に対して自らを大人であると思うか否かを質問している[2]．回答者を20〜29歳までの20代に限ると，「大人である」と回答したのは41%，「大人でない」は25%，「どちらともいえない」が33%であった．参考までにアメリカでの類似な調査（20〜29歳の米国中西部の居住者の調査）の回答では，それぞれ46%，4%，50%となっている（Arnett 2001）．アメリカでは自分を「大人ではない」と考えている回答者はほとんどいないのに対して，日本では同じ年齢層の4分の1がまだ自分は大人ではないと認識している．

調査では，「大人である」ための条件についても質問している．日米両国の回答者の多くが共通して挙げた項目は，「自分の行動の結果に責任をもつこと」「自分の感情をいつもコントロールできること」「親から経済的に自立すること」の3つであった．興味深いのは，「大人になる」ためには，経済的な自立に加えて，個人の規範や価値観といった考え方に関する条件が重要であると認識されている点である．大人であるための条件として，結婚や出産といった役割取得を挙げた回答者は日米ともに低く，価値観や考え方の方が重視されていることがわかる．

このように「大人への移行」過程では，移行のマーカーとして典型的に用いられる離家，就職，結婚といったイベントだけでなく，自立した個人としての

価値観の内面化(意識の変容)に着目していくことが重要であることがわかる.第3巻では,家族と社会とのつながりをどのように若者が考えているのか,という視点から「若者の自立の歩み」に迫る.離家,就職といった具体的なイベントに関して,若年者がどのような意味づけをし,どのような見通しを持っていたのか,そして実際の離家・職業経験は,過去に抱いていた将来像とどのように対応しているのかを調査データから明らかにする.

3. パネル調査の意義と特性

私たちの研究プロジェクトが長期に渡って収集し分析する調査データの特色について,このセクションでは述べておきたい.すでに1時点で実施する横断的調査と複数時点にわたって個人を追跡する縦断的調査の違いについては述べてきたが,ここでは後者の縦断的調査の意義と特性について検討する.

3.1 パネル調査のメリット

本研究プロジェクトでも用いているパネル調査とは,どのような意義と特性を持つものなのだろうか.一般的にパネル調査とは,同一の個人を追いかけることにより,何度も繰り返し調査を実施し観察値を蓄積する方法である(北村2005).パネル調査のメリットとしては,第1に,同一個人の変化(個人内変化)を跡付けることができる点である.1時点の横断的(クロスセクション)調査を複数時点繰り返すことで,調査間の時系列的な変化を示すことはできるが,これは調査対象者の集合体としての全体像の変化(例えば,時代による世論の動向の変化)であり,調査を構成する個人1人1人がどのように変化したのかをあらわすものではない[3].仮に2時点でマクロな世論の分布がまったく同じであったとしても,その間にミクロな個人の意見の変化がなかったとは結論できない.例えば,政党支持の分布が2時点で同一であっても,個人の政党支持が2時点で同一である必要はない.自民党から共産党へと支持を変化させた人と逆の変化をした人が同じ比率であれば,2時点のマクロな政党支持の分布はまったく同じになる.パネル調査により,個人の意識や態度の安定性の度合いを明らかにし,どのような属性を持った個人が意識の安定した人々(例えば,持続

的な自民党支持層）なのかを明らかにすることができる．安定性を特定化するためには，意識や態度に関する同一の項目を繰り返しパネル調査で聞き取ることが必要となってくる．

　第2に，個人の変化を追跡できることと関連して，個人レベルのミクロな変化と社会レベルのマクロな変化を対応させて考察することが可能となる．社会全体での動きが，個人の行動や意識にどのような影響を与えたのかを検証することが可能となる．例えば，個人の職歴をバブル期から不況期への移行の時期と重ね合わせ，社会全体での労働市場の変貌がどのように個人の就業行動と関連しているのかを推測することができる．あるいは，自民党から民主党への政権交代時期に，人々の政治意識がどのように変容したのかを跡付けることができる．

　第3に，パネル調査を用いることで因果の方向を測定することが容易になる．2つの変数が共変動する場合に，同じ個人について複数時点の観察値があればどちらか一方が他方に影響を与えているのかを推計することができる．例えば，若年者の就業と働くことに関する意識の関連は，労働に関する意識が先にあり就業行動に影響を与えるのか，それとも行動が意識を規定していくのかを相互の影響力を同時に推計することにより検証することができる．これにより因果の方向の特定化につながる．

　第4のメリットとして，時間とともに変化しない観察されない個人の間にある異質性をコントロールすることができる点である（Halaby 2004；中澤 2012）．観察されない個人間の異質性とは，個人の能力や性格といった個人ごとに異なるが容易に観察することができない要因を指している．横断的調査を用いた分析では，因果効果の推定の際にこの異質性をコントロールできないことによる問題があることがわかっている．例を挙げて説明しよう（石田 2012）．結婚が生活満足度に与える効果を推定したいとしよう．横断的調査を用いる場合には，既婚者と未婚者を比較し，2つのグループで満足度に違いがあるかを検証する．既婚者と未婚者の間には，年齢・職業・所得などさまざまな違いがあるので，これらの観察される変数についてはコントロールした上での満足度の違いを推計する．しかし，これらの共変量以外にも観察されない要因による違いがあるかもしれない．例えば，既婚者の方が未婚者に比べ，何事にも積極的に取り組

む姿勢があるとすると，そのような性格が結婚相手を見つけ出すことや自分の生活に満足する傾向と関連しているかもしれない．つまり結婚と生活満足度の関連は，結婚しているか否か以外の観察されない個人間の違いにより説明される可能性が残っている．

これに対してパネル調査を用いた分析では，個人の結婚前と結婚後の生活満足度を比較することができる．同じ個人のイベント前後の比較なので，個人間の違い（観察される要因と観察されない要因の双方の異質性）は影響を与えることはない．個人内のイベント前後の変化は，そのイベントの効果をより正確に測定しているはずである．このように個人のライフコースで生起するさまざまなイベントの効果は，パネル調査の登場により従来の横断調査では考えられないような精度の高い形で推計することができるようになった．

しかし，パネル調査を用いた因果推論の議論に関して，1つだけ補足しておくと，イベント経験への選択バイアスを完全に制御した因果効果をパネル調査により推計できるわけでないという点である．パネル調査により観察できるのは，結婚というイベントを経験した個人の生活満足度の変化である．この同じ個人が，もし仮に結婚しなかった場合には，生活満足度にどのような変化があったかは，反実仮想（counter-factual）の世界のことなので観察することはできない．同じ個人が同時に，1つのイベントを経験したりしなかったりすることはできないので，ポール・ホランド（Holland, Paul）はこれを「因果推論における根本問題」（Holland 1986）と呼んでいる．仮に結婚のイベントを経験したりしなかったりする人をランダムに割り当てることができれば，この2つのグループ間には結婚というイベント以外に違いが存在せず，選択バイアスを完全に制御できる．しかし，調査観察データを用いる社会科学研究では，ランダム割当は実験とは異なり通常は考えにくく，選択バイアスを完全に制御した因果効果の推計は困難を極める（星野 2009; Morgan and Winship 2015）．

第5のメリットとして，特定の社会政策の効果を評価することができる．ある政策が実施に移された前後で，政策の対象となったグループとならなかったグループの間の違いに着目することで，政策効果を検証することが可能となる．例えば，労働基準法の改正（2010年4月）により，月60時間を越える時間外労働について割増賃金率を25%から50%に引き上げることになったが，中小

企業は適用猶予とされた．対象となった大企業と対象外の中小企業で働く労働者の時間外労働時間が改正前後でどのように変化したかを検証することにより，この政策が労働者の生活時間に与える影響を評価することができる（Asai 2015）．

3.2　パネル調査における脱落

パネル調査は上記のような優れた特性を持っているが，欠点がないわけではない．おそらく一番大きな問題は，調査対象者の磨耗・脱落（attrition）である．調査を継続していく中で，調査へ協力してくれる対象者が徐々に減少していく問題である．脱落が完全に無作為な形で発生するのであれば，残っている対象者と脱落者に有意な違いはなく，分析上なんら問題はない．しかし，脱落が無作為ではなく分析の対象となる変数と独立ではない場合には，推定に影響を及ぼす．1968 年から継続しているアメリカの Panel Study of Income Dynamics（PSID）では，転居，離婚，失業などが脱落と関連していると指摘されている（Lillard and Panis 1998）．家計経済研究所の「家計研パネル調査」の脱落状況については，結婚に伴う脱落，低収入と収入の負の変化が脱落傾向と関連していることなどが明らかになっている（坂本 2006）．「働き方とライフスタイルの変化に関する全国調査」では，20 歳代前半の若年者，男性，引越予定者が脱落する傾向が認められたが，就業状態や収入などは脱落傾向とは相関がなかった（田辺 2012）[4]．

脱落の大きな要因としては，引越しなどによる転居先不明がある．「働き方とライフスタイルの変化に関する全国調査」では，対象者の住所変更を把握するために，調査時とは別に年 3 回対象者とコンタクトをとっている．毎年 4 月ころに調査のお礼とともに，4 月から住所変更があった場合に変更連絡の依頼を行い，9 月ころには調査速報を対象者に郵送し調査の重要性を周知するとともに住所変更届けの依頼を行う．12 月には来年度の調査依頼と住所変更の連絡を依頼する．調査実施時においては，最初に調査票を郵送する場合には「転送不要」を表示した封筒を用いて郵送し，転居のケースを特定した上で，再度「転送不要」をはずして郵送し，住所変更の連絡依頼を同封して転居先を確認する，という形をとっている．

4. 東大社研パネル調査プロジェクト
「働き方とライフスタイルの変化に関する全国調査」

　現代日本の若年者を取り巻く社会の変化とそれが若年のライフコースに与える影響を把握するために，東京大学社会科学研究所（東大社研）では，「働き方とライフスタイルの変化に関する全国調査」（JLPS: Japanese Life Course Panel Surveys）というパネル（追跡）調査を実施している．これは通称，東大社研パネル調査プロジェクトと呼ばれる若年者を追跡する調査である．

　若年者を追跡する調査は，海外では数多くの蓄積がある．例えばアメリカでは，若年者の全国縦断調査（National Longitudinal Surveys of Youth：NLSY）が1966年から14〜24歳の若年を1981年まで追跡し，1979年からは14〜22歳の若年コーホートと女性回答者の子どもを現在まで追跡している．イギリスでは，16歳のコーホートを追跡する若年者コーホート研究（Youth Cohort Study：YCS）が1985年に開始され，イギリスの若者の縦断調査（Longitudinal Study of Young People in England：LSYPE）は2004年から13〜14歳コーホートの生徒と親を追跡調査している．

　これに比べ日本では，若年に焦点を当てた長期のパネル調査はまだ稀少である．労働政策研究・研修機構（正確にはその前身である日本労働研究機構）が，1985年に高校1年生であった対象者を卒業1年目，3年目，6年目に追跡するパネル調査を実施し，進路選択と離転職を含む初期の職業経歴という観点から分析を行っている（日本労働研究機構 1992, 1996）．日本教育学会は「若者の教育とキャリア形成に関する調査」を20歳の若年を対象に2007年より5年間にわたり実施し，若年者の学校から職場への移行とキャリア形成についての研究を行っている（乾 2008, 2012）．しかし，これらの調査は対象年齢・継続期間が限られており，教育と職業生活とその意識に焦点を当てたものになっている．

　東大社研パネル調査プロジェクトは，長期にわたって継続される3つのパネル調査により構成されている．2004年3月に高校を卒業した生徒を追跡する「高卒パネル調査」（JLPS-H：High School），2007年に20歳から34歳の若年者を追跡する「若年パネル調査」（JLPS-Y：Youth），そして同じく2007年に

35歳から40歳であった壮年者を追跡する「壮年パネル調査」（JLPS－M：Middle-aged）である．3巻のシリーズ本「格差の連鎖と若者」は，以上の3つのパネル調査を用いている．さらに2015年度からは，中学生とその親を対象とした「学校生活と将来に関する親子継続調査」（JLPS－J：Junior High School）を新たに開始した．

「高卒パネル調査」は，社会科学研究所の2000～2004年度の全所的プロジェクト「失われた10年？――90年代日本をとらえなおす」の1つとして発足した「教育と若年労働市場の変容」グループの研究から出発している．この研究プロジェクトでは，卒業間近の全国4県の高校3年生を対象として2004年1月から3月にかけて「高校生の生活と進路に関するアンケート調査」を実施した．卒業後も「高校卒業後の生活と意識に関するアンケート調査」として対象者を追跡しており，これが「高卒パネル調査」に当たる（石田 2006）．「高卒パネル調査」は，毎年500名ほどの対象者から調査票を回収しており，本シリーズの第3巻で分析されている．第3巻の序章で詳しく背景，調査設計，回収率などについて紹介している．

本シリーズの第1巻，第2巻で用いられる「若年パネル調査」と「壮年パネル調査」は，「働き方とライフスタイルの変化に関する全国調査」と呼ばれ，2007年1月から4月にかけて第1波の調査が実施された．対象者は，2007年に20～34歳（若年パネル）と35～40歳（壮年パネル）の男女で，それぞれ3400名と1400名ほどから調査票を回収した．第2波以降は，この4800名を対象に毎年追跡調査を実施している．調査の設計，回収状況などは，本章の4.2で詳しく紹介する．

4.1 東大社研パネル調査プロジェクトの特色

東大社研パネル調査プロジェクトは，以下のような7つの特色がある（石田 2015）．

(1) 継続性

若年個人を長期にわたり毎年継続して追跡している．これにより若年から壮年にかけてのさまざまなライフイベント（転職・結婚・出産など）が生じる時

期の変化を捉えることが可能となる．例えば，バブル崩壊後の就職氷河期に社会に出たいわゆる「失われた世代」が，その後どのような軌跡を描いたのかを検証することができる．

(2) 総合性

「格差の連鎖・蓄積」という枠組みから，若年者の働き方，健康，家族形成，価値観や考え方など多様な側面がどのように関連し変容していくのかを総合的に捉え，ライフコースを通じた格差の形成過程として分析していくことができる．

(3) 学際性

教育（教育社会学），就業（労働経済学，人事管理），格差（社会学，社会階層論），家族（人口学，家族社会学），健康（医療・健康社会学），意識（政治・社会意識論）といった異なる分野の研究者が協力する学際的研究である．学際的なアプローチを取ることにより，若年者の行動と意識の変容を多面的・総合的に捉えることが可能となる．

(4) 比較可能性

調査の企画段階から国内の主要な横断調査（日本版総合社会調査（JGSS），社会階層と社会移動（SSM）全国調査など）や海外（アメリカ・イギリス）のパネル調査の設計や質問項目を参照し，比較可能な形になるように工夫を凝らしている．例えば，就業に関連する従業上の地位，従業先，職業などの項目については，SSM調査を参考にしている．高卒パネル調査では，アメリカのNational Education Longitudinal Study（NELS）の意識項目と比較可能な質問を採用している．

(5) 連携性

目的に応じて若年パネル調査，壮年パネル調査，高卒パネル調査を相互に補完的に用いることができる．壮年パネル調査は，若年パネル調査との比較対象グループとして用いることができる．高卒パネル調査を用いると，高校時代の

活動や通った高校の特性が把握することができるだけでなく，対象者のインタビューなどを通して，同年齢の若年パネル調査の分析を補完できる．

(6) 職業・産業コードの汎用性

若年・壮年パネル調査では，職業，産業に関する質問は回答者が自由に記述することができる形式を採用しており，回答者の記述を詳細な職業・産業コードに割り付ける作業（コーディング）を行っている．これにより例えば「幼稚園教諭」といった特定の職業についた人だけを取り出して，その後の職業キャリアを追跡する，といった分析が可能となる．詳細な職業・産業コードを用いた海外のパネル調査との比較も容易となる．

(7) 公開性

東大社研に附置されている社会調査・データアーカイブ研究センターと連携しながらクリーニング・コーディング作業を実施し，一定期間を経て調査データをSSJ（Social Science Japan）データアーカイブから寄託・公開している．調査票の英訳作業にも取り組んでおり，海外のデータアーカイブにも調査データを寄託予定である．調査データを寄託・公開することで，研究プロジェクトのメンバーに限らず，若年者を対象とした学術研究に大きく貢献することができる．

4.2 「働き方とライフスタイルの変化に関する全国調査」（JLPS）

「若年パネル調査」と「壮年パネル調査」は，それぞれ日本全国に居住する（2006年12月末時点で）満20歳から34歳（1972年～1986年生まれ）と満35歳から40歳（1966年～1971年生まれ）の男女を母集団として，選挙人名簿と住民基本台帳から対象者を抽出した[5]．この2つの調査は，対象年齢は異なるが，それ以外の調査設計，調査票などについてはすべて同様であり互換性が保証されている．このためこの2つの調査を直接比較する世代間比較分析，あるいは若年・壮年を合体して行う分析が可能な設計となっている．

抽出にあたっては，全国の地点を地域と市郡規模で層化し271地点を抽出し，性別と年齢グループでさらに層化した上で正規対象者と予備対象者を抽出した．

地域ブロックは，北海道，東北，関東，北陸（新潟・富山・石川・福井），東山（山梨・長野・岐阜），東海，近畿，中国，四国，九州の 10 地域である．市郡規模は，16 大都市，人口 20 万以上市，その他の市，町村の 4 つに分けた．地域と市郡規模の組み合わせにより 40 の層化単位ができるが，16 大都市が存在しない地域もあるので，実際は 37 層となった．37 層に 271 地点を割り当てたが，それぞれの地点の中では，性別と年齢グループ（20 〜 24 歳，25 〜 29 歳，30 〜 34 歳，壮年調査対象者の 35 〜 40 歳）を組み合わせた 8 つの層化単位に分けて，抽出すべき対象数を割り当てた．性別・年齢グループにより層化したのは，最も捕捉しにくいグループ（例えば「20 歳〜 24 歳の男性」）についても一定数の対象者を確保し，各性別・年齢群を満遍なく代表できるようにするためである．

　第 1 波の調査は，2007 年 1 月から 4 月にかけて実施された．対象者には，1 回限りの調査ではなく追跡調査であることを事前に伝え，了承をとった上で調査への協力を要請し，郵送で調査票を配布した[6]．調査票は対象者自身が記入したので，自記式の留置調査といえる．記入された調査票は，調査会社の調査員が対象者を訪問し回収した（郵送配布，訪問回収）[7]．調査を依頼し調査票を回収しようとすることを，本調査では「アタック」と定義する．正規の対象者全員にアタックを行い，回収できなかった場合には，予備対象者にアタックを継続した．最終的には，すべての性別・年齢群について満遍なく標本が確保できるまで調査を継続した[8]．

　図表総 - 2 は，第 1 波の回収状況を示したものである．すべてのアタック数に対する有効回収数の比率を粗回収率とすると，総アタック数から転居・長期不在・住所不明・その他（死亡，入院，病気，障がいなど）を除いた有効アタック数に対する有効回答数の比率を回収率として表に示した．回収率をみると，若年調査の方が壮年調査よりも 6％ほど回収率が低く，男性の方が女性よりも 8％ほど低いことがわかる．第 1 波の回収状況と欠票を分析した三輪（2008）によれば，この回収率は同時期に実施された他の調査と比較しても大きく変わらない水準にあり，性別・年齢・学歴・産業・職業などの属性によるデータの偏りも他の調査と比較して大きいわけではないことが明らかになっている．

図表総 - 2　若年パネル調査，壮年パネル調査の第1波回収状況

若年パネル調査

	有効回収数	総アタック数	有効アタック数	回収率
合計	3,367	11,552	9,771	34.5%
男性	1,693	6,553	5,394	31.4%
女性	1,674	4,999	4,377	38.2%

壮年パネル調査

	有効回収数	総アタック数	有効アタック数	回収率
合計	1,433	3,941	3,549	40.4%
男性	672	2,125	1,886	35.6%
女性	761	1,816	1,663	45.8%

回収率は有効アタック数に対する有効回収率の比率

図表総 - 3　若年・壮年パネル第2波～第9波（継続サンプル）回収率

	時期	若年調査			壮年調査		
		回収数	回収率 (1)	回収率 (2)	回収数	回収率 (1)	回収率 (2)
第2波	2008年1～3月	2,719	81%	81%	1,246	87%	87%
第3波	2009年1～3月	2,443	79%	73%	1,164	86%	81%
第4波	2010年1～3月	2,147	73%	65%	1,012	79%	71%
第5波	2011年1～3月	2,232	76%	66%	1,087	85%	76%
第6波	2012年1～3月	2,121	79%	63%	1,058	88%	74%
第7波	2013年1～3月	2,039	79%	61%	1,038	89%	72%
第8波	2014年1～3月	1,989	81%	59%	1,002	88%	70%
第9波	2015年1～3月	1,931	81%	57%	974	88%	68%

回収率 (1)　有効アタック数に対する回収数の比率
回収率 (2)　第1波回収数に対する回収数の比率

　第2波の調査は，翌年の2008年同時期（1月から3月）に第1波と同様に郵送配布・訪問回収の方法で同じ委託先により実施されている[9]．図表総 - 3にあるように，若年調査2,719票，壮年調査1,246票が回収され，回収率はそれぞれ81%と87%となっている．第1波と同様に若年の方が壮年に比べて回収率（正確にいえば，継続率）が若干低くなっており，この傾向はその後の追跡調査でもみられる．

　第3波の調査についても，2009年の同時期（1月から3月）に郵送配布・訪問回収の方法で実施した．回収率は2種類計算できる．第1波の回収数を分母

とした場合の回収率が「回収率 (2)」で示してあり，第1波の回答者のうちどのくらいが第3波で残っているのかを示してものである．「回収率 (1)」は，第3波調査の総アタック数（第3波の調査を依頼できた人）に対する回収数の比率である．第1波の回答者のうちすでに第2波の時点で調査への協力を拒否，あるいは住所不明となり脱落したケース，第2波の調査実施から第3波の調査実施までに住所不明となり郵便物が到着しないケースなどを除いたものがアタック数となる．第2波に回答しなかった対象者もアタック数に含まれる．実際，第1波回答者のうち，第2波では回答がなかったが第3波で「復活」した回答者が，若年調査で77名，壮年調査で18名存在する．その後の年度でも「復活」回答は，数は少ないが毎年存在する．

　第4波の調査は，2010年の同時期（1月から3月）に実施したが，調査方法は，予算の関係から郵送配布・郵送回収とした．訪問での回収を断念したことにより，回収率（若年調査73％，壮年調査79％）が他の年度に比べると若干だが低くなっている．第5波以降，調査方法は第1波と同様の郵送配布・訪問回収の形で実施している．アタック数に対する回収率は，第4波がボトムでその後は，若年調査で80％前後，壮年調査で80％台後半となっている．第9波の調査が終了した段階で，若年調査は第1波のもともとの回答者の57％，壮年調査は68％が調査に回答している．

　パネル調査は，調査を継続する中で回答者が脱落していく傾向があることはすでに指摘した．その大きな原因は，調査にこれ以上協力することを拒否する回答者と住所不明となる回答者の存在である．若年・壮年パネル調査の対象者には毎年調査速報を郵送し，調査結果を対象者に還元し調査への協力継続をお願いしている．また対象者には，調査時点以外に3回コンタクトをとり，住所変更がある場合には捕捉する努力をしている．田辺 (2012) による脱落者の分析からは，20歳前半の若年者，男性，引越し予定者が脱落する傾向があるが，追跡調査で関心の対象となる雇用形態（正規・非正規・無職などの違い）や世帯収入などについては脱落者と非脱落者の間で大きな違いは確認されなかった．このため例えば雇用形態の変化などの分析を行う場合には，脱落者がバイアスを引き起こす可能性は少ないといえる．

　回答者の数が毎年減少していくことを考慮し，2011年にはパネル調査回答

者の補充サンプルを追加した．2007年当時に20〜34歳（若年調査）と35〜40歳（壮年調査）であった人を母集団とし，第1波とまったく同じ手続きで対象者を抽出し，追加サンプルとして調査を実施した．調査方法は，2007年から調査を継続してきたサンプルとは異なり，調査票を郵送し調査員が回収するのではなく，郵送により回収する方法を採用した．追加サンプルで使用した調査票は，第1波，第2波については，継続サンプルと同じ調査票に追加項目（継続サンプルの第1波，第2波でのみ質問した個人の背景などに関する項目）を加えた．第3波からは，継続サンプルと追加サンプルはまったく同一の調査票を用いている．図表総 - 4 は，追加サンプルの回収状況を示したものである．郵送回収であることにより，継続サンプルと比較すると回収率が若干低くなっている．それでも継続サンプルと同年齢の回答者をあらたに補充することができたことは，分析のケースを確保する，という点からいうと大きな利点である．

図表総 - 4　若年・壮年パネル第1波〜第5波（追加サンプル）回収率

	時期	若年調査			壮年調査		
		回収数	回収率 (1)	回収率 (2)	回収数	回収率 (1)	回収率 (2)
第1波	2011 年 1 〜 3 月	712	32%	—	251	31%	—
第2波	2012 年 1 〜 3 月	542	76%	76%	202	80%	80%
第3波	2013 年 1 〜 3 月	517	73%	73%	200	80%	80%
第4波	2014 年 1 〜 3 月	493	70%	69%	195	78%	77%
第5波	2015 年 1 〜 3 月	459	66%	65%	188	75%	75%

回収率（1）　有効アタック数に対する回収数の比率
回収率（2）　第1波回収数に対する回収数の比率

　最後に，若年調査，壮年調査，高卒調査の実施年と対象者の年齢の推移をまとめたものを図表総 - 5 に示した．高卒パネルは 2003 年度から（2007 年度を除き）2015 年度まで 11 波の調査を蓄積している．対象者は同一学年であるため，対象年齢は同じである．若年・壮年調査は，年齢が異なる対象者を含むため，それぞれの調査がカバーする年齢幅が示してある．第1波で 20 〜 34 歳であった若年対象者，35 〜 40 歳であった壮年対象者は，第9波時点ではそれぞれ 29 〜 43 歳と 44 〜 49 歳となっている．調査対象時期は，ちょうど初期の職業キャリアを蓄積する時期であるとともに交際・結婚という家族を形成していく時

図表総-5 社研パネル調査の実施年と対象者年齢

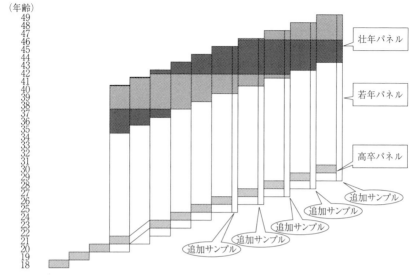

期に当たる．実際多くの回答者が，職業訓練や職場でのトレーニングを積んで昇進，転職の機会に恵まれている．結婚や出産を経験した回答者も少なくない．これらのライフコースにおける重要なイベントが発生する年齢の時期を社研パネル調査は捕捉することができる．

4.3 「働き方とライフスタイルの変化に関する全国調査」（JLPS）の調査項目

すでに述べたように「若年パネル調査」と「壮年パネル調査」は，調査設計と調査票はまったく同じものを採用している．調査票の質問項目は，大きく3つの種類に分かれる．継続項目，ローテーション項目，トピック項目の3つである．毎年作成される調査票はこの3つの種類の項目のコンビネーションにより構成されている．

継続項目は下記の広範な質問を含む．就業状況に関する質問項目（従業上の地位，産業，職業，従業員規模，労働時間，転職経験，転職理由，職場の特性など），

収入・資産に関する項目（個人，配偶者，世帯の収入と世帯の資産），居住状況の項目（同居家族の構成，持ち家などの住まいの形態，住宅ローンの有無），健康関連の項目（主観的な健康度，精神的健康，通院日数，欠勤日数など），婚姻状態と配偶者に関する項目，未婚者の交際・結婚意向に関する項目，10年後の働き方，意識に関する項目としては満足度（仕事，結婚，友人，生活全般への満足度），政治関連の項目（政党支持，政治への関心など）については，毎年必ず質問している．

ローテーション項目の例としては，性別役割分業意識の質問項目（男性は仕事，女性は家庭という分業に対する意識など），文化活動の項目（コンサート，図書館に行く，カラオケをするなどの頻度），相談相手の有無の質問（仕事の紹介，人間関係などに関して相談できる人がいるか），自分にとっての重要度（仕事，結婚，お金，親友などの重要度）などで，偶数年か奇数年という形で1年おきに質問している．

トピック項目として，単年度だけ質問している項目もある．例えば，第6波では，「自分のことを大人であると思うか」「大人であるためにはどのようなことが必要か」といった「大人への移行」に関する一連の項目を質問した．第9波では，「非認知的なスキル」を測定する方法として，中学生のころの勤勉性，まじめさ，忍耐力に関する項目をいれている．これらのトピック項目は，毎年調査の主な結果を一般向けにプレスリリースとして公表するときに取り上げている．

個人の社会的背景に関する質問項目は第1波あるいは第2波で集中的に質問している．15歳時点での居住地，家庭の状況（暮らし向き，資産，本の数，家庭の雰囲気），中学での成績，父親と母親の学歴・職業などがこれに当たる．きょうだい数，両親の年齢なども含まれる．本人の学歴については，高校，短大，大学の種類などの詳細な情報を第2波で聞くとともに，まだ教育を修了していない回答者がいることを考慮し，毎年専門学校・短大・大学・大学院については調査時点の通学経験を聞いている．

継続項目は，第1波からずっと継続している項目がほとんどだが，ローテーション項目とトピック項目は，毎年調査企画委員会・実施委員会で議論をして決定している．3種類の項目を上手に組み合わせることで，体系的で継続性の

総　論　ライフコースから考える若者の格差

ある追跡調査となるだけでなく，ワンショットの調査としても魅力的なものになるように心がけている．

4.4　研究組織・研究資金

　東大社研パネル調査プロジェクトは，研究所の附属施設である社会調査・データアーカイブ研究センター（以下，センター）の事業としても位置付けられている．センターは，調査基盤研究分野，社会調査研究分野，計量社会研究分野，国際調査研究分野の4つから成り立っており，パネル調査プロジェクトが企画・実施・分析する JLPS は，新たな調査データの創出に取り組む社会調査研究分野の柱となっている．JLPS は，調査基盤研究分野が管理するデータアーカイブにも寄託され，学術目的のために公開されている．計量社会研究分野が毎年企画・実施する計量分析セミナーの「二次分析入門！」「二次分析道場！」「計量経済学の第1歩：R による回帰分析」のコースでは，JLPS が実習データとして用いられており，パネル調査プロジェクトと JLPS がセンターの基幹的な活動と密接に関連していることがわかる．

　若年・壮年パネル調査は同時期に同様の調査方法・調査票を用いており一体となっている．高卒パネル調査は，調査の実施・分析に関しては基本的に独立して行っており，組織も別々の体制により成り立っている．それぞれ調査の企画・分析を行う調査企画委員会と調査の実施を担当する調査実施委員会の2つの組織により成り立っている．若年・壮年パネル調査の調査企画委員会は，研究所外の研究者を含む 24 名のメンバーにより構成され，調査実施委員会は研究所内のスタッフ 4 名から成る．高卒パネル調査は，調査企画委員 5 名，調査実施委員 3 名により構成されている．どちらの調査も調査企画，調査実施委員会のメンバー以外に研究協力者がおり，調査データの分析に関わっている[10]．若年・壮年パネル調査と高卒パネル調査のメンバーには重複があり，どちらの調査にも関わる所内スタッフが存在する．若年・壮年調査の調査実施委員会の下には，データのクリーニング・コーディングの作業を担うワーキンググループをつくり，院生・学生を雇用しながら労働集約的な作業を行っている．

　若年・壮年パネル調査と高卒パネル調査は，社会調査・データアーカイブ研究センターが運営するデータアーカイブ SSJDA（Social Science Japan Data Archive) より調査データを学術利用のために公開している．このため SSJDA とは連携して調査データの公開準備を行っており，組織的な協力関係にある．若年・壮年パネル調査は，調査会社に委託して調査を実施しており，調査会社とも緊密な連携関係を築いている．後述するように調査の対象者とは年4回コンタクトを取っているため，対象者の名簿を管理する調査会社とは調査実施時だけでなく，年間を通して協力関係がある．

　研究資金に関して述べておくと，東大社研パネル調査プロジェクトは下記の研究支援を受けている．日本学術振興会による科学研究費補助金基盤研究（S）(18103003, 22223005)，東京大学社会科学研究所研究資金，株式会社アウトソーシングからの奨学寄付金の助成を受けた．若年・壮年パネル調査については，日本学術振興会の科学研究費補助金特別推進研究（25000001），高卒パネル調査については，厚生労働科学研究費補助金政策科学推進事業（H16－政策－018）と日本学術振興会の科学研究費補助金基盤研究（C）(25381122) からの助成も受けている．

4.5　調査・分析のサイクル

　図表総-6は若年・壮年パネル調査の企画・実施・分析に関する1年間のスケジュールを示したものである．四角のボックスは調査企画・実施委員会の作

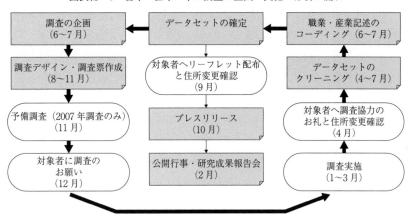

図表総-6　若年・壮年パネル調査の企画・実施・分析の流れ

業を表し,楕円のボックスは調査対象者へのコンタクトを表す.太い矢印は調査の企画・実施の流れを示し,1年間のサイクルで回転していく.細い矢印は研究班で行われる分析と成果発表の流れを示す.

(1) 調査の企画・設計

年度の初めの6月から7月には,当年度の調査の企画を開始し,8月から11月にかけて,調査デザインと調査票の設計を行う.若年・壮年パネルの第1波(2007年)調査の実施直前の11月には予備調査を実施し,調査票の精度,回答しやすさ,対象者の補足状況などについて検討した.就業や職場の情報,婚姻や家族形成の情報などの基礎的な調査項目については,毎年度同じ形式で質問している.階層帰属意識や政党支持といった意識項目については,毎年必ず質問しているが,意識項目によっては,偶数年あるいは奇数年に質問する項目,単年度のみの項目がある.毎年度プレスリリースとして取り上げるテーマを設定し,そのテーマに関連した調査項目を作成するように計画している.

(2) データ・クリーニング・コーディング作業

前年度の1月から3月にかけて実施した追跡調査データのクリーニング・コーディング作業を調査実施委員会のメンバーが中心になり4月から開始する.はじめに行うのが,同じ対象者が調査票を回答しているかを確認する作業である.性別・誕生日から判断して対象者の配偶者,あるいはきょうだいが回答した場合もあり,対象者以外が回答していると判断された場合には,再度調査票を郵送し記入をお願いする.次に回答調査原票と入力データの読み合わせ作業と,ロジカルチェックなどの基礎クリーニングを行う.その後に職業・産業に関する自由記述の項目について,職業・産業分類コードを付与するコーディング作業を実施する.対象者の前年度までの職業・産業コードを参照しながら,対象者ごとに自由記述の内容をコード化する作業を行う.クリーニング・コーディング作業については,院生・学生を雇用してワーキンググループを調査実施委員会の下に組織し,効率的に作業を行っている.

データ・クリーニングは,パネル調査に限らず負担の大きい作業であり,人的資源を投入する必要がある.パネル調査では,毎年調査が実施されるに従っ

て，同一個人のデータが追加されるので，以前の時点のデータとの不一致が，毎年出てくる可能性があるため，通常の横断調査よりも手間のかかる作業となる（保田 2012）．例えば，第1波で「既婚」であった対象者が，第2波では「未婚」となっている場合には，第1波の既婚情報が正しいのか，第2波の未婚情報が正しいのかを判断する必要がある．この対象者が，第3波では「離別」となっている場合には，第2波の「未婚」を「離別」と修正することが妥当な判断となろう．このように判断を次回の調査の結果がわかるまで留保することができるのもパネル調査の強みといえる．

(3) 研究分析検討会，報告会の開催

データのクリーニング・コーディング作業と平行して，調査データの分析を進めていく．定期的に小規模な分析検討会を開催しながら，研究メンバー全員が集合する報告会を適宜開催し，分析結果を共有してきた．研究会での報告の後，研究成果は東大社研パネル調査プロジェクト・ディスカッションペーパーとして刊行し，ホームページ上からもダウンロードできる形で公開している．分析結果は，原則として学会報告や論文刊行前にディスカッションペーパーとして刊行することになっている．

(4) 学会報告

毎年日本教育社会学会，日本社会学会などで，東京大学社会科学研究所パネル調査プロジェクトグループとして共同で報告にエントリーし，複数の報告者が1つのセッションで分析結果を報告してきた．例えば2014年の日本社会学会では，「東大社研パネル調査（JLPS）データの分析 (1)–(4)」として4人のメンバーが報告を行い，日本教育社会学会では11人のメンバーが3つの共同報告を行った．国際社会学会，アメリカ社会学会などの海外の学会でも研究メンバーが個別に報告を行ってきた．

(5) 調査対象者への働きかけ

調査対象者を継続して追跡するため，住所変更などの情報を定期的に収集する必要がある．このため4月には調査のお礼とともに住所変更確認を，9月こ

総論　ライフコースから考える若者の格差

ろに対象者向けに「調査速報リーフレット」を郵送するとともに再度住所変更の確認を行っている．「調査速報リーフレット」は毎年調査の結果概要をまとめた4頁のカラー印刷のものである．12月の調査実施前には，対象者に調査協力のお願いを郵送した後，1月から調査を実施している．このため対象者に対しては，調査実施を含めて年4回コンタクトを取っていることになる．

(6) 研究成果の公開

毎年秋または冬に，プレスリリースを行い，調査結果をメディア向けに発信してきた．年度末の2月には，社会科学研究所パネル調査プロジェクト研究成果報告会を2008年から2015年まで毎年開催してきた．毎年実施したパネル調査の分析結果を，広く公の場で発表するものである．2013年には日韓台の若年パネル調査に関する国際ワークショップを韓国・台湾の研究者を招聘して東京で開催した．台湾の若年パネル調査（Taiwan Education Panel Study）の研究グループとは，台北で3度にわたりワークショップを共同で実施し，研究の交流を図った．このほか研究メンバーは，学会誌への投稿や著作の刊行，新聞での紹介，テレビの出演などさまざまな媒体を通して，研究成果を公表している．

(7) パネル調査の継続

2007年から2015年まで毎年1月から3月の時期に，対象者に対してパネル調査を実施してきた．第9波までの調査データが蓄積されたことになる．2016年調査は，4月から6月に実施予定である．データは，上述のようにクリーニング・コーディング作業を行った後にメンバーに配布し分析する．その後一般公開向けのデータセットを作成する．

(8) データの公開

調査データは，東京大学社会科学研究所社会調査・データアーカイブセンターのSSJDA（Social Science Japan Data Archive）を通して広く学術目的の利用のために公開されている．研究プロジェクトメンバー以外が容易に使用できるように，調査データの説明などのファイルを作成し，個人が特定される恐れがないことを確認した上で，データを寄託している．若年・壮年パネル調査は，

第6波まで,高卒パネル調査は第4波までのデータが公開されている.

データは,単年度ごとでなく,毎回第1波からの調査をすべて合体して公開している.それぞれの調査年を横(ワイド)につなげており,調査年度ごとの状態変数が横に並んだ形式である.しかし,調査年が縦(ロング)にスタックされた形式のデータは,分析者が作成しなければならない.海外のパネル調査では,ワイドとロングの両方の形式のデータを公開しているところもあり,今後データのユーザビリティの問題を検討していく必要がある(坂口 2011;保田 2012).

さらにライフコースを分析するための過去の履歴情報は,調査年と対象者を基準に構成したデータの構造からは外れることになるため,対象者それぞれによって長さの異なる配列を扱うことになり,工夫が必要となる.例えば,調査初年度にすでに既婚の対象者については,結婚年齢を個々人独自に推計し,調査初年度以前からの年・個人のロングのデータを作成することになる.東大社研パネル調査には,結婚年のように調査開始以前の履歴情報も多く含まれており,このように豊富な情報をいかに配列して調査データとして提供していくかは,今後の課題である.

5. おわりに

本書をはじめとする3巻のシリーズ本「格差の連鎖と若者」は,東大社研パネル調査プロジェクトの成果として世に問うものである.このプロジェクトでは,「若年パネル調査」「壮年パネル調査」「高卒パネル調査」の3つの追跡調査を毎年実施し,調査データの分析を蓄積してきた.

分析にあたっては,若年者のライフコースの流れを総合的・多角的・学際的に捉え,5つの移行・変化の過程として検証することを目指した.学歴を取得する過程(学校レベルの移行),学校から職場への移行,職業キャリアや職場の移行,未婚から既婚への移行と親役割の取得,そして若年者の意識や価値観の変化,の5つである.第1巻では,最初の3つの移行・変化を取り上げ,第2巻では,4つ目の移行である交際から結婚にいたる家族形成,夫婦関係に焦点が当てられる.そして第3巻では,若年の幸せ感,キャリアの将来像,希望な

どの意識の変化を取り上げる．

　研究プロジェクトでは，個人の成長の軌跡であるライフコースの流れと社会・経済的な格差の生成過程の関連を明らかにすることを目指している．そのために「格差の連鎖・蓄積」という概念を用い，ライフコースのさまざまな時点での有利さ・不利さが時間とともに連鎖・蓄積していく過程を捉える．特に，ある時点の格差が次のライフステージで継続していくのか，拡大していくのか，それとも格差が縮小方向に向かうのかを明確に識別し，検証することを目指す．この概念については，次章で詳細に説明・展開されるが，この理論枠組を用いることで，ライフコース研究と格差や不平等の研究を橋渡しすることが可能となる．

注
1) 本研究は，日本学術振興会の科学研究費補助金基盤研究 (S) (18103003, 22223005)，特別推進研究 (25000001)，厚生労働科学研究費補助金政策科学推進事業 (H16-政策-018)，および日本経済研究センター研究奨励金，公益財団法人　三菱財団の研究助成を受けた．東大社研パネル調査プロジェクトの運営とパネル調査の継続にあたっては，東京大学社会科学研究所からの研究および人的支援，株式会社アウトソーシングからの奨学寄付金を受けた．
2) 若年・壮年パネル調査の第6波に含まれている質問項目である．分析結果の詳細については，石田ほか (2013) を参照．
3) マクロな時系列変化を分析するには，パネル調査ではなく独立した標本による繰り返し横断調査 (repeated cross-section surveys) を用いる方が好ましい．パネル調査では，時間がたつごとに対象者の年齢が上昇し対象者の脱落が起こることにより，時点間で同等な母集団を代表することが繰り返し横断調査よりも難しいことによる．(山口 2004)．
4) 脱落は分析結果に影響を及ぼす可能性は指摘されている．分析においてサンプル脱落によるバイアスを除去するためには，ウエイト変数を作成し，ウエイトを考慮した分析を行うことが推奨されている (坂本 2006；萩原・樋口 2015)．
5) 選挙人名簿により抽出が可能な自治体については，選挙人名簿の閲覧を申請し対象者を抽出した．選挙人名簿による抽出が不可能な場合には，住民基本台帳の閲覧申請を行い抽出した．選挙人名簿を用いた地点は，全体の約1割である．抽出は2006年11月から12月にかけて行ったが，一部の自治体では2007年1月までかかった．
6) 追跡調査への協力を前提としているので，通常の1回限りの調査よりも回収

率が低下した可能性がある．三輪（2008）によれば，ほぼ同時期に実施された1回限りの日本版総合社会調査（JGSS-2005）の20～39歳層の回収率と比較すると若年・壮年調査をあわせた「粗回収率」（総アタック数に対する回収票数）はわずかだが低い．
7）調査の実施は，中央調査社に委託して行った．訪問により回収が困難であった場合や，対象者から郵送返却の希望があった場合には，封筒を郵便箱に残すなどにより，調査票を郵送回収したケースがわずかだがある．
8）調査の実査方法の詳細および回収状況については，三輪（2008），山本・石田（2010）を参照．
9）若年パネル，壮年パネル調査は，追跡調査および追加調査を含め，同じ調査会社（中央調査社）に委託している．
10）ここに述べた委員会の組織は，2015年6月までの体制である．その後は，若年・壮年パネル調査については，東大社研のスタッフにより運営されている．高卒パネル調査については，2015年6月以降も同じ体制で継続されている．

文献

Arnett, Jeffrey J.（2001）"Conceptions of the Transition to Adulthood," *Journal of Adult Development* 8(2)：133-143.
Asai, Yukiko.（2015）"Overtime Premium and Working Hours," 石田浩編『現代日本における若年層のライフコース変容と格差の連鎖・蓄積に関する総合的研究』東京大学社会科学研究所.
DiPrete, Thomas A. and Gregory M. Eirich.（2006）"Cumulative Advantages as a Mechanism for Inequality," *Annual Review of Sociology* 32: 271-297.
Elder, Glen H., Jr.（1974）*Children of the Great Depression*, Chicago: University of Chicago Press. ＝（1984）本田時雄ほか訳『大恐慌の子どもたち』明石書店．
Elder, Glen H., Jr. and Janet Z. Giele,（2009）"Life Course Studies," *The Craft of Life Course Research*. New York: Guilford Press. ＝（2013）本田時雄ほか訳『ライフコース研究の技法』明石書店．
玄田有史・曲沼美恵（2004）『ニート――フリーターでもなく失業者でもなく』幻冬舎．
Giele, Janet Z. and Glen H. Elder, Jr.（1998）"Life Course Research," *Methods of Life Course Research*. New York: Sage Publishing. ＝（2003）正岡寛司他訳『ライフコース研究の方法』明石書店．
Halaby, Charles N.（2004）"Panel Models in Sociological Research: Theory and Practice," *Annual Review of Sociology* 30: 507-544.
萩原里沙・樋口美雄（2015）「パネルデータ特有の問題とその解決および政策評価」『社会と調査』15: 12-20.
Holland, Paul W.（1986）"Statistics and Causal Inference," *Journal of the Ameri-*

can Statistical Association 81: 945-970.
星野崇宏（2009）『調査観察データの統計科学』岩波書店.
乾彰夫（2008）「若者の教育とキャリア形成に関する調査について」『中央調査報』612: 1-6.
乾彰夫（2012）「5年間の移行調査と学校から社会への移行の諸類型」『中央調査報』660: 1-6.
石田浩編（2006）『高校生の進路選択と意識変容』東京大学社会科学研究所.
石田浩（2012）「社会科学における因果推論の可能性」『理論と方法』27(1): 1-8.
石田浩・有田伸・田辺俊介・大島真夫（2013）「「働き方とライフスタイルの変化に関する全国調査（JLPS）2012」にみる「不安社会」日本と「大人になること」の難しさ」『中央調査報』667: 1-5.
石田浩（2015）「東大社研パネル調査プロジェクト『働き方とライフスタイルの変化に関する全国調査（Japanese Life Course Panel Surveys)』」『社会と調査』14: 101.
苅谷剛彦（1991）『学校・職業・選抜の社会学』東京大学出版会.
苅谷剛彦・粒来香・長須正明・稲田雅也（1997）「進路未決定の構造」『東京大学大学院教育学研究科紀要』37: 45-76.
北村行伸（2005）『パネルデータ分析』岩波書店.
小杉礼子（2003）『フリーターという生き方』勁草書房.
小杉礼子編（2002）『自由の代償／フリーター』日本労働研究機構.
小杉礼子編（2005）『フリーターとニート』勁草書房.
小杉礼子・堀有喜衣編（2006）『キャリア教育と就業支援』勁草書房.
Lillard, Lee A. and Constantijn W. A. Panis（1998）"Panel Attrition from the Panel Study of Income Dynamics," *Journal of Human Resources* 33(2): 437-457.
Merton, Robert K.（1968）"The Matthew Effect in Science," *Science* 159(3810): 56-63.
三輪哲（2008）「働き方とライフスタイルの変化に関する全国調査2007における標本特性と欠票についての基礎分析」東京大学社会科学研究所 パネル調査プロジェクトディスカッションペーパーシリーズ No.10, 東京大学社会科学研究所.
宮本みち子・岩上真珠・山田昌弘（1997）『未婚化社会の親子関係』有斐閣.
Morgan, Stephan L. and Christophere Winship（2015）*Counterfactuals and Causal Inference*. 2nd Edition. Cambridge: Cambridge University Press.
中澤渉（2012）「なぜパネル・データを分析するのが必要なのか」『理論と方法』27(1): 23-40.
日本労働研究機構編（1992）『高卒3年目のキャリアと意識』調査研究報告書28, 日本労働研究機構.

日本労働研究機構編（1996）『高卒者の初期キャリア形成と高校教育』調査研究報告書89，日本労働研究機構．
坂口尚文（2011）「『消費生活に関するパネル調査』の現状と課題」『中央調査報』647：1-5．
坂本和靖（2006）「サンプル脱落に関する分析――『消費生活に関するパネル調査』を用いた脱落の規定要因と推計バイアスの検証」『日本労働研究雑誌』551：55-70．
嶋崎尚子（2008）『ライフコースの社会学』学文社．
嶋崎尚子（2013）「『人生の多様化』とライフコース」田中洋美ほか編『ライフコース選択のゆくえ』新曜社．
白波瀬佐和子（2005）『少子高齢社会のみえない格差』東京大学出版会．
田辺俊介（2012）「東大社研・若年壮年パネル調査の標本脱落に関する分析」東京大学社会科学研究所 パネル調査プロジェクトディスカッションペーパーシリーズNo.56，東京大学社会科学研究所．
太郎丸博編（2006）『フリーターとニートの社会学』世界思想社．
粒来香（1997）「高卒無業者の研究」『教育社会学研究』61：185-209．
保田時男（2012）「パネルデータの収集と管理をめぐる方法論的な課題」『理論と方法』27(1)：85-98．
山田昌弘（1999）『パラサイト・シングルの時代』筑摩書房．
山口一男（2004）「パネルデータの長所とその分析方法」『季刊家計経済研究』62：50-58．
山本耕資・石田浩（2010）「働き方とライフスタイルの変化に関する全国調査（JLPS）の欠票分類と回収状況に関する諸指標の検討：対象者「本人」の協力の度合いと調査員訪問の成功の度合い」東京大学社会科学研究所 パネル調査プロジェクトディスカッションペーパーシリーズNo.34，東京大学社会科学研究所．

序　章

格差の連鎖・蓄積と若者

石田　浩

1. はじめに[1]

　現代日本社会に関する研究の流れをみると，1990年代後半から「格差」や「不平等」をキーワードとする研究が注目を浴びている．経済学者の橘木俊詔の『日本の経済格差』(1998)，大竹文雄の『日本の不平等』(2005)，社会学者の佐藤俊樹の『不平等社会日本』(2000) は，それぞれ所得の不平等（橘木と大竹）と世代間移動の機会の不平等（佐藤）を分析し，大きな反響を呼びベストセラーとなった．

　橘木 (1998) によれば，日本における所得分布の不平等は，1980年代以降に上昇傾向を示し，1990年代前半には先進諸国の中でも不平等の度合いが高い国の1つと考えられる．高度経済成長期には，所得分配は平等化する傾向があったのに対して（石崎 1983），1980年代後半には，不平等化のスピードが高まり，1990年代以降も緩やかに上昇を続けた．しかし，ジニ係数などによる社会全体の所得不平等度の上昇は，日本が平等社会から格差社会へと変化したことを単純に物語っているわけではなかった．所得の不平等が上昇した主な理由は，所得格差がもともと大きな高齢層の比率が社会全体の中で上昇するという人口の高齢化と大きく関係している．つまり高齢化の進展に伴い，社会全体の所得の不平等が上昇したのであり，人口構成の変化による「見せかけの不平等化」であった（大竹 2005: 1）．

佐藤（2000）は，所得ではなく階層に着目し，父と子の世代間にみられる階層移動の機会を指標として社会の閉鎖性の上昇を検証している．特に佐藤が「知的エリート」と呼ぶ「ホワイトカラー雇用上層（W雇用上）」（専門・管理職）に関して，父親がW雇用上の場合には息子もW雇用上になりやすい世代間の閉鎖性が1990年代に上昇していた．これにより佐藤は階層の再生産が強まる格差社会の到来を論じた．しかし，それ以後の研究では，1990年代の調査でみられた世代間の閉鎖性の高まりは一時的なものであり，2005年調査では閉鎖性は減少しており，1995年の上昇が例外とみるのが自然であることが報告されている（石田 2008；三輪 2008；石田・三輪 2011b）．戦後60年という長い時間軸で社会全体の階層構造をみると，世代間階層移動の機会の閉鎖性に大きな変化はなく，1990年代から社会がより閉鎖的になり，格差社会が大きく進展したわけではなかった（石田・三輪 2009；石田・三輪 2011a）．

2. 格差研究の2つの流れ

格差・不平等の研究では，マクロな分布（distribution）に着目する研究とミクロな過程（process）に着目する研究の2つの種類に大別することができる[2]．前者のマクロ分析は，経済学者が得意とする分析手法で，社会全体の所得分布や所得格差の度合いを異なる社会や時系列で比較する研究などが含まれる．すでに触れた橘木や大竹の研究もこちらに該当する．社会学者の佐藤の研究も，1955年から1995年までのそれぞれの時点における世代間の階層継承の度合い（オッズ比）を時系列的に比較している．こちらも社会全体にみられる世代間継承に着目したマクロな分布（継承率）の研究と考えることができる．

これらの研究は，「所得再分配調査」や「社会階層と社会移動調査」など繰り返し実施されている横断調査を利用することにより，時代的な変化を抽出することに成功しているといえる．しかし，マクロレベルの分布の変化に着目した研究は，それぞれの時点での格差の横断的な姿を明らかにすることはできるが，ミクロレベルの個人のライフコースの流れの中で，格差が生成・拡大・縮小していくダイナミックな過程については，十分に切り込んでいるとはいえない．例えば，2000年の時点で所得が低所得状態（貧困）にある若年者が，どの

図表序-1 ブラウとダンカンの地位達成モデル

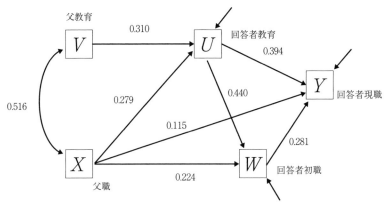

資料：Blau and Duncan (1967: 170) より作成

ような過程を経て貧困に陥ったのかは，1時点の調査からはわからない．同様に，1995年時点で40歳時の職業が雇用ホワイト上層であるものが，どのような教育達成・職歴を経て雇用ホワイト上層にいたったかは，父の階層以外の情報はわからない．

　マクロな分布がどのようなミクロレベルの過程やメカニズムにより生成されるのかを分析するのは，社会学者の得意とするところである．1970年代以降にアメリカ社会学で注目を浴びた地位達成モデルは，職業の世代間継承のプロセスをライフコースの枠組みから明らかにする試みである．地位達成モデルをはじめて導入したピーター・ブラウ（Peter M. Blau）とオティス・ダドリー・ダンカン（Otis Dudley Duncan）の研究によれば，図表序-1に示したように，父職と回答者（息子）の現職の関連を，父教育，回答者の教育，回答者の初職という流れの中で考える（Blau and Duncan 1967; Duncan 1966）．回答者のライフコースの出発点として父教育と父職が回答者の社会的な背景として位置付けられ，最初の地位達成として回答者の学歴取得がモデルに投入され，それに続く初職，そして現職という順序（シークエンス）が設定される．この因果順序を仮定した上で，父職が回答者（息子）の現職に与える影響は，他の変数とは独立した直接効果（0.115）と他の変数，特に学歴を介した間接効果（0.227）に分解できることを示した．父職が息子職に影響を与えるのは，直接的な職業の

継承という経路(パス)だけでなく,父職・父学歴が息子の学歴達成に影響を与え,その学歴が現職に結びつくという間接的な経路(パス)が存在すること,そして間接経路の方が直接経路よりも大きいことを明らかにした.このパス解析の手法により,世代間移動(父から息子への経路)と世代内移動(息子の学歴,初職から現職へといたる経路)が1つの地位達成モデルとして統合された.

本章では,地位達成モデルを用いてミクロなレベルの格差の再生産の過程を分析するだけではなく,ライフコースの枠組みと因果分析の手法を合体させたモデルを採用する.このモデルにより生まれ落ちた家庭の有利さ・不利さがその後の地位達成に与える影響力を推計するだけでなく,出身家庭にかかわらず学歴の持つ職業キャリアへの因果的な効果を明らかにすることができる.

3.「格差の連鎖・蓄積」の枠組み

3.1 「格差の連鎖・蓄積」の定義

ライフコースと格差をつなぐ理論的枠組みとして,本章では「格差の連鎖・蓄積」(cumulative advantage and disadvantage)という概念を提唱し詳細を説明する.「蓄積していく有利さ・不利さ」という概念は,一般に耳にする「金持ちがますます金持ちになり,貧乏人はますます貧乏になっていく」という言い回しと直感的に通じる考え方である.社会科学の世界でも,社会移動,昇進,貧困,犯罪など多様な分野で「有利さ・不利さの連鎖・蓄積」という枠組みが使われている.

この概念の起源をたどると,アメリカの社会学者ロバート・マートン(Robert K. Merton)の仕事に多くを負っていることがわかる.マートンによれば,自然科学者の業績と社会的評価は時間の経過とともに累積的に拡大するという.少数の優秀な科学者は,より多くの資源を獲得することが可能となり,他の科学者と同様の貢献があったとしてもより多くの名声を得る傾向がある(Merton 1968).初期の業績と社会的評価の比較的小さな違いが,時間経過に伴って拡大し,もともと有利であった科学者が,ますますその有利さと名声を拡大していく傾向を,マートンはマタイ効果(Matthew effect)と呼んだ.その後マートンの弟子は,この概念を一般化し,科学者のキャリアと科学者コミュニティ

の階層化の理論を構築した（Cole 1970; Cole and Cole 1973）．このようにもともとこの概念は，プラスの連鎖の過程を想定して理論化されたものである．

しかし，連鎖の過程はプラスの循環に限ったことではない．不利な立場が累積する過程は，例えば労働市場での失業の傷跡効果（scar effect）の研究にみられる（Arulampalam *et al.* 2001; Gangl 2004, 2006; Gregg and Tominey 2005）．失業はそれを体験した労働者に少なからず傷跡を残す．失業は労働者の人的資本を減少させるだけでなく心理的な負い目を残す可能性があり，失業経験は再就職の際に不利な材料となり得る．一度失業を経験すると，再度の失業のリスクが高くなるのは，不利の連鎖の過程と考えることができる．アメリカの大都市のインナーシティの貧困研究では，貧困地域に生活することの継続的な負の効果や貧困の再生産，貧困の負の連鎖が指摘されている（Harding 2003; Sampson 2012; Wilson 2012）．「格差の連鎖・蓄積」の概念は，有利さのみでなく，不利な状況がその後のライフコースに継続的に影響を与え続けることを意味する．

3.2　格差の連鎖，拡大，縮小

「格差の連鎖・蓄積」の概念は，ライフコースのある時点の有利さ・不利さがその後の時点の有利さ・不利さに影響を与えることと定義した．それではその後の時点での有利さ・不利さにどのような影響を与えることが考えられるのだろうか．影響の仕方は以下の3つのパターンをとることが考えられる[3]．

第1は，「格差が連鎖・継続」するパターンである．このパターンは，出発点での格差が，その後の時点でもまったく変わることなく継続していく状態を指す．図表序-2は，格差の連鎖・継続のパターンを簡略な図として表現した．ここではライフコースの4つの時点・ステージを考えてみよう．X軸はこの4つの時点をあらわす．出発点は「社会的背景」で，生まれ落ちた家庭により決まる有利さ・不利さに対応している．どのような家庭に生まれるかは本人の意志や努力により決まるものではなく，所与として与えられていると考えて良い．「教育」の時点は，教育達成が修了したステージでの有利さ・不利さである．「初職」は労働市場に参入した時点・ステージでの格差の状態，そして「現職」は調査時点での労働市場の位置による格差の状態をあらわす．

それぞれの時点・ステージについて，有利なグループと不利なグループの2

序　章　格差の連鎖・蓄積と若者

図表序-2　格差の連鎖・継続

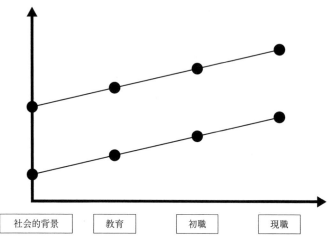

つが存在すると仮定する．Y軸は生活機会の有利さと不利さをあらわす軸とする．上の点は有利なグループ，下の点は不利なグループの位置（グループ平均）であり，その差は2つのグループの間の生活機会に関する格差といえる．第1のパターンの特色は，2つのグループ間の生活機会の格差（Y軸の差）は，どのライフステージをとっても一定であり，出発点での格差がその後も変わりなく維持されていることである．格差が一定ということは，有利なグループがより有利に，不利なグループがより不利になるのではなく，初期の有利・不利の状態が維持されたまま格差が継続するパターンである．

第2のパターンは，「格差が蓄積・拡大」する形である．図表序-3がこれに当たる．X軸とY軸は前の図表と同様である．このパターンの特色は，2つのグループ間の生活機会に関する格差（Y軸の差）が，4つのライフコースのステージを通過していくうちに拡大していく点である．出発点（社会的背景の時点）での格差が，教育修了の時点（ステージ）では広がり，初職・現職の時点ではさらに拡大していくことがわかる．このパターンは，マートンが指摘したマタイ効果と対応する．もともと有利であったグループが，その有利さを拡大していく傾向である．

ディプリとエイリッチ（DiPrete and Eirich 2006）によれば，このパターンが

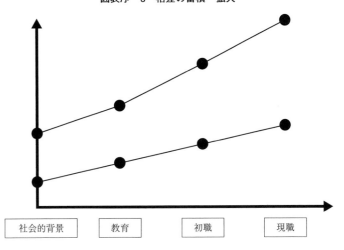

図表序 – 3　格差の蓄積・拡大

厳密な意味での「有利さ・不利さの蓄積」(cumulative advantage and disadvantage) に対応するといい，第1のパターンは，ブラウとダンカンが用いた地位達成モデルにおける「有利さ・不利さの蓄積」の形式であるという．この違いは，前の時点とその次に時点の格差の状況の交互作用があるか否かによって生じている．第1のパターンでは，次の時点での有利さ・不利さは，前の時点での有利さ・不利さにかかわらず，一定の違いを生み出すが，第2のパターンでは，前の時点で有利か不利かによって，次の時点での有利さが異なる（前の時点で有利であったグループは，生活機会がより大きく上昇する）．

　第3のパターンは，「格差が縮小・挽回」する形であり，図表序 – 4として示した．このパターンの特色は，2つのグループ間の生活機会に関する格差 (Y軸の差) が，4つのライフコースのステージを通過していくうちに縮小していく点である．もともと出発点であった比較的大きな格差が，教育達成，職業達成というステージを経験していく中で，2つのグループの格差が縮まり違いがほとんどなくなっていく．このことは，不利な立場にあったグループが，自らの社会・経済的な達成により，不利を挽回して有利なグループと同じ程度の生活機会の獲得していく過程があることがわかる．第3のパターンについても，第2のパターンと同様に交互作用がみられるが，その交互作用の内容はまった

図表序 - 4　格差の縮小・挽回

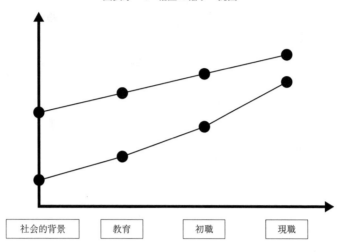

く逆で，前の時点で（第2のパターンのように有利であったグループではなく）不利であったグループの方が，生活機会がより大きく上昇する傾向がある．どの時点・ステージで挽回が可能かを特定できることも，ライフコース・アプローチを取る大きなメリットである．

4. 東大社研パネル調査（JLPS）を用いた「格差の連鎖・蓄積」の検証

　この節では，東大社研パネル調査の若年・壮年パネル調査をもちいて，日本の若年・壮年者の間で「格差の連鎖・蓄積」の過程がみられるのかを検証する[4]．ここでは3つの計量モデルを採用する．第1は，「地位達成（パス解析）」のモデルである．すでにブラウとダンカンの地位達成モデルを紹介したが，同様のモデルを若年・壮年パネル調査に適応した結果を検討する．第2は，「階層地位ランクの連続性」のモデルを取り上げる（Rytina 1989）．後述するように，個人の総合的な階層地位の指標を設定し，ライフコースのステージごとに階層地位のランクがどの程度連続しているのかを検証することで，格差の連鎖を測定する．第3は，「傾向スコアマッチング」のモデルにより，格差の連鎖・継

続，蓄積・拡大，そして縮小・挽回の3つのパターンを区別し，どのパターンが当てはまるのかを検証する．

4.1 地位達成モデルによる検証

地位達成モデルは，ライフコースの流れを5つの基礎変数の相関によりあらわし，世代間（父世代と子世代）の地位の連続性と世代内（子世代内の初職と現職）の地位の連続性を1つのライフコースモデルに統合したものである．父教育と父職の2つの変数を，個人（回答者）の社会的背景と考え，教育達成と初職・現職の達成をアウトカムとして考える．父学歴と回答者の教育は，最後に通った学校の種類を教育年数（高校は12年，大学は16年など）にコードした．父職と初職・現職は，1995年社会階層と社会移動調査で作成された95年職業威信スコア（都築編 1998）により測定した[5]．

図表序-5が男女別に5変数の関連を示した地位達成モデルである[6]．男女ともに，父学歴と父職は，教育達成に有意な効果を持っており，教育は初職と現職の地位達成，特に初職に有意な効果を持っており，初職は現職の地位を大きく規定している．男女の違いに着目すると，女性の場合には，父職の初職と現職への直接効果が有意ではない．さらに，初職と現職の結びつきが男性に比べ弱いという特色がある．

世代間の職業威信の連続性は，単純相関で見ると男性（父と息子の間）0.177，女性（父と娘の間）0.136とそれほど高くないが，統計的に有意である[7]．このことは職業威信の高い職業に従事する父親の息子と娘は，職業威信の高い職業に就く傾向があり，有利な職業的地位の世代間の連鎖が確認できる．この有利な職業的地位の継承は，女性の場合には主に娘の教育達成を通して実現されるが，男性の場合には息子の教育達成を媒介とするだけでなく，教育にかかわらずより直接的な形で息子への職業継承を行う経路もあり得る．地位達成モデルは，教育という媒介的な変数をモデルに組み込むことにより，世代間の職業的地位の連鎖のメカニズムを明らかにすることができる．

4.2 階層地位ランクの連続性モデルによる検証

地位達成モデルによる方法では，それぞれの変数がその後のライフイベント

序　章　格差の連鎖・蓄積と若者

図表序-5　JLPS による地位達成モデル

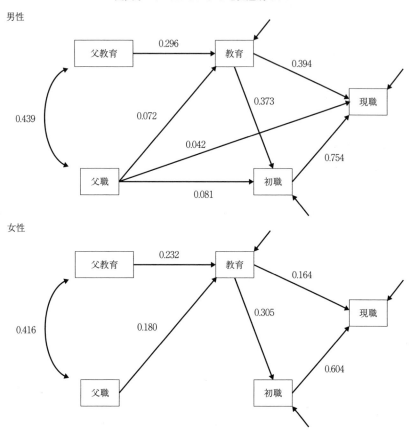

（地位達成）に与える直接・間接効果を分析できるという利点があるが，父教育，父職などの独立の効果ではなく，個人の出身階層に関わるすべての影響を合わせて，それがその後の地位達成とどのように関わっているのかを検証することはできない．そこで個人が生まれ落ちた出身家庭の社会・経済的な環境が生み出す有利さと不利さを総合的にあらわす指標として，出身階層地位ランクという考え方を導入する．

　若年・壮年パネル調査には，父教育・父職だけでなく広範な出身家庭の環境に関わる質問項目を含んでいる．以下に項目のリストと変数がどのように指標

化されているのかを示した[8]．

- 父教育（最後に通った学校を教育年数に変換）
- 父職（95年SSM職業威信スコア）
- 父階層（ホワイトカラー，自営，ブルーカラー）
- 母教育（最後に通った学校を教育年数に変換）
- 15歳時の資産（持家，自家用車，自分専用の部屋，風呂，ピアノ，文学全集，別荘の所有の有無のダミー変数）
- 15歳時の暮らし向き（豊か，あるいはやや豊かの場合を1とするダミー変数）
- 15歳時の本の数（0冊から501冊以上までの7段階）
- 15歳時の家庭の雰囲気（あたたかい雰囲気，どちらかというとあたたかい雰囲気の場合を1とするダミー変数）
- 親の失業経験，離婚経験（経験がある場合を1とするダミー変数）
- きょうだい数，きょうだい順位（長男・長女の場合のダミー変数），1人っ子（1人っ子の場合のダミー変数）

　これらの19項目すべてをもちいて，出身家庭に関わる個人の社会的背景の総合的な影響力を推計する．推計方法は，次の時点・ステージの変数を従属変数として，その前の時点・ステージにおけるすべての変数を独立変数とした重回帰分析を行い，そこから計算される重回帰係数を出発点での階層地位ランクの総合的影響力の指標とする．具体的には，教育達成のステージ（教育年数）を従属変数とし，上記の広範な出身家庭の変数を独立変数としたときの重回帰係数を推計した[9]．

　次の時点・ステージ（初職達成）では，初職の職業威信スコアを従属変数とし，出身家庭に関わるすべての変数とともに教育達成に関わるすべての変数を独立変数として重回帰分析を行う．若年・壮年パネル調査の調査票で教育達成に関わる質問項目のリストを下記に示す[10]．

- 教育年数（最後に通った学校を教育年数に変換）
- 高卒学歴（高校を卒業した場合を1とするダミー変数）

・専門学校学歴（専門学校を卒業した場合を1とするダミー変数）
・短大・高専学歴（短大か高専を卒業した場合を1とするダミー変数）
・大学・大学院学歴（大学か大学院を卒業した場合を1とするダミー変数）
・中学校での成績（中学3年生の時の学年での成績が「上の方」から「下の方」までの5段階）
・高校での成績（高校3年生の時の学年での成績が「上の方」から「下の方」までの5段階）
・高校が私立学校（私立学校の場合を1とするダミー変数）
・高校が普通科高校（普通科高校の場合を1とするダミー変数）
・出身高校の大学進学者の割合（高校の同級生の中で大学や短大に進学した人の割合が7割以上の場合を1とするダミー変数）
・大学ランク（出身大学名を偏差値スコアに変換）[11]

これらの教育達成に関する変数と出身家庭にかかわる変数をすべて用いて教育達成を終えた時点での個人の階層地位ランクを想定し，初職への効果を推計する．最後に，現職達成の時点・ステージでは，それまでの時点までのすべての変数（出身階層，教育，初職）を独立変数とし，現職の職業威信スコアを従属変数とした重回帰分析を行い，初職時点の階層地位ランクの現職への効果を推計する．

図表序-6は，以上の手続きを経て推計したそれぞれの時点の階層地位ランクの相関を男女別に示した．男性からみてみよう．地位達成モデル（図表序-5）では，父教育と父職の息子教育（教育年数）への効果は，それぞれ0.296と0.072であった．生まれ育った家庭に関する広範な変数を考慮した場合の出発点での階層ランク（有利さ不利さの序列）と教育達成（教育年数）の相関は0.441であり，総合的な指標としたことにより，教育達成への効果は大きく上昇した．社会的背景に恵まれた人は，教育達成においても有利であることがわかる．両親が高学歴で，父親が威信の高い職業に従事し，資産があり，親に離婚経験がなく，きょうだい数が少ないような家庭に生まれ育ってきた個人は，最も恵まれた教育達成の環境にあるといえる[12]．女性でも同様に，家庭環境の総合的な要因を考慮した出身階層ランクと教育達成の相関（0.473）は地位達

序　章　格差の連鎖・蓄積と若者

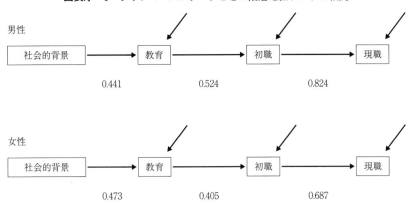

図表序-6　ライフコースステージごとの階層地位ランクの相関

成モデルのパス係数より高くなっている．

次に教育達成を終えた時点・ステージでの階層地位ランクと初職の威信スコアの相関をみてみよう．教育達成を終えたステージというのは，社会的背景の広範な変数と教育達成に関するさまざまな指標（学校での成績，学校タイプなどを含む）を考慮した労働市場に参入する直前のいわば人生の初期（学歴取得までの段階）での階層地位ランクである．初職との相関は，男性で0.524，女性で0.405と，男性の方が高い．男性の場合，女性よりも初職の職業的地位は，労働市場参入前の階層ランクに影響を受けやすいことがわかる．

最後に初職時点と現職時点の階層ランクの相関をみてみよう．初職の時点での階層地位ランクは，社会的背景，教育，初職というそれまでのライフコースに関わるすべての変数を考慮した上でのランキングである．職業キャリア初期のステージでの地位ランクと現在の地位は，男性の場合には0.824という高い相関がみられ，女性も0.687と高い．どのような家庭の出身者であるのか，学校でどの程度の成績を収め最終的にどのような学歴に到達したのか，そしてどのような初職（職業威信）に就いたのかがわかると，かなりの高い確率で現職の職業威信を推計することができることを示している．男性では，現職の職業威信スコアの分散の68％（$(0.824)^2 = 0.679$）が，その時点以前の階層地位ランクにより説明される．女性ではその比率は少し低く47％（$(0.687)^2 = 0.472$）である．

このように4つのライフステージにおける階層地位のランクの相関があることがわかる．男性の場合には，ライフステージを通過するに従い，相関が強まる傾向がある．特に初職時点と現職時点は，初職が現職に与える効果が大きいこともあり，相関の度合いはかなり高い．日本の労働市場では，同じ職場での長期雇用を前提とする雇用慣行が強いこともあり，最初に就いた仕事がその後のキャリアを大きく規定していく要因となっていることが，高い相関を生み出していると考えられる．

相関が強まることは，有利なグループがより有利に，不利なグループがより不利になり，有利なグループと不利なグループの格差が広がった可能性はある．しかし，相関が強まることで格差が広がったと必ず結論できるわけではない．というのは，グループ間の格差が一定であっても，グループの構成比率が変化すれば，相関は高まることもあるからである．グループ間の格差が拡大あるいは縮小する過程は，次節で紹介する傾向スコアマッチングのモデルにより直接的に検証することになる．

4.3　傾向スコアマッチングを用いたモデルによる検証[13]

第3のモデルは，有利なグループと不利なグループの間の格差（集団間の相違）に着目し，有利な人々だけがより有利になり，格差がさらに拡大していくのか，それともライフステージの初期の段階で不利な状況にある人々が挽回し，格差が縮小するセカンドチャンスはあるのかを検証する．具体的には次のような3つのライフステージの過程での格差の連鎖・拡大・縮小のパターンを検証する．出発点（時点 $t-1$）のライフステージとして社会的な背景に関して有利なグループと不利なグループの2つを仮定する．次の教育達成のステージ（時点 t）では，高等教育（短大・大学・大学院）への進学機会の有無により有利なグループと不利なグループを仮定する．そしてその次の職業達成アウトカムのステージ（時点 $t+1$）として，初職が専門管理職の場合を有利なグループ，そうでない場合を不利なグループとして定義する．

この3つのライフステージを考慮したときに，第1の「格差が連鎖・継続」するパターンが起きている場合には，図表序-7が示すようなパターンが観察されるはずである．社会的背景が不利なグループと有利なグループ別に，高等

図表序 - 7　社会的背景，高等教育の有無別の初職専門管理の確率（格差の連鎖・継続の場合）

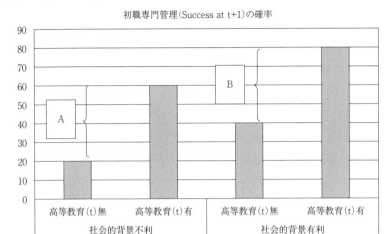

教育を達成した場合と達成しなかった場合の初職が専門・管理職である確率を推計してみる．Aは社会的背景が不利なグループの高等教育の効果（すなわち高等教育を受けることで初職専門管理の確率が上昇する度合い）をあらわす．Bは社会的背景が有利なグループの高等教育の効果を示す．「格差が連鎖・継続」する場合には，この2つの効果は同じ（A = B）であることが予想される．社会的背景が不利なグループも有利なグループも高等教育を受けたときのメリットは同様で，いずれのグループも初職専門管理の割合は高等教育学歴により上昇する．高等教育の効果は同じなので，もともと社会的背景が不利なグループと有利なグループの間にあった格差は一定で減少しない．

第2の「格差が蓄積・拡大」するパターンが起きている場合には，図表序 - 8の形になることが予想される．社会的背景が不利なグループの高等教育の効果Aが，社会的背景が有利なグループの高等教育の効果Bよりも小さい（A＜B）場合には，高等教育の機会を用いて有利なグループはより有利な立場に立てるのに対して，不利なグループは高等教育を受ける利益が限られており，不利な立場から抜け出すことができない．高等教育を受けることの職業的便益が，社会的背景により異なる交互作用があることがわかる[14]．

第3の「格差が縮小」するパターンが起きている場合には，図表2 - 9の形

49

図表序-8　社会的背景，高等教育の有無別の初職専門管理の確率（格差の蓄積・拡大の場合）

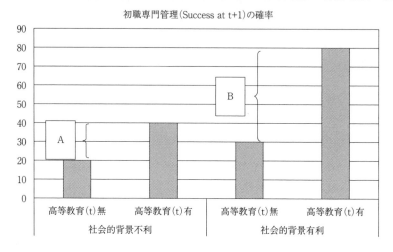

図表序-9　社会的背景，高等教育の有無別の初職専門管理の確率（格差の縮小の場合）

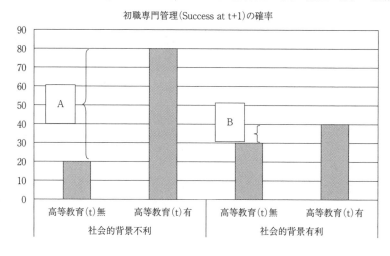

になることが予想される．この図表でも社会的背景と教育達成の交互作用がみられるが，そのパターンが前の図表とはまったく逆で，社会的背景が不利なグループの高等教育の効果Aが，社会的背景が有利なグループの高等教育の効果Bよりも大きい（A＞B）．この場合には，社会的背景が不利なグループのみ

が高等教育を受けることにより初職専門管理の確率を大きく上昇することができる[15]．このことは教育機会を有効に使って，不利な立場を挽回することができるシナリオとなる[16]．

　先述のような3つのパターン（格差の連鎖，格差の拡大，あるいは格差の縮小）を念頭に置き，傾向スコアマッチングのモデルにより実際のデータがどのパターンに一番近いのかを検証していく．なおここで強調しておきたいのは，傾向スコアマッチングの方法を用いることにより，高等教育が初職に与える因果効果を推計し，その効果を社会的背景が不利なグループと有利なグループで比較している点である．後述するように，高等教育の効果は広範に観察される出身家庭の要因をコントロールした後に残る因果的な影響力をあらわしており，因果分析の枠組みの中で格差の連鎖・蓄積の検証を行うことができる点が特徴である．つまり傾向スコアマッチングの方法は，ライフコース研究と因果分析の手法を統合することを目指したモデルと考えることができる[17]．

　傾向スコアマッチングの方法は，以下のようなステップに従って行う．第1のステップは，階層地位ランクの連続性モデルでも行ったように，個人が生まれ落ちた出身家庭の社会・経済的な環境に関する広範な要因を考慮にいれて，社会的背景が生み出す有利さと不利さをあらわす個人の出身階層地位ランクという考え方を導入する．具体的には，社会的背景の次にくる教育達成ステージにおいて高学歴を取得することができる「社会的背景の有利なグループ」と「不利なグループ」を区別する．そのために高等教育の進学機会の有無を従属変数として，階層地位ランクの連続性モデルで用いた出身家庭の社会・経済的な環境に関する19項目を独立変数としたロジスティック回帰を走らせる．進学機会の確率が高いのは，父母学歴が高く，父職がホワイトカラー職，15歳時の暮らし向きが豊かで資産や本の数が多く，家庭の雰囲気があたたかく，親に離婚の経験がなく，きょうだいが少ない家庭の出身者である[18]．

　この高等教育への進学のしやすさ（確率）を進学の傾向スコアと呼び，スコアが高い場合には社会的背景の有利なグループ（出身階層地位ランクが高い），スコアが低い場合には社会的背景の不利なグループ（出身階層地位ランクが低い）とする．図表序-10（男女別）は，X軸を出身階層地位ランク（傾向スコアの低いグループ1から高いグループ9）[19]，Y軸には実際に進学した人と進学し

なかった人の比率を示した．最も進学しそうにないグループ1では，高等教育進学者はほとんど存在しないが，進学の傾向スコアが上昇するにしたがって（X軸の値が大きくなるにしたがって），進学者の割合は上昇する．最も進学しそうなグループ8，9では進学者の比率が非進学者のそれを大きく上回る．男女ともに同様の傾向が確認できる．以下の分析では，傾向スコアによる9つのグループを大きく4つの層に分けた．社会的背景が最も不利な順番に層1（グループ1，2，3），層2（グループ4，5）層3（グループ6，7），層4（グループ8，9）とする．

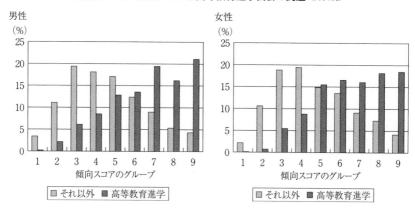

図表序-10　傾向スコアと高等教育進学機会の関連（男女別）

　第2のステップは，4つの層別に高等教育が初職に与える影響を検討する．ここで注意したいのは，高等教育を受けたことによる効果は，出身家庭に関わる個人の社会的背景の総合的な影響力をコントロールした後の，初職への因果効果であるという点である．ここでいう因果効果とは，実験のような設定として高等教育の効果を考えるもので，高等教育を受けた人を実験で処置（treatment）を受けた人，高等教育を受けなかった人は実験の統制群（control）と仮定する．理想的な実験設定の下では，高等教育を受ける人（処置群）と受けない人（統制群）をランダムに割り当てるが，現実にはそのようなランダム割当は不可能であるため，高等教育を受ける人と受けない人の間に体系的な違いが生じる．そこで高等教育を受けるまでに生じる違いをコントロールするために，

高等教育という処置（treatment）を受けやすい社会的背景を持ったグループと受けにくい社会的背景を持ったグループを区別し（傾向スコアによる違い），同じ受けやすさのグループの中で高等教育を受けた処置群と受けなかった統制群を比較（層別のマッチング）し，アウトカム（この場合初職）の違いを検討する[20]．

図表序-11は，4つの層別に高等教育を受けた処置群と受けなかった統制群のそれぞれの初職が専門・管理職であった割合を示した．男性からみてみよう．最も進学しそうにない社会的背景の不利な（出身階層ランクが低い）グループ1でも，最も進学しそうな社会的背景の有利な（出身階層ランクが高い）グループ4でも，高等教育を受けた場合と受けなかった場合では，初職が専門・管理職である確率は大きく異なり，15%から20%ほどの違いがある．このことは，高等教育を受けた効果は出身階層ランクにかかわらず，均質に大きいことを示している[21]．女性についてみると，高等教育を受けた場合と受けなかった場合の違いは，男性に比べるとはるかに小さく，ほぼ0から10%ほどである．グループ3では，高等教育を受けた場合には受けなかった場合に比べ，初職の専門・管理の比率がわずかだが低い．しかし，グループ3以外は，男性同様に出身階層ランクにかかわらず，効果はプラスでありほぼ等しく小さい[22]．

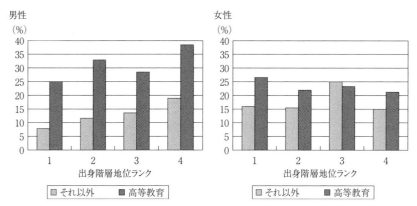

図表序-11 4つの層別にみた高等教育と初職専門・管理の関連（男女別）

この結果を本節の最初に述べた3つのパターンと比較すると，第1の「格差が連鎖・継続」するパターンに対応することがわかる．社会的背景が不利なグ

ループでも有利なグループでも，高等教育の効果は一様で，いずれのグループも初職専門管理の比率は，高等教育を獲得することにより上昇する．男性の場合には，高等教育の効果は顕著である．つまり，もともと存在した社会的背景の違いによる格差は，高等教育の効果が一定であるため，縮小することなく，維持されることになる．

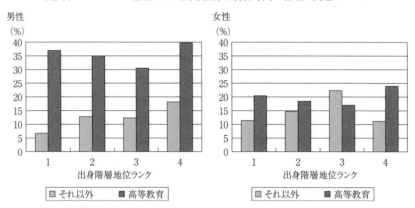

図表序-12　4つの層別にみた高等教育と現職専門・管理の関連（男女別）

次に，最終的なアウトカムを初職ではなく現職とした場合の結果を示す．図表序-12は，現職が専門・管理に従事する確率に関して高等教育の効果を4つの層別に示したものである．男性についてみると，現職に対しては高等教育の因果効果は初職以上に大きく，高等教育を受けた場合と受けない場合には20％から30％ほどの違いがみられる．社会的背景の異なる4つの層のすべてでプラスの効果がみられ，高等教育のメリットはほぼ一様である．最も不利な背景にあるグループ1では高等教育の効果は最も大きいので，この点に着目すると第3の「格差が縮小」するパターンが起きている可能性が考えられるが，統計検定の結果，高等教育の効果が4つのグループ間で有意に異なるモデルは採択されなかった[23]．このため高等教育の効果はどのグループでも均質であるという第1の「格差が連鎖・継続」するパターンに対応すると考えるのが妥当であろう[24]．女性についてみると，初職と同様に高等教育の効果は男性よりも小さいが，ほぼプラスの効果がある．例外はグループ3で，高等教育を受

けた場合には受けなかった場合に比べ，現職の専門・管理の比率が若干低い．しかし，高等教育の効果は，社会的背景が不利なグループ1にも有利なグループ4にも確認され，グループ3を除き均質的であり，第1の「格差が連鎖・継続」するパターンに該当すると考えて良いであろう[25]．

　以上のように傾向スコアマッチングを用いたモデルでは，社会的背景を出発点として，教育達成，職業達成というライフコースの流れの中で有利な状況にある人々と不利な状況にある人々の間の格差が，維持されていくのか，拡大していくのか，それとも縮小していくのかを検証した．分析結果からは，生まれにより決まる人々のさまざまな社会背景要因は，学歴達成に大きく影響しており，社会的背景が有利なグループと不利なグループが存在することがわかった．高等教育という学歴達成は，職業達成の過程で有利な職業的地位へと導く因果的効果のあることが確認された．この高等教育の効果は，社会的背景が有利なグループと不利なグループの双方において存在する．社会的背景が不利であったとしても，高等教育レベルの学歴を獲得すれば，職業的地位は上昇する．しかし，この効果は，社会的背景が有利なグループとほぼ同程度であるので，もともとあった格差は温存されたまま「格差が連鎖・継続」するパターンがみられる．

　不利なグループが挽回するためには，学歴の効果が有利なグループよりも大きくなければならないが，そのような明確な傾向は読み取れなかった．他方，社会的背景が有利なグループの方が学歴の効果が大きく，有利な立場がますます有利になっていくような格差が「蓄積・拡大」するパターンは確認されなかった．初発（生まれた時点）の不平等は，ライフコースの流れの中で拡大あるいは縮小していくのではなく，教育達成・職業達成の過程で，そのまま維持・継続される傾向がある．

5. 本書の構成

　この序章では，「格差の連鎖・蓄積」の枠組みを説明し，「格差の連鎖」「格差の拡大」「格差の縮小」の3つのシナリオを区別した．この枠組みに沿って，東大社研パネル調査を用いて3つのシナリオの妥当性を検証した．社会的背景，

序　章　格差の連鎖・蓄積と若者

教育，初職，現職という4つのライフステージの流れの中での格差の生成・蓄積過程を分析すると，初発の家庭環境による格差が，学歴の達成，職業的地位の達成の過程を通しても，依然として変わらず維持される「格差の連鎖」のメカニズムがあることが明らかになった．この分析は，教育達成と職業達成の過程に着目したものであり，ライフコースの他の側面において同様な「格差の連鎖」がみられるのかは今後の検討課題である．

　本書では，「格差の連鎖」が確認された学歴達成から職業キャリアの展開というライフコースの側面に焦点を当てて分析していく．第I部「学校から仕事への移行」では，学歴達成から就職活動を経た入職という教育と労働市場のリンケージについて詳細に検討していく．第II部「初期キャリアの格差」においては，労働市場に参入した後の職歴や所得の変動に着目しながら，若年者のキャリア形成と格差の問題を考える．第I部，第II部それぞれ3つの章から構成されている．

　第1章「学校経由の就職活動と初職」では，初職にみられる格差（初職に間断なく移行できたか，初職は正規職か，初職の企業規模が大きいか）と就職活動の内容（特に学校経由で就職したか）の関連を分析する．日本では，新規学卒一括大量採用という慣行により，在学中の生徒・学生が就職活動を行い，4月の卒業と同時に就職していく（苅谷 1991；苅谷・本田 2010；菅山 2011）．在学中にどのような形で就職活動を行ったかは，どのような就職先に決定したかと深く関わっている．本章では，学校を通した就職活動により初職に到達する「学校経由の就職」に着目し，その効果と意義を明らかにしていく．

　第2章「教育拡大と学歴の効用の変容——日本型学歴インフレの進行」では，職業に就くときの学歴要件が上昇していく「学歴インフレーション」と呼ばれる現象について着目する．高等教育の拡大と正規職の減少という若年労働市場の変化が，教育と職業の結びつきのあり方に変化をもたらし，大卒学歴の意味が変容してきたことを明らかにする．特に大学進学率の上昇に伴い，大学間の格差（偏差値ランク）が職業達成に与える影響力を考慮する．この大学の学校歴に基づく採用は，能力や技能の形成の指標としてではなく，スクリーニング機能に重きを置いた「シグナル効果」にとどまるのではないかという疑問に答える．

第3章「新卒一括採用制度の日本的特徴とその帰結——大卒者の「入職の遅れ」は何をもたらすか？」では，日本に特徴的であるとしばしば指摘されてきた「新規学卒一括大量採用」という制度を取り上げる．類似の仕組みがある韓国における大卒者の採用制度と比較することにより，どのような側面が日本的であるのか，そして特徴的な側面がどのように日本の新規大卒者の就職に影響を及ぼしているのかを明らかにする．特に卒業直後に就職する間断のない移行と初職入職時の年齢という2つの要因を取り上げ，その影響力について検討する．

第4章「正規／非正規雇用の移動障壁と非正規雇用からの脱出可能性」は，近年若年層で大きな増加がみられる「非正規雇用」（太郎丸 2009；小杉 2010）に着目する．正規雇用と非正規雇用の格差に関する議論は目新しいものではないが，この章では，正規雇用と非正規雇用の間の移動障壁の存在について検証する．一度非正規雇用に従事すると，正規雇用への移動は難しいのか，どのような人が非正規雇用から抜け出すことができないのか，といった問いを検討する．

第5章「現代日本の若年層の貧困——その動態と階層・ライフイベントとの関連」は，若年層の経済的格差と貧困の問題に切り込む．この章では，地位の達成過程の1つの帰結として経済的地位（個人の低所得状態）を位置付け，経済的地位の決定過程を分析する．地位達成過程における学歴，初職などに関する不利が，現在の経済的地位の不利（低所得状態）へと影響を与えていないか，低所得状態は持続するのか，低所得状態はその後のライフコース（結婚）に影響を及ぼすのかを考察する．

第6章「社会的孤立と無業の悪循環」では，相談相手などがいないといった社会的に孤立した状態と仕事を持たない無業の状態の関連について考察する．特にこの2つの状態の間に悪循環がみられるのか，について焦点を当てる．つまり社会的に孤立した状況に置かれることは，無業のリスクを上昇させ，無業になることにより，さらに社会的に孤立が進み，再就職が困難になるという悪循環が存在するのかについて検証する．

最後の終章では，「格差の連鎖・蓄積」という枠組みの意義と本書で明らかになった知見をまとめる．

注
1) 本研究は，日本学術振興会の科学研究費補助金基盤研究 (S) (18103003, 22223005)，特別推進研究研究 (25000001)，厚生労働科学研究費補助金政策科学推進事業 (H16-政策-018)，および日本経済研究センター研究奨励金，公益財団法人　三菱財団の研究助成を受けた．東大社研パネル調査プロジェクトの運営とパネル調査の継続にあたっては，東京大学社会科学研究所からの研究および人的支援，株式会社アウトソーシングからの奨学寄付金を受けた．
2) この点を最も明確に指摘したのは，ロバート・メーア (Robert D. Mare) の第 18 回世界社会学会議での報告である (Mare 2014)．
3) ここでは集団間の格差に着目しており，母集団全体の不平等の度合いが拡大するか否かは問題としていない．集団間の格差の生成の過程は，マクロなレベルの不平等度の変化とは区別してとりあえず扱っている (DiPrete and Eirich 2006)．
4) 東大社研パネル調査については，総論を参照．この節の分析では，若年・壮年パネル調査を合体しており，2007 年の対象者を追跡する継続サンプルのみを扱う．2011 年から補充された追加サンプルは分析には含まれていない．
5) 職業威信は，職業に対する人々の評価の高さについてランク付けしたもので，裁判官などの専門管理的職業は威信が高く，道路工夫など非熟練マニュアル的職業は威信が低い．
6) 数値は，矢印の先にある変数を従属変数として矢印のもとにある変数を独立変数としたときの回帰分析の標準化された回帰係数 (パス係数) である．統計的に有意でない変数については，矢印はつけていない．
7) 対象者が若年・壮年者のため，職業キャリアのピークに達していないものが相当数含まれることから，より高い年齢層に比べ，相関が弱い可能性がある．
8) 回答者が 15 歳時点の母親の就業状況をみると，働いていない母親が比較的多かったため，母の職業的地位，母階層は，変数としてはいれなかった．
9) 重回帰係数は，出身家庭に関わるすべての変数を用いて予測する教育達成年数と実際の教育達成年数の相関をあらわす．
10) 高校に関する質問項目と大学名は，第 2 波の調査票で質問されている．それ以外の項目は第 1 波の調査票に含まれている．
11) 出身大学名を偏差値ランクに変換するには，旺文社刊行の『蛍雪時代』(2000 年) の全国大学合格難易ランキングを用いた．この作業は，藤原翔氏と共同で行ったものであり，偏差値ランクの使用にあたり藤原氏に感謝したい．
12) ここに挙げた変数は，教育達成を従属変数とした重回帰分析で直接効果が統計的に有意なものである．さらに男性では，家庭の雰囲気があたたかく，長男である場合，女性では，1 人っ子である場合には教育達成を有利にしている．
13) 傾向スコアマッチングを用いた研究の例としては，Rosenbaum and Rubin (1983, 1984), Harding (2003), Brand and Xie (2010), Ishida (2013) など

を参照.
14) 第2の「格差が蓄積・拡大」するパターンは,Brand and Xie (2010) が「positive selection」と呼んだパターンと対応する.高等教育を受けやすい人々の間で高等教育の効果が最も大きくなる.
15) Brand and Xie (2010) は,第3の「格差が縮小」するパターンを「negative selection」と呼び,高等教育を受けにくい人々の間で高等教育の効果が最も大きくなるパターンである.
16) 高等教育の効果について社会的背景が不利なグループで高いということは,社会的背景が不利なグループ全体の初職専門管理の確率を上昇させることになる.しかし,グループ全体でどれくらい上昇するかは社会的背景が不利なグループの中で高等教育を受けた人々がどのくらいいたのかという条件付周辺分布(社会的背景を条件としたときの高等教育の分布)の大きさによる.このように社会的背景が不利なグループ全体と有利なグループ全体での初職専門管理の確率は,高等教育の効果がそれぞれのグループでどれくらいなのかという条件付効果の大きさと,条件付周辺分布の大きさの両方に依存する.
17) 因果分析の手法の特徴と意義については,星野 (2009),Morgan and Winship (2014),Pearl (2009) などを参照.
18) ここに挙げた変数は,高等教育を従属変数としたロジスティック回帰分析で直接効果が統計的に有意な要因である.ただし,女性の場合には,15歳時の暮らし向きと家庭の雰囲気の温かさの要因は有意ではなかった.
19) 高等教育への進学確率を10分位に分けた.一番上のグループのみ,確率が0.8以上とした.なお最も低いグループと最も高いグループで,高等教育を受けたグループと受けなかったグループで傾向スコアの下限,上限が異なるため,最も低いグループでは高等教育を受けたグループの下限を,最も高いグループでは,高等教育を受けなかったグループの上限を使用した.これによりどちらのグループも共通の下限と上限の値(common support)を持つことになり,共通の範囲外のケースは除いた.
20) 高等教育を受けたグループと受けなかったグループは,観察された19項目の要因により区別される.高等教育の受けやすさ(傾向スコア)により4つの層に分類したが,それぞれの層の内部では,高等教育を受けたグループと受けなかったグループの間で,19項目についての体系的な違いはみられない.しかし,2つのグループ間での19項目以外の観察されない異質性については,傾向スコアマッチングの方法ではコントロールすることはできない.
21) 高等教育の効果の均質性については,ログリニア分析を用い,出身階層ランク,高等教育の有無と初職専門・管理の3変数間の交互作用を検定したところ,5%の水準で統計的に有意ではなかった.さらに高等教育をコントロールしたときの出身階層ランクの初職専門・管理への独立効果は,有意である.このことは,高等教育の有無にかかわらず,出身階層ランクが高い場合には,初職専

門・管理の比率が高いことを意味する．社会的な背景は，初職に対して高等教育を経由した効果とは独立した直接的な影響がある．
22) 女性の場合には，高等教育をコントロールしたときの出身階層ランクの初職専門・管理への独立効果は，5％の水準では有意ではない．このことは，出身階層ランクの初職への効果は，ほぼすべてが高等教育を経由したものであることがわかる．
23) ログリニア分析を用い，出身階層ランク，高等教育の有無と現職専門・管理の3変数間の交互作用を検定したところ，5％の水準で統計的に有意ではなかった．出身階層ランクと高等教育がそれぞれ独立の効果を持つ，3方向交互作用を含まないモデルが採択された．
24) 初職の場合と同様に，出身階層ランクは現職に対して，高等教育を経由しない独立の効果が有意である．つまり社会的な背景は，高等教育を通した間接的な影響力とそれを通さない直接的な影響力の2つの経路がある．
25) 女性の場合には，初職と同様に，高等教育をコントロールしたときの出身階層ランクの現職専門・管理への独立効果は，有意ではない．

文献

Arulampalam, Wiji, Paul Gregg and Mary Gregory (2001) "Unemployment Scarring," *The Economic Journal* 111(475): 577-584.

Blau, Peter M. and Otis Dudley Duncan (1967) *The American Occupational Structure*, New York: Free Press.

Brand, Jennie E. and Yu Xie (2010) "Who Benefits Most from College? Evidence for Negative Selection in Heterogeneous Economic Returns to Higher Education," *American Sociological Review* 75: 273-302.

Cole, Stephen (1970) "Professional Standing and the Reception of Scientific Discoveries," *American Journal of Sociology* 76: 286-306.

Cole, Jonathan R. and Stephen Cole (1973) *Social Stratification in Science*, Chicago: University of Chicago Press.

DiPrete, Thomas A. and Gregory M. Eirich (2006) "Cumulative Advantages as a Mechanism for Inequality," *Annual Review of Sociology* 32: 271-297.

Duncan, Otis Dudley (1966) "Path Analysis: Sociological Examples," *American Journal of Sociology* 72(1): 1-16.

Gangl, Markus (2004) "Welfare States and the Scar Effects of Unemployment," *American Journal of Sociology* 109(6): 1319-1364.

Gangl, Markus (2006) "Scar Effects of Unemployment," *American Sociological Review* 71(6): 986-1013.

Gregg, Paul and Emma Tominey (2005) "The Wage Scar from Male Youth Unemployment," *Labour Economics* 12(4): 487-509.

Harding, David J. (2003) "Counterfactual Models of Neighborhood Effects," *American Journal of Sociology* 109(3): 676-719.
星野崇宏 (2009)『調査観察データの統計科学』岩波書店.
石田浩 (2008)「世代間階層継承の趨勢」『理論と方法』23(2): 41-63.
Ishida, Hiroshi (2013) "Transition to Adulthood among Japanese Youths," *Annals of the American Academy of Political and Social Science* 646: 86-106.
石田浩・三輪哲 (2009)「階層移動から見た日本社会」『社会学評論』59(4): 648-662.
石田浩・三輪哲 (2011a)「社会移動の趨勢と比較」石田浩・近藤博之・中尾啓子編『現代の階層社会2 階層と移動の構造』東京大学出版会: 3-19.
石田浩・三輪哲 (2011b)「上層ホワイトカラーの再生産」石田浩・近藤博之・中尾啓子編『現代の階層社会2 階層と移動の構造』東京大学出版会: 21-35.
石崎唯雄 (1983)『日本の所得と富の分配』東洋経済新報社.
苅谷剛彦 (1991)『学校・職業・選抜の社会学――高卒就職の日本的メカニズム』東京大学出版会.
苅谷剛彦・本田由紀編 (2010)『大卒就職の社会学――データからみる変化』東京大学出版会.
小杉礼子 (2010)『若者と初期キャリア――「非典型」からの出発のために』勁草書房.
Mare, Robert, D. (2014) "Multigenerational, Demographic, and Spatial Aspects of Stratification and Mobility," presentation at the 18th World Congress of Sociology, International Sociological Association, 18 July, 2014, Yokohama, Japan.
Merton, Robert K. (1968) "The Matthew Effect in Science," *Science* 159(3810): 56-63.
三輪哲 (2008)「キャリア軌跡からみる世代間移動機会の不平等とその趨勢」『理論と方法』23(2): 23-40.
Morgan, Stephen L. and Christopher Winship (2014) *Counterfactuals and Causal Inference*, 2nd edition, New York: Cambridge University Press.
大竹文雄 (2005)『日本の不平等』日本経済新聞社.
Pearl, Judea (2009) *Causality*, 2nd edition, New York: Cambridge University Press.
Rosenbaum, Paul R. and Donald B. Rubin (1983) "The Central Role of the Propensity Score in Observational Studies for Causal Effects," *Biometrika* 70: 41-55.
Rosenbaum, Paul R. and Donald B. Rubin (1984) "Reducing Bias in Observational Studies Using Subclassification on the Propensity Score," *Journal of the*

American Statistical Association 79: 16-24.
Rytina, Steven (1989) "Life Changes and the Continuity of Rank," *American Sociological Review* 54(6): 910-928.
Sampson, Robert. J. (2012) *Great American City*, Chicago: University of Chicago Press.
佐藤俊樹 (2000)『不平等社会日本――さよなら総中流』中央公論社.
菅山真次 (2011)『「就社」社会の誕生』名古屋大学出版会.
橘木俊詔 (1998)『日本の経済格差――所得と資産から考える』岩波書店.
太郎丸博 (2009)『若年非正規雇用の社会学――階層・ジェンダー・グローバル化』大阪大学出版会.
都築一治編 (1998)『1995年SSM調査シリーズ5 職業評価の構造と職業威信スコア』1995年SSM調査研究.
Wilson, William Julius. (2012) *The Truly Disadvantaged*, 2nd. Edition, Chicago: University of Chicago Press.

第 I 部

学校から仕事への移行

第 1 章

学校経由の就職活動と初職

大島真夫

1. 学校経由の就職活動の何が問題か

1.1 学校から職業への移行

　義務教育とそれに続く何年間かの学校教育を終えると，人々は職業生活へと移行していく．職業生活に入って初めて就く仕事を初職と呼ぶが，初職をみつけるための就職活動は現代日本社会における若者のライフコースにおいて極めて重要なイベントとなっている．仕事は無事にみつかるのか，仮にみつかったとしてそれは正規職なのか非正規職なのか，勤め先は安心して長く勤め続けることのできるしっかりした企業なのか．若者の雇用をめぐる状況は近年厳しく，条件の良い職に誰もが等しく就けるわけではない．初職がどのような条件であるかという点において，いわば格差が存在している．場合によっては，条件の良くない職に心ならずも就かざるを得ない結果となることもあり得るのである．終身雇用の考え方が未だ根強く残っている中で[1]，初職はその後の職業生活を大きく左右する可能性があり，若者にとってそれだけ重い選択になっている．

　よく知られているように，日本社会には新規学卒一括採用という慣行があって，学校を3月に卒業すると，翌4月からは新入社員として働き始めるのが一般的だ．学校生活と職業生活との間には間断がなく，初職をみつけるための就職活動は学校在学中に行われることが多い．こうした事情を背景として，学校は生徒や学生の就職活動にさまざまな形で関与している．筆記や面接などの試

験対策支援にとどまらず，学校種によってはもっと直接的に就職斡旋という形で関与することすらある．典型的なのは高校生の就職活動で，求人求職の申し込みは学校を経由することになっており，生徒への求人票の公開や採用試験の解禁日などのスケジュールが事細かく定められている[2]．学校が就職斡旋を行うことは，職業安定法で認められている業務であるにもかかわらず一般的にはあまり知られていないし[3]，また，そもそも学校が就職斡旋を行うことについて批判的な意見も散見される．

そこで本章では，学校から職業への移行のうち，学校を卒業して職業生活へとはいっていく人々の就職活動に焦点を当て，初職にみられる格差，すなわち初職の条件が就職活動の仕方とどのように関係しているのか，とりわけ学校を経由して就職した場合に初職はどのような条件になるのか，またそもそもどういう人が学校経由で就職していくのかといった点を「働き方とライフスタイルの変化に関する全国調査」（JLPS）のデータをもとに確認し，その分析結果に基づいて学校経由の就職活動が持つ意義について考察を行いたい．

1.2 生徒の選抜・企業の選抜

分析を始める前に，学校経由の就職活動についてこれまで論じられてきたことを簡単に整理しておこう[4]．就職先の斡旋において学校が果たす役割にはいくつかのタイプがある．これは，斡旋という営みが求人と求職をとりもつ双方向の関係だということに由来する．第1のタイプは，求職者を求人側に紹介する際に学校が何らかの選抜を行うという役割である．より具体的に表現すると，学校が生徒を企業に推薦する際に質の高い生徒を選び出した上で企業に推薦する，ということになるだろう．このタイプの役割を「生徒の選抜」とここでは呼ぶことにしたい．

「生徒の選抜」を描き出した研究としては，苅谷剛彦（1991）が挙げられる．1980年代前半に行われた高卒就職に関する調査をもとに，各学校の成績上位者が進路指導を通じて選抜されて，誰もが行きたがるような応募の殺到する企業に推薦されていくさまを描き出した．この研究において苅谷は，教員が行った選抜は学業成績を基準として行われていたと指摘する．生徒に対しては学業成績だけでなく場合によっては遅刻や部活動参加などの生活面も選抜基準にな

り得ることをほのめかしながら，学業や高校生活における教員のコントロールを強め，学業成績や生徒の従順性の向上を図った．生徒の側も，選抜基準に達しないと判断すれば志望を自ら変更する（＝自己選抜を行う）などしたため，アスピレーションの冷却も比較的スムーズに行われた．学校による就職先の斡旋は，生徒を選抜することによって，これらのような意味での生徒の資質の向上と効率的なマッチングをもたらしたとする．

　求職者を求人側へ紹介する流れに注目した「生徒の選抜」とは対照的に，就職先の斡旋において学校が果たす第2のタイプの役割として指摘できるのは，求人を求職者に紹介する際に学校が何らかの選抜を行うという役割である．学校が企業を生徒に紹介する際に，条件が良いと思われるところを選んでいるといってもよい．このタイプの役割を「企業の選抜」とここでは呼ぶことにしたい．

　「企業の選抜」がみられる例として，大学の人文社会系学部学科において大学就職部が行う就職先の斡旋を挙げることができる（大島 2012）．大学生の就職活動は，リクナビなどの就職支援ウェブサイトを活用しながら，学生自らが企業に選考を申し込み進めていくのが一般的である．そのため，大学就職部による斡旋を利用する人は少数派だ．ただ，就職活動シーズンの中でどういう時期に斡旋が行われているかを考えると，大学就職部による斡旋が行われることの意味はとても大きいことがわかる．すなわち，大学生の就職活動期間は3年生夏休み前後からの1年以上にも及ぶものであるが[5]，おおむね夏休み前までのシーズン早期には就職支援ウェブサイトを使った就職活動が中心で，大学就職部による斡旋はそれが一段落したシーズン晩期に展開される．つまり，斡旋の対象となるのは，なかなか内定が取れずにいる学生たちなのである．また，どういう企業を紹介しているかに注目すると，斡旋の持つ重要性はよりはっきりする．知名度が高く誰もが行きたがるような大手企業の採用は，シーズン早期に終わってしまっていることが多い．シーズン晩期は，準大手や中小企業の採用が中心である．条件が良いとは必ずしもいえない企業の求人も多くなる．そんな中にあって，大学就職部は，条件が良いとはいえない企業を避けて就職先を斡旋しようとする．つまり，学生に紹介するのにあたって「企業の選抜」を行っているのである．結果として，大学就職部による斡旋を受けた場合の就

職先は，シーズン早期と遜色のないものとなっている．就職活動をするには不利なシーズン晩期において，なかなか内定が決まらずに困っている学生を条件の比較的良い企業へ就職させ救っているという意味において，大島（2012）では大学就職部による就職先の斡旋がセーフティネット的役割を果たしていると論じた．

　ここまで述べてきた「生徒の選抜」も「企業の選抜」も，その目的はともかくとして，斡旋の過程において学校が機会に何らかの制約を加えているという点においては共通した性格を有している．しかし，論理的に考えれば，学校が何も制約を加えず，求人求職の情報を機械的にもう一方へ流すだけという役割を果たしているということもあり得よう．こうした役割のあり方は，労働市場は自由であるべきだという立場からは望ましいモデルかもしれない．実際，これまでの学校経由の就職活動をめぐる議論をみても，とりわけ高卒就職においては学校が加える機会の制約を緩める方向での議論が展開されたこともあった（文部科学省 2001；本田 2005）．ただ，それは就職活動のプロセスにおいて学校が「生徒の選抜」の役割を果たしていることを念頭に置かれて展開された議論であった．学校が就職活動に関与することで生徒は自由に企業への応募ができない状況になっているので，それを改めようというのである．そうした議論は確かに一理ある．しかし，学校が果たす役割にはもう1つ「企業の選抜」という役割もある．職業生活に初めて足を踏み入れようとしている新規学卒者は労働市場のことを十分に知っているとはいえず，何もわからずに条件の良くない職に就こうしている場合には学校が何らかの手助けをすることが必要なのではないか．もしそのような立場を取るのならば，学校が斡旋から撤退することは手放しには歓迎できまい．そもそも，学校経由の就職活動には「生徒の選抜」はつきものなのだろうか．仮に「生徒の選抜」なしに学校経由の就職活動が行われ，かつ「企業の選抜」の役割も果たしているのならば，生徒にとっては迷惑であるどころかかえってありがたい存在であり，学校経由の就職活動を縮小や廃止した方がいいという議論は成立が難しくなる．学校から職業への移行において学校が関与することの是非を判断する上で，学校経由の就職活動がどのように行われどのような意義を持っているかを明らかにすることが必要だといえよう．

1.3 JLPSにみる初職入職経路

では，実際にどのくらいの人が学校経由で就職しているのか．ここでは，JLPSデータに基づいて確かめておきたい．

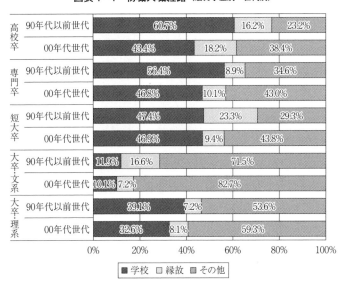

図表1-1 初職入職経路（最終学歴別・世代別）

JLPSでは第2波において「初職のことを知り応募したきっかけは何でしたか」という形式で初職入職経路を詳しく尋ねている[6]．この質問への回答を，最終学歴別にかつ90年代以前の卒業生（90年代以前世代）と00年代の卒業生（00年代世代）とに分けて集計した結果が図表1-1である[7]．回答選択肢は全部で8つであったが，ここでは煩雑を避けるため3つに集約して図に示した[8]．すなわち，「学校」とは学校教員や進路指導室などで紹介を受けて初職をみつけたことを意味する．また，「縁故」とは家族や親族の紹介で初職をみつけたことを意味し，「学校」でも「縁故」でもない方法でみつけた場合が「その他」である．次節以降の議論では，より詳しい議論をするために「学校」を教員と就職部に分けるなどして分析をすることもあるが，ここでは全体像をつかむために「学校」としてまとめたものをひとまず提示する．

図表1-1を概観すると，次の2つの点に気づく．まず1つめは，学校種によって学校経由の就職の割合が異なるという点である．「学校」の割合が多いのは高等学校卒（以下高校卒），専門学校卒（以下専門卒），短期大学卒（以下短大卒）である．00年代世代でみれば，高校卒で43.4%，専門卒で46.8%，短大卒では46.9%となっている．これらの学校では，半数弱の人々が学校経由で初職へと就職している．ところが，大学では「学校」と答えた人の割合は少ない．同じく00年代世代でみれば，大学の人文社会科学系学部学科卒（以下大卒・文系）ではわずか10.1%にとどまり，大学の理工系学部学科卒（以下大卒・理系）でも32.6%にとどまる．大学で多いのは「学校」でも「縁故」でもない「その他」である．大卒・文系では82.7%，大卒・理系でも59.3%に達する．なお，家族や親族の紹介による「縁故」はいずれの学校種においてもそれほど多くない．

　図表1-1からわかるもう1つの点は，90年代以前と00年代との間における「学校」経由による就職の割合の変化である．高校卒と専門卒，大卒・理系では，「学校」を経由する人の割合がやや減少しているが，短大卒，大卒・文系では，大きな変化は生じていない．高校卒では，90年代以前世代においては「学校」経由の就職が60.7%だったのが00年代世代では43.4%に，大卒・理系では90年代以前世代においては「学校」経由の就職が39.1%だったのが00年代世代では32.6%にそれぞれ減少している．バブル崩壊以降に労働市場の状況は大きく変わったといわれているが，全体に占める割合を見る限りでは，学校経由の就職活動についてはいわれているほど大きな変化があったようにはみえない．

　このように，日本社会においてはどういう学校を卒業したのかによって初職のみつけ方のあり方は大きく異なっている．学校経由の就職活動が一般的である学校種とそうでない学校種がある中で，学校経由の就職活動が持つ意義はいずれの学校種でも同じなのか，それとも異なるのか．それを確かめれば，高校卒におけるあり方を念頭に学校経由の就職活動一般を論じることの是非も自ずと明らかになる．そのような点を念頭に置きながら，以下で具体的な分析を進めていこう．

2. 就職活動の仕方と初職との関係

2.1 初職の条件との関係

最初に検討するのは，学校経由で就職した場合に初職がどのような結果になるかという点である．前節でみたように初職への入職経路にはさまざまあるが，学校を経由した場合と他の入職経路を経た場合とで初職の条件に違いは生じるのだろうか．

初職の条件としてここで注目するのは，「間断有」「非正規」「小企業（99人以下）」の3点である．いずれも該当する場合は条件が良くない職であることを意味するものとして想定している．先行研究では，優良企業への就職というような誰もが望む希少な機会の配分に学校がいかに関与しているかを描くものもあったが[9]，ここでの関心はむしろ対極の現象にあって，条件の良くない初職に就くリスクを学校経由の就職活動が高めているのか低めているのかということを検証する．

まず「間断有」だが，これは学校を卒業してすぐに職業生活に入ることができたかどうかを意味する．前節で述べたとおり，JLPSの第2波には初職に就職したのが卒業して1ヶ月以内であるかどうかを尋ねる質問があり，この質問に対する回答がいいえの場合には「間断有り」，はいの場合には「間断無し」と判断した．また，「非正規」は文字通り初職が非正規職であるかどうかを意味し，「小企業（99人以下）」は初職の企業規模が99人以下であるかどうかを意味する[10]．

入職経路については，「学校」「縁故」「その他」の3つに分類するが，大卒については就職活動の進め方を考慮して次のように細分化して分析をする．「学校」は，大卒・文系においては大学就職部を経由した場合のみとし，「その他」を「早期」と「晩期（就職部以外）」に分割する．高校卒，専門卒，短大卒では「学校」に含めていた教員による紹介は，大卒・文系では「晩期（就職部以外）」に含める[11]．前節でも述べたとおり，大学生の就職活動は就職活動シーズンの早期と晩期で状況が大きく異なる．シーズン早期によくみられるのがインターネットによるエントリーシートの提出や，インターネットの普及以前

71

においては資料請求ハガキの送付をきっかけにして就職採用活動が始まるような入職経路である．シーズン晩期にはインターネットや資料請求ハガキ以外の方法での就職活動が盛んになる．大卒・理系の場合，基本的には大卒・文系と同じだが，教員による紹介を「晩期（就職部以外）」に含めるのではなく独立の「大学教員」というカテゴリーとする．大卒・理系においては大学教員による紹介での入職経路が少なからずみられるためである．これに伴い，シーズン晩期については「晩期（就職部・教員以外）」と表記する．

分析には，2項ロジット分析という方法を用いる．従属変数として「間断有」「非正規」「小企業（99人以下）」を用い，独立変数として「学校」を基準とする入職経路のダミー変数を投入する[12]．学校経由とそれ以外の入職経路を比べたときに，どちらが「間断有」「非正規」「小企業（99人以下）」という条件になりやすいのかを確認する．

図表1-2　初職入職経路と初職との関係

	入職経路	間断有	非正規	小企業(99人以下)
高校卒	縁故	+	+	
	その他	+	+	+
専門卒	縁故	+		+
	その他	+	+	
短大卒	縁故	+	+	
	その他	+	+	+
大卒・文系 (就職部)	早期			
	晩期（就職部以外）		+	+
	縁故			+
大卒・理系 (就職部)	早期			
	大学教員			
	晩期（就職部・教員以外）			
	縁故			

分析結果は図表1-2に示した．表の読み方であるが，学校経由と比べて学校経由以外の入職経路の方が「間断有」「非正規」「小企業（99人以下）」という条件になりやすいときに+を記している．例えば高校卒の「間断有」をみると，縁故とその他の両方で+となっている．これは，学校経由よりも縁故やその他の入職経路の場合に「間断有」になりやすいことを示している．このこと

は，逆にいえば，縁故やその他の入職経路よりも学校経由の方が「間断有」になりにくいことを示している．すなわち，3つに分けた入職経路のうち学校経由が「間断有」にもっともなりにくいということでもある．また，高校卒の「小企業（99人以下）」をみると，縁故には何も記されておらず，その他には＋が記されている．これは，学校経由と縁故では「小企業（99人以下）」のなりやすさに違いがあるとはいえない一方で，学校経由よりもその他の方が「小企業（99人以下）」になりやすいことを示している．言い換えれば，3つに分けた入職経路のうちその他が「小企業（99人以下）」に最もなりやすいということになる．なお，大卒・文系では学校経由でありながら「間断有」の人が，大卒・理系では学校経由でありながら「間断有」と「非正規」の人が，それぞれ極めて少ないか該当者が存在せず，十分な分析ができなかったため結果は載せていない．

　図表1−2からは多くのことが読み取れるが，「間断有」「非正規」「小企業（99人以下）」と順にみていこう．第1に「間断有」については，高校卒，専門卒，短大卒のいずれにおいてもすべてで＋となっている．このことは，これらの学校卒においては学校を経由した場合が最も「間断有」になりにくいことを示している．また，大卒・文系と大卒・理系では前述のとおり学校経由で「間断有」の人は極めて少ないか該当者が存在しなかった．以上のことから，どの学校種においても学校を経由した場合「間断有」にはなりにくいことがわかる．

　第2に「非正規」であるが，「間断有」と同様多くの＋を見ることができ，どの学校種でもおおむね学校経由の場合に「非正規」になりにくいことがわかる．ただ，2点注意を要する．1つは，専門卒である．縁故には＋がない．これは，専門卒においては学校経由と縁故とのあいだで「非正規」のなりやすさに違いがあるとはいえないことを意味している．ただ，その他に対しては＋であり，3つの入職経路の中では学校経由が「非正規」になりにくい経路の1つであることには変わりはない．もう1点注意を要するのは大卒・文系である．晩期にのみ＋があって，これは就職部経由と比べると晩期では「非正規」になりやすいことを意味している．ただし，早期と縁故には＋がない．つまり，就職部経由と早期または縁故との間には「非正規」のなりやすさに違いがあるとはいえないということになる．このことは，就職部経由という入職経路が就職

活動シーズンの晩期においてみられることと重ねあわせてみると,その意味がよりいっそうはっきりする.晩期よりも就職部経由の方が「非正規」になりにくく,かつ就職部経由と早期との間に「非正規」のなりやすさの違いがあるとはいえないということは,晩期よりも早期の方が「非正規」になりにくいことを意味している.大卒・文系の場合,就職活動シーズンの早期に行われる就職活動はインターネットを活用した大企業中心の就職採用活動であることを踏まえると,このことはあまりにも当たり前かもしれない.ただ,就職部経由は,就職活動シーズンの晩期に繰り広げられるにもかかわらず,早期と変わらない「非正規」のなりにくさを有していることは注目に値する.

第3に「小企業(99人以下)」であるが,これもおおむね学校経由の場合に「小企業(99人以下)」になりにくいといってよい.高校卒と短大卒については,縁故では+とならないものの,その他では+となっており,学校経由と比べてその他の方が「小企業(99人以下)」になりやすいことを意味している.ただ,専門卒では縁故が+である一方,その他は+とならない.これは,学校経由とその他の間で「小企業(99人以下)」のなりやすさに違いがあるとはいえないことを意味している.図表1-1で示したように,専門卒の場合,縁故は10%程度を占める少数派にすぎず,縁故といういわば例外的な入職経路の場合に条件の良くない初職になる可能性が高いとみた方が良いかもしれない.大卒・文系については,「非正規」のときと同様,早期では+がなく,晩期で+となっている.就職部経由が就職活動シーズンの晩期に繰り広げられるにもかかわらず,早期と変わらない「小企業(99人以下)」のなりにくさを有している.大卒・理系については,すべての入職経路で+がついておらず,「小企業(99人以下)」のなりやすさは学校経由との間で違いがあるとはいえないことがわかる.

このように図表1-2をみてくると,若干の例外は認められるものの,条件の良くない職と想定した「間断有」「非正規」「小企業(99人以下)」については学校を経由しない場合にそうなる可能性が高く,逆に学校を経由した場合はそうならない可能性が高いことが明らかになった.

2.2 初職継続との関係

入職経路と初職との関係として前項では「間断有」「非正規」「小企業(99人

以下)」の状況を調べてきたが，本項では視点を変えて，初職にどのくらい長く勤め続けたか，すなわち初職継続期間に注目して分析をしたい．

　若者の就業においてよく問題になることとして，早期離職がある．新規学卒については「七五三現象」という言葉がよく使われるが，これは新規学校卒業者として初職に就職してから3年以内に，中卒の場合はおおよそ7割，高卒の場合おおよそ5割，大卒の場合おおよそ3割が離職することを指したものである．厚生労働省が雇用保険のデータを用いて毎年集計している統計であるが，このような統計が毎年作られる背景には，日本社会においては依然として早期離職が問題であるという認識が存在するといって良いだろう．もちろん，早期に離職することが良くないことで，長く勤め続けることが良いことだとは一概にはいえないかもしれない．例えば職場や仕事が自分には合わないので本当は辞めたいのだが辞めるに辞められなくて続けている，というケースも少なからずあるはずだ．しかし，離職後の再就職が難しい現状を考えると，離職することによって収入が途絶えたり，あるいは吸収力の高い若年期にスキル形成の機会を失ったりするというリスクが高くなることは否めず，その意味では早期離職を問題視する理由がないわけではない．

　この早期離職の問題はJLPSデータでも確かめることができる．JLPSでは初職を辞めた年月を第1波で尋ねているので[13]，初職に就いてから辞めるまでにどのくらい勤め続けたかが判明する．学校経由とそれ以外の入職経路を比べたときに，初職に継続して勤め続ける傾向に何らかの違いがあるかどうかをここでは検証したい．

　この点を確かめるために，初職継続期間の月数を求め，これをもとにカプラン・マイヤー法によって生存関数を求める分析を行う．例として，大卒・文系について分析したものを図表1-3として示した．横軸が月数で，縦軸が生存率である．最初の時点では生存率が1だが，離職する人が出るたびに生存率が低下していく．離職が速いペースで起こるとグラフはより急激に下降し，遅いペースで起こる場合にはより横ばいになっていく．つまり，早期離職が多いほどグラフがより急激な下降線を描くことになる．図表1-3からわかるのは，縁故が就職部とは大きくかけ離れた動きをしているという点である．生存率が下がるペースが遅く，グラフが横ばいになっている．その一方で，就職部と早

第Ⅰ部 学校から仕事への移行

図表1-3 初職継続期間（大卒・文系）

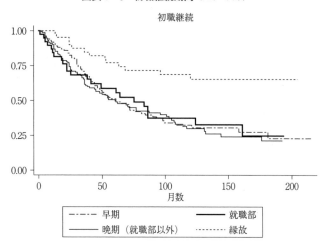

期または晩期（就職部以外）との間では生存率が低下するペースにそれほど大きな違いはみられない．実際，就職部との違いを統計的検定[14]によって確かめてみると，有意に異なるのは縁故のみという結果になる．

以上の分析と同様の分析を他の学校種についても行い，学校経由よりも遅いペースで生存率が低下する場合に＋を，速いペースで低下する場合に－を記したものが図表1-4である．

図表1-4からわかることは3点ある．1点目は，高校卒と短大卒においては学校経由と比べてその他で生存率が早く低下するということだ．つまり，その他では早期に離職する人が学校経由よりも多い．早期に離職しないことが望ましいという立場からすると，高校卒と短大卒においては学校経由が望ましい初職を紹介しているということになるだろう．

2点目は，大卒・文系では学校経由と比べて縁故で生存率が遅く低下するということだ．つまり，縁故では早期に離職する人が学校経由よりも少ない．縁故という入職経路は，誰もがアクセスできるわけではない．ごく限られた人にだけ開かれた機会といえる．そうした機会を経由した場合に初職継続期間が他の入職経路よりも長いというのは，早期に離職しないことが望ましいという立場からすると不公平な話といえるかもしれない．

図表1-4 初職入職経路と初職継続期間との関係

	入職経路	初職経路
高校卒	縁故	
	その他	−
専門卒	縁故	
	その他	
短大卒	縁故	
	その他	−
大卒・文系 (就職部)	早期	
	晩期（就職部以外）	
	縁故	+
大卒・理系 (就職部)	早期	
	大学教員	
	晩期（就職部・教員以外）	
	縁故	

　3点目は，専門卒や大卒・理系においては入職経路による初職継続期間の違いはみられないということである．また，大卒・文系においても，縁故では確かに学校経由との違いがみられるが，早期と晩期（就職部以外）では違いが認められない．図表1-1でみたとおり大卒・文系において縁故を入職経路とする人は少数派であり，縁故という例外的な入職経路をとったときに初職継続期間が長くなって，縁故以外の入職経路では違いはみられないと理解するのが適当であると思われる．

　高校卒や短大卒と異なり，専門卒，大卒・文系，大卒・理系では，学校経由が初職継続期間の長い職を斡旋できているわけではない．これらの学校種で入職経路と初職継続期間の間に目立った関係がみられなかったのはどう捉えるべきだろうか．おそらく仮説的に考えられるのは，専門卒，大卒・文系，大卒・理系では，初職を辞めるか辞めないかは入職経路の問題というよりもむしろ入職してからの職場の状況に影響を受けているからなのではないだろうか，ということである．では具体的にどのような職場の状況が関係しているのか．職場の情報や職歴について尋ねているJLPSではこうしたさらなる分析を行うことも可能であるが，その点については本章の関心を越えるものであるので別の機会に論じることとしたい．

3. 学校は生徒の選抜をしているのか

3.1 就職先の斡旋を受けられるかどうか

　前節での分析は，さまざまな入職経路がある中で学校経由という入職経路を取った場合にどのような結果となるかについて議論をしてきた．その結果，初職継続期間については大きな違いがみられなかったが，「間断有」「非正規」「小企業（99人以下）」という良くない条件は学校経由の場合に回避できる傾向にあることが明らかとなった．就職活動をしている当の生徒や学生の視点に立てば，学校による就職先の斡旋はありがたい存在だといっても良いだろう．

　では，そうした学校経由という入職経路は，誰もが経由できる機会なのだろうか．それとも，ある特定の条件，例えば成績が良いとか欠席が少ないとかいった場合にのみ経由できるというような制限された機会なのだろうか．すなわち，第1節で導入した概念を用いれば，学校経由という入職経路において「生徒の選抜」を学校は行っているのだろうか．本節では，この点について検討をしたい．

　ところで，「生徒の選抜」が行われる場面は2通り考えることができる．第1は，いわゆる門前払いのケースである．例えば，学校が行う就職斡旋を受けるためには2年生までの全教科の平均評定値が4.0以上でかつ欠席日数が5日以下でなければダメですよ，といったような場合である．厳密にいえば，学校側からあからさまに門前払いされるのか，それとも学校は選抜基準を公表しないけれども生徒や学生が自己選抜をしてしまって結果的に成績が良かったり欠席日数が少なかったりする生徒や学生が斡旋を受けることになるのか[15]，区別をすることはできない．ただ，どちらの場合でも何らかの選抜のメカニズムが働いて，受付がされるかどうかについてのふるい分けが起こることにはかわりがない．

　第2は，門前払いはされないが，受付後に審査がされて割り振られるケースである．例えば，欠席日数が何日であっても斡旋を受けることはできるが，10日以内の場合には条件の良い職を斡旋されるけれども，11日以上の場合は必ずしも条件が良いとはいえない職を斡旋されるというような場合である．

この2通りの「生徒の選抜」のうち，第1の門前払いのケースから検討を始めよう．選抜の基準として使われるものとして「成績」「出席」「部活」をここでは想定する．これらは，先行研究，とりわけ高卒就職の研究において検討が重ねられてきた選抜基準であり[16]，本分析でもそれに倣って使用する．成績の良い生徒・学生，休まずきちんと授業や講義に出席する生徒・学生，部活を熱心にやっている活発な生徒・学生ほど，それぞれ斡旋を受けやすいのではないかと仮定して分析モデルを設定する．JLPSでは，第2波で職業生活にはいる前の最後の学校における様子を尋ねていて，「成績」は80点以上の成績を修めた科目が全科目のうち8割以上だったかどうか，「出席」は授業や講義の出席率が8割以上だったかどうか，「部活」は部活動に熱心だったかどうかを，それぞれ良し悪しの分かれ目として採用する[17]．

 分析には，多項ロジット分析という方法を用いる．従属変数は学校経由を基準カテゴリーとする入職経路の変数である．独立変数として，「成績」「出席」「部活」を投入する[18]．学校経由と比べたときにどういう特徴を持った人がその入職経路を利用する傾向にあるのかを調べる．

 分析結果は図表1-5である．この図表の見方であるが，例えば高校卒では「出席」において縁故とその他に－が記されているが，これは学校経由で就職した人と比べると縁故やその他を経由する人は出席状況が悪い傾向にあることを意味している．逆にいえば，縁故やその他よりも学校経由で就職する人は出

図表1-5　学校生活の過ごし方と初職入職経路との関係

	入職経路	成績	出席	部活
高卒	縁故		−	+
	その他		−	
専門	縁故			
	その他	−	−	
短大卒	縁故			−
	その他			−
大卒・文系	早期			
（就職部）	晩期（就職部以外）			
	縁故			
大卒・理系	早期			
（就職部）	大学教員			
	晩期（就職部・教員以外）			
	縁故			

席状況が良い傾向にあるともいえる．また，高校卒では「部活」において縁故に＋が記されているが，これは学校経由と比べて部活動を熱心にやっていた人が縁故を経由する傾向にあることを意味している．何も記されていない場合は，学校経由とそれ以外の入職経路の間に「成績」「出席」「部活」の点で違いが認められないことを意味している．なお，大卒・理系で入職経路が縁故の人は該当者が十分な数に達していないため分析ができず掲載しなかった．

　図表1-5からわかることは4点ある．1点目は，高校卒，専門卒，短大卒では何らかの選抜が行われているが，大卒では行われていなさそうだということである．図表1-5を概観すると，大卒では文系理系どちらにおいても記号がついておらず，就職部経由とそれ以外の入職経路との間に，利用する人の「成績」「出席」「部活動」の点で違いは認められない．成績が良かったり出席をきちんとしていたりした人が優先的に就職部の斡旋を受けられるという状況はどうやらなさそうである．

　2点目は，高校卒，専門卒，短大卒においては，「出席」が基準として使われているという点である．高校卒では前述のとおり出席状況の良くない人が縁故やその他といった入職経路を経る傾向にある．高校では出席状況が良くないと学校経由での就職が難しいことを示唆している．同様に，出席状況の良くない人は，専門卒ではその他を，短大卒では縁故を，それぞれ入職経路として経る傾向にある．

　3点目は，「成績」は専門卒で関連がみられるのみで，どの学校種でもそれほど基準としては使われていないようだという点である．高校卒と短大卒では学校経由とそれ以外の入職経路との間で「成績」に違いはみられなかった．専門卒では，成績の良くない人が学校経由と比べてその他の入職経路を経由する傾向にある．ただ，前述の通り専門卒の場合には出席でも経由に制約があるようなので，成績が良かったり出席をきちんとしていたりと真面目に専門学校に通っていないと学校経由で就職先をみつけるのは難しいという状況があるようだ．

　4点目は，「部活」は高校卒と短大卒で関連がみられるが，その意味合いは若干異なるという点である．高校卒では部活動を熱心にやっていた人が縁故を利用する傾向にある．ところが短大卒の場合には，部活動を熱心にやっていな

かった人が縁故を利用する傾向にある．部活を熱心にやることの効果はちょうど逆になっている．しかも短大卒では，縁故とその他の両方で－になっているので，部活を熱心にやっている人は学校経由で就職する傾向にあるということになる．成績では関連がみられないのに課外活動である部活動で関連がみられるというのは興味深い．なお，専門卒では部活の熱心・不熱心と入職経路との間に関係はみられない．短大卒にみられたような，部活を熱心にやっていた人の方が学校経由で就職できるという傾向を専門卒でみることはできない．専門卒でむしろ重要なのは授業をきちんと受けたかどうかに関係する成績と出席であった．専門学校も短期大学も同じ短期高等教育でありながら，学校経由における部活に対する評価には大きな違いが存在する．職業教育を主たる目的とする専門学校は正課を中心に，短期大学は正課以外の課外活動も含めてそれぞれ学生を評価しているということなのかもしれない．

3.2 斡旋される就職先に違いがあるか

ここまでは，「生徒の選抜」が行われる可能性のある2つの場面のうち門前払いの可能性について検討をしてきたが，ここからはもう1つの場面，すなわち斡旋が行われたときの斡旋先の違いについて検討をしよう．

学校がどのような企業にどのような生徒・学生を斡旋するかについてはいくつか方法が考えられる．もちろん，生徒・学生の能力に適合する職業を紹介しなければならないという法律上の定めはあるが[19]，そのような原則に則るにしても，学校がどのような基準を使って生徒・学生の能力を評価するのかという問題は依然として残る．予想されるのは，前項の門前払いの検討のときに使用した「成績」「出席」「部活」といった基準をやはりここでも使っていて，成績や出席状況や部活の熱心さによって斡旋先が変わり得るという事態である．つまり，成績や出席状況が良かったりあるいは部活動を熱心に行っていたりした場合に条件の良い就職先を斡旋され，逆の場合には条件の良くない就職先を斡旋されることが起こる可能性がある．もしこのような形で学校が斡旋先を決める基準として「成績」「出席」「部活」を用いていたとしたら，学校経由でない入職経路の場合と比べて学校経由の場合によりはっきりと「成績」「出席」「部活」の状況が初職の条件に影響を及ぼすことになるであろう．

第I部　学校から仕事への移行

　この点を確かめるために，初職の条件がどのような要因によって決まるかを再び検討しよう．前節1項でも初職の条件をとりあげ入職経路との関連について検討したが，ここでは「成績」「出席」「部活」との関連についてみることにしたい．分析の方法は前節1項と同様に2項ロジット分析である．

図表1-6　学校生活の過ごし方と初職との関係（入職経路別）

		学校経由以外			学校経由		
		間断有	非正規	小企業(99人以下)	間断有	非正規	小企業(99人以下)
高校卒	成績						
	出席	-	-	-			
	部活						-
専門卒	成績	-					
	出席						
	部活						
短大卒	成績			-			
	出席					-	
	部活						
大卒・文系	成績						
	出席		-				
	部活			-			
大卒・理系	成績						
	出席						
	部活						

　分析結果は図表1-6に示した．表の左側は入職経路が学校経由以外の場合，右側は入職経路が学校経由の場合である．表の読み方は，図表1-2と同様である．成績や出席状況が良い場合，あるいは部活を熱心にやっていた場合に「間断有」「非正規」「小企業（99人以下）」という条件になりやすければ＋を記し，なりにくければ－を記している．例えば学校経由以外の高校卒をみると，出席について「間断有」「非正規」「小企業（99人以下）」のいずれにおいても－となっているが，これは，出席状況が良い場合には初職が「間断有」「非正規」「小企業（99人以下）」になりにくいことを示している．言い換えれば，出席状況が悪いとなりやすいということである．同様に，高校卒の成績については何の記号も記していないが，これは成績の良し悪しと「間断有」「非正規」「小企業（99人以下）」のなりやすさとの間には関連がみられないことを意味し

ている．なお右側の学校経由の分析において，「間断有」，大卒・文系における「非正規」，大卒・理系における「間断有」「非正規」の分析結果を掲載していないが，これは図表1-2で述べたのと同じ事情で，例えば学校経由で「間断有」のケースがそもそも少ないなど，分析をするのに十分な該当者が存在しないことを示す．

　図表1-6からはいくつかのことが読み取れるが，最も重要な知見は，学校経由の場合，初職の条件がどのようなものになるかということと「成績」「出席」「部活」との間には目立った関連がみられないということである．確かに，高校卒における「部活」で-となっていることから，部活に熱心であると「小企業（99人以下）」になりにくい傾向がある．また，短大卒における「出席」で-となっていることから，出席状況が良いと「非正規」になりにくい傾向がある．しかし，それ以外では関連がみられない．つまりこれは，学校経由の場合，斡旋受付後においては，成績や出席や部活といった条件を使っての選抜がほとんど行われていないということを意味している．前項でみた門前払いとの関係で理解するならば，次のようにいえるだろう．高校卒，専門卒，短大卒においては，図表1-5に示したように受付の段階で何らかの選抜が行われており，図表1-6の結果とあわせて考えるならば，受付の段階で選抜が行われたとしても斡旋のプロセスで再度選抜が行われることはない，ということになる．他方，大卒・文系と大卒・理系については，図表1-5と図表1-6の結果をあわせて考えるならば，受付の段階でも斡旋のプロセスにおいても選抜が行われることはない，ということになる．

　図表1-6における分析の主たる関心は学校経由の場合にあるが，1点だけ，学校経由以外の場合にも言及しておきたい．それは，高校卒における出席についてである．「間断有」「非正規」「小企業（99人以下）」のいずれにおいても-となっていて，高卒就職においては学校経由以外の場合でも出席が重要な選抜基準として使われていることがうかがわれる．つまり，学校ではなく企業が直接選抜を行う場面においても出席状況が問題になるということである．図表1-5でみたように，出席状況は入職経路が学校経由となるかどうかと関連があった．すなわち，学校は生徒を門前払いするかどうかという点において出席状況を考慮しているのであった．これらのことをつきあわせれば，実は高校卒

においては学校経由の場合も学校経由以外の場合も共通して出席状況が問題とされることが明らかとなる．高卒就職においては学校経由の就職を縮小するべきだという議論が見受けられるが，仮に学校経由の就職がなくなったとしても，学業成績よりもむしろ休まず学校に通うといったような生活面での状況が就職において問われることにかわりはないのかもしれない．

4. セーフティネットとしての就職斡旋

ここまで行ってきた分析の結果を整理すると，次のようになる．

(1) 学校経由を初職の入職経路とする人は，高校卒，専門卒，短大卒といった大卒以外では半数程度いるが，大卒ではその割合は少ない．とりわけ，大卒の多数を占めている人文社会系（大卒・文系）では学校経由を入職経路とする人はたかだか10％程度にすぎない．

(2) 学校経由で就職すると，それ以外の入職経路で就職した場合と異なり，「間断有」「非正規」「小企業（99人以下）」といった条件の良くない初職を回避できる傾向にある．

(3) いったん就いた初職にどのくらい長く勤め続けるかという点に注目すると，高校卒と短大卒では，学校経由で就職した場合にそれ以外の入職経路で就職した場合よりも初職に長く勤め続ける傾向がある．だが，専門卒や大卒では学校経由で就職した場合の方が長いという傾向は認められなかった．

(4) 学校経由で就職する生徒・学生はどのような学校生活を送っていたのかを調べると，大卒以外に限ってみれば出席状況がよく，加えて専門卒では学業成績が良好で短大卒では部活を熱心にやっているという傾向がみられた．これらの学校では，学校が斡旋する際に学校生活における何らかの側面を基準にして生徒・学生を選び出すという意味での「生徒（学生）の選抜」が行われていることがうかがえる．他方で，大卒ではそのような傾向はみられず，斡旋を受けられるかどうかという点での「生徒（学生）の選抜」は行われていない．

(5) 学校経由で就職した場合に成績や出席状況が良かったり部活を熱心にやっていたりすると初職の条件が良くなるのかを確認したところ，そのような傾

向はほぼ認められなかった．斡旋先を決める際の割り振りという点での「生徒の選抜」は，いずれの学校種においても行われていないといえる．

　以上の結果を踏まえて，学校経由の就職活動にはどのような意義があるかについて最後に考察をしたい．

　ここまでの分析でみてきたとおり，大卒以外については，斡旋を受けられるかどうかという意味での「生徒（学生）の選抜」が行われていると考えられる．その際，出席状況が選抜の基準として主に使われていることがうかがわれた．このことは，確かに次のような問題を生み出している．すなわち，学校生活を首尾よく過ごすことができなかった生徒・学生にとって，学校経由という入職経路は使いづらいものになっているという問題である．欠席日数が多いといった学校生活の過ごし方が，結果として卒業後の進路の選択肢を狭めることになっている．仮に，学校にはうまくなじめなかったけれども学校生活を終えて職業生活を始めるのをきっかけにリセットしたいと考える生徒がいたとしたら，その生徒にとっては学校生活が職業生活のあり方にまで影響してしまうという意味で納得のいかない状況になっているのかもしれない．

　学校が，生徒の卒業後の進路選択に対してこのように「生徒の選抜」という形で立ちはだかることについては，生徒の自由を奪うものであるとして批判されることがある[20]．そして，生徒の自由を奪うことは誤った営みであるから，学校経由の就職は廃止されるべきだというさらなる主張が展開されていく．きわめてもっともな意見であるように思えるのだが，それが果たして的を射たものなのかどうか本章の分析を踏まえてもう1度考え直してみると，次の2点を指摘できるだろう．

　第1に，いくつかの問題を引き起こしているにせよ，学校経由の就職活動は生徒が条件の良くない初職に就いてしまうことを回避するのに成功しているという点である．本章の分析でみてきたように，いくつかの学校種においては「生徒の選抜」が行われて，在学中の学校生活のあり方によって学校による就職斡旋を受けられるか否かが決まってしまうことがある．確かにこのことは，学校生活がうまく過ごせなかった生徒にとっては不利な状況なのであろう．ただ，これはコインの表裏の問題だが，うまく過ごしさえすれば学校による就職

斡旋を通じて条件の良くない初職を回避できることの意義も再確認する必要があるのではないだろうか．仮に，学校が条件の良くない初職ばかりを斡旋していたら，生徒や学生は条件の良い初職を求めて学校の外で就職活動を展開しなければいけなくなる．これでは，大学生が大学そっちのけで就職活動を行っているのと同じように，就職活動のために学校教育がおろそかにされる状況が生まれかねない．そうした問題を回避するのに実は貢献しているのではないかという視点から意義を再評価する必要もあるように思う．

　第2に，学校経由の就職において必ず「生徒の選抜」が行われると考えるのは間違いだという点である．確かに，高校卒，専門卒，短大卒では「生徒の選抜」が行われているのかもしれないが，図表1-3に示したように，大卒においては「生徒（学生）の選抜」をみることができなかった．大卒，とりわけ大卒・文系において学校経由の就職が果たしている重要な役割は，大島（2012）でも論じたように「生徒（学生）の選抜」ではなく「企業の選抜」の方にある．大学就職部は「企業の選抜」を行うことで，条件が良いとはいえない企業を避けて就職先を学生に斡旋しようとしている．しかも，斡旋が行われるのは就職活動シーズンの晩期であり，求人が減少して学生が就職活動に苦労をする時期である．困っている学生に対して「生徒（学生）の選抜」を行わずに分け隔てなく機会を提供しているということから，大学就職部はセーフティネットとしての役割を果たしているといえるだろう．「生徒の選抜」だけに注目して学校経由の就職の是非を論じていると，こうした「企業の選抜」が果たしている役割を見逃してしまうことになる．

　さらにいえば，「生徒の選抜」が中心的役割と思われている場合でも，長い就職活動シーズンの中では異なる役割，すなわち「企業の選抜」としての役割を果たしている可能性もあるのではないだろうか．高校卒を例に取れば，「生徒の選抜」が最も行われやすいのは，就職活動シーズンの早期である．高校生の就職活動は，本章の冒頭でも述べたとおり職安の指導の下で就職活動スケジュールが厳しく定められていて，就職試験解禁日に向けて大量の求人と求職を一気にマッチングする必要が生じる．このような場合には「生徒の選抜」が行われやすいのかもしれない．しかし，シーズンの晩期になれば，内定が得られた生徒は就職活動を終えてしまうので，就職活動をしている生徒自体が減り，

あえて「生徒の選抜」をする必要がない状況が生まれてくる．他方で，採用活動が一段落して求人自体が減少することから，就職活動を続けている生徒は数少ない選択肢から選ぶことを迫られている．このような時期に，高校が「企業の選抜」を行っていても不思議ではない．すなわち，就職活動が難航している生徒に対して，「生徒の選抜」をすることなく，条件が良いとはいえない企業を避けて斡旋をするのではないかということである．もしこのような営みを高校が行っていれば，それは大学就職部がそうであるのと同じように，セーフティネットとしての役割を果たしているといえるだろう．このように就職活動のプロセスに立ち入ってみれば，「生徒の選抜」だけと思われていた学校経由の就職においても，セーフティネットとしての役割を発見することができるはずである．

注
1) 日本生産性本部が新入社員を対象に毎年行っている調査では，「定年まで働きたい」という回答がここ数年3割前後で推移していて，1980年代よりも高い状態が続いている（日本生産性本部 2015）．
2) 現行のルールでは，学校への求人申し込みは7月1日，採用試験は9月16日が，それぞれ解禁日となっている．
3) 現行の職業安定法では，第26条，第27条，第33条の2において学校の役割が定められている．第26条は公共職業安定所が職業紹介について学校と協力をすること，第27条は公共職業安定所の業務を部分的に学校に分担させることができること，第33条の2は厚生労働大臣に届け出ることによって学校が無料職業紹介事業を行うことができることをそれぞれ規定している．学校が職業紹介を行うことは，戦後早くから認められてきた．そうした経緯については，苅谷・菅山・石田（2000）などを参照されたい．
4) 紙幅の都合もあり，「生徒の選抜」「企業の選抜」に絞って議論を整理したが，学校経由の就職についてはほかにも多くの先行研究が存在する．より詳しい整理については大島（2012）を参照いただきたい．
5) ここ数年は就職採用活動スケジュール変更の議論が盛んで，2012年3月卒業生までは10月だった活動開始日は，12月，3月と遅くなってきている．しかし，それでも卒業までには1年程度の期間があり，内定がなかなか獲得できない学生は長期間にわたり就職活動を行うことになる．
6) 第2波の問22（2）で尋ねている．
7) 本章での分析では，出生年を用いて次のように操作的に「90年代以前に卒業」を定義した．すなわち，高卒の場合1980年以前，専門と短大は1978年以

前，大卒の場合は1976年以前にそれぞれ出生した人を「90年代以前に卒業」とし，それ以降に出生した人を「00年代に卒業」としている．

8）調査で用意した回答選択肢は，「1. インターネットや資料請求ハガキ」「2. 学校の先輩・リクルーター」「3. 進路指導室や就職部」「4. 学校の先生」「5. 家族や親族」「6. 求人広告や雑誌」「7. 友人・知人」「8. その他」の8つである．図表1-1の「学校」は選択肢の3および4の場合，「縁故」は選択肢の5の場合，「その他」は選択肢の1，2，6，7，8の場合を指す．

9）例えば苅谷（1991）など．

10）「非正規」については第1波問4B（1）で「3. パート・アルバイト（学生アルバイト含む）・契約・臨時・嘱託」「4. 派遣社員」「5. 請負社員」のいずれかを選択した人が，「小企業（99人以下）」については第1波問4B（6）で99人以下と回答した人が，それぞれ該当する．なお，第1波問4B（6）で初職の企業規模を官公庁と回答した者は原則として分析から除外している．

11）大学就職部経由での就職を意味する「3. 進路指導室や就職部」を選択した場合を「学校」，「1. インターネットや資料請求ハガキ」「2. 学校の先輩・リクルーター」を選択した場合を「早期」とする．

12）統制変数として，性，00年代世代か否か，最後に通った学校における成績（第2波問21（3）．ただし高校卒のみ第2波問17（6）），最後に通った学校における授業講義の出席状況（第2波問21（2）），最後に通った学校において部活を熱心にやっていたかどうか（第2波問21B）を使用している．また高校卒のみ学科が普通科か否か（第2波問17（3））を統制変数としてさらに加えている．

13）第1波の問4B（8）の1が入職年月，2が離職年月となっている．

14）ログランク検定を行った．

15）第1節で紹介した苅谷（1991）が描いた高卒就職の世界がまさにこれにあてはまる．

16）苅谷（1991）や本田（2005）など．

17）「成績」「出席」「部活」に用いた変数が調査票でどの質問に該当するかは，注12）の説明と同様である．「成績」は第2波問21（3）（高校卒のみ第2波問17（6））で「5. 8割以上」と回答した場合が1でそれ以外の選択肢を選んだ場合が0，「出席」は第2波問21（2）で「5. 8割以上」と回答した場合が1でそれ以外の選択肢を選んだ場合が0，「部活」は問21（1）Bで，「1. とても熱心だった」「2. まあ熱心だった」と回答した場合が1で「3. それほど熱心ではなかった」「4. 熱心ではなかった・やっていなかった」と回答した場合を0とし，変数を作成した．

18）統制変数として，注12）と同じ変数を分析に用いている．

19）現行の職業安定法では第五条の七に「公共職業安定所及び職業紹介事業者は，求職者に対しては，その能力に適合する職業を紹介し，求人者に対しては，そ

の雇用条件に適合する求職者を紹介するように努めなければならない.」と定められている.

20) 例えば「組織（学校）が個々の若者の職業生涯への入口段階での決定を代理することが，自分の人生を選び取る自由と責任を侵害するという点で本質的に誤っており，機能的にも今後は立ちゆかないということに対する根底的な認識は，日本ではいまだ育っていないように見受けられる.」と論じる本田（2005）など.

文献

本田由紀（2005）『若者と仕事――「学校経由の就職」を超えて』東京大学出版会.

苅谷剛彦（1991）『学校・職業・選抜の社会学――高卒就職の日本的メカニズム』東京大学出版会.

苅谷剛彦・菅山真次・石田浩編（2000）『学校・職安と労働市場――戦後新規学卒市場の制度化過程』東京大学出版会.

文部科学省（2001）『高校生の就職問題に関する検討会議報告』.

日本生産性本部（2015）『平成 27 年度新入社員「働くことの意識」調査報告書』.

大島真夫（2012）『大学就職部にできること』勁草書房.

第 2 章

教育拡大と学歴の効用の変容
──日本型学歴インフレの進行

苅谷剛彦

1. 問題の設定

　18歳人口の減少や，知識基盤社会への対応といった影響を受け，1990年代後半以後，日本の高等教育機会は急速な拡大をみた．大学進学率が4年制大学だけでも同一年齢層の50%以上を占めるようになった．他方，長引く経済の停滞を背景に，雇用慣行や法制度の変化を受け，学卒労働市場や若年労働市場にも大きな変化が生じている．正規職の割合が減少し，非正規職が拡大しているのである．本章の課題は，こうした高等教育の変化と労働市場の変化との狭間で，大卒資格という学歴の意味がいかに変容してきたのかを明らかにすることである．とりわけ着目するのは，「学歴インフレーション」（あるいは簡単に「学歴インフレ」）と呼ばれる現象が日本において，どのように進行したかを解明することで，その問題点を探ることにある．一定の職業に就く上で，学歴要件が，例えば高卒から大卒へ，大卒から大学院卒へと上昇していく現象をとりあえずここでは「学歴インフレーション」と呼ぶことにするが，日本で生じているのは，そのようないわゆる「タテ学歴」の上昇ではなく，どの大学を出たのかが問われる「ヨコ学歴」における境界線の変化なのではないか．また，そうした現象が生じているとすれば，それは大学教育の意味をいかに変容させているのか．こうしたことを，実証的に明らかにしようというのである．

　本章で解明する問題の設定にあたり，いくつかの周知の事実をはじめに確認

第2章 教育拡大と学歴の効用の変容

図表2-1 学歴別新規学卒就職者数の推移

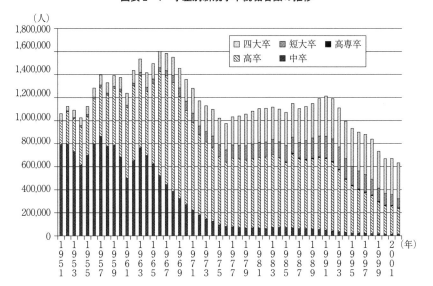

しておこう．

　図表2-1は学卒就職者数の推移を示したものである．この図表から明らかなように，過去50年間にわたり，新規学卒労働力の供給源の学歴上昇が生じている．1965年までは中卒者が主流を占めていた．それが高卒者に代替し，その後1998年以後，今度は高卒者に代わり4年制大学卒業者が量（比率も）の面で新卒労働力の主流を占めるようになった．しかも，こうした新規学卒労働力の高学歴化は，少子化と大学進学率の上昇と同時に進行した．全体としての新規学卒就職者総数が大きく減少するとともに，その構成において，中卒者はほとんどいなくなり，高卒者の数も大きく減少し，大卒者比率が高まっていったということである．

　図表2-2は4年制大学への進学者数（設置者別）と進学率の推移とを示したものである．図表から明らかなように，2009年には大学進学率は50％を超えている（2015年には51.5％に）．また設置者別の進学者数からわかるように，こうした大学教育の拡大は主に私立大学の拡張によるものであった．

　もう1つ，1990年代以後の変化を示す統計をあげておく．図表2-3は年齢

第Ⅰ部　学校から仕事への移行

図表 2-2　4年制大学への進学者数進学率の推移

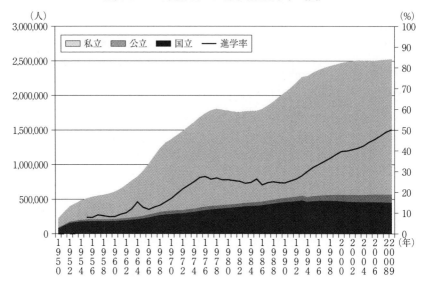

集団別就業者のうち，非正規雇用者の比率の変化を示したものである．すでに周知のとおり，90年代末から非正規雇用者の比率が，とりわけ若年就業者の間で拡大した．しばしば指摘されるように，90年代まで主流を占めていた新卒就職＝正社員としての雇用という図式が大きく変化したのである．

　本章の目的は，こうした新卒就職者の高学歴化・大学教育機会の拡大，さらには雇用市場の変化といったマクロなトレンドを背景に，大学教育の拡大に焦点を当て，教育と雇用との関係，さらにはそこで生じている大学教育の問題点や課題について，「働き方とライフスタイルの変化に関する全国調査」のデータを用いて分析を行うものである．特に関心を向けるのは，進学率の上昇によって，大卒資格を持つ人々の雇用機会がどのように変化したのかという問題を「日本型学歴インフレーション」という視点から分析することである．

　具体的には，安定的な雇用機会を獲得する上で，大卒学歴の取得がどのような有利さを与えるのか．そこに，いわゆる大学の偏差値ランクはどのように関わっているのかを分析するのが第1の課題となる．結論を先取りすれば，そこで明らかになるのは，進学率が40％を超えた世代になると，それ以前の世代

第2章 教育拡大と学歴の効用の変容

図表2-3 非正規雇用者比率の推移（男女年齢別）

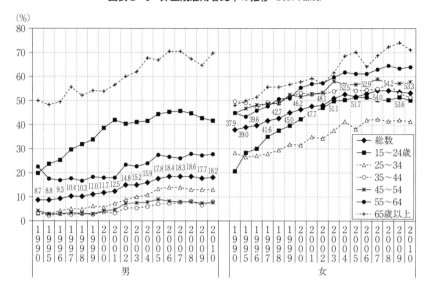

注：非農林業雇用者（役員を除く）に占める割合．2001年以前は2月調査，それ以降1～3月平均．非正規雇用者にはパート・アルバイトのほか，派遣社員，契約社員，嘱託などが含まれる．数値は男および女の総数の比率．
資料：労働力調査

に比べ，安定的な雇用機会を得る上での（大学ランクを問わない）大卒学歴の影響が弱まり，かわって偏差値ランクの高い大学を卒業していることの影響が相対的には強まるという傾向である．それが「学歴インフレーション」としてどのような意味を持つのかについては後で詳しい検討を行うが，端的にいえば，望ましい，安定的な職に就く上で偏差値ランクの影響が相対的に強まるという意味での大卒資格の影響が変化しているということである．進学率が上昇すれば，それだけ大卒資格の価値が水増しされ低下する，それに比して，偏差値ランクの影響が相対的に高まっていく．たしかに，しばしば指摘される現象だが，それを「働き方とライフスタイルの変化に関する全国調査」データを用いて確認することが第1の課題となる．

　第2の課題は，この結果を受けて，大卒学歴がスクリーニング（ふるい分け）機能に重きを置き，能力や技能の形成にはそれほど貢献していないのではないか，という疑問に答えるための分析を行うことである．具体的には，質問紙の

中から，問題解決能力やコミュニケーション能力に関連する質問への回答をもとに，これらの能力についての自己評価が，学歴やその他の指標とどのような関係にあるのかを分析する．この分析を通じて，大学の学校歴を指標とした職業的な選抜が，スクリーニング機能に特化した「シグナリング効果」にとどまる可能性についての実証的な検討ができると考えるからである．そして，これら2つの分析課題を通じて，大学進学率が50%を超えた現代においても，日本における大学は，（政策レベルでの議論や言説は別として）教育の付加価値の小さなスクリーニングディバイス（ふるい分け装置）として機能している状態にあることを論じる．

　以下，次節では，90年代以前の大卒就職と雇用の仕組みについての先行研究を簡単に振り返りながら，「大学教育無用論」や，スクリーニング機能に特化した大学ランクのシグナリング効果が一定の機能性を持っていた可能性について考察する．第3節では，分析方法について述べ，第4節，第5節で上記それぞれの課題について分析結果を報告する．第6節ではそれらの結果を踏まえ，日本の大学教育の価値の変化について考察を行う．

2. 90年代までの大卒就職・雇用の仕組み

　1990年代までの大卒就職の特徴は，いわゆる新規一括採用の方式が採用されてきたことと，また，男性大卒社員を典型に，一度採用されると長期間の雇用と長時間の勤務を前提に，時間をかけたOJTと昇進の仕組みが備わっていたことである．ここでは，すでにこれらの点について検討を加えた拙著での議論（苅谷 2010）を下敷きに，主に岩田龍子の『学歴主義の発展構造』（岩田 1981）の研究に依拠しながら，90年代までの仕組みについておさらいをしておく．80年代の議論ではあるが，大学進学率拡大期以前の時代との変化に焦点を当てる本章の分析課題を位置づける上では不可欠の作業である．

　岩田によれば，欧米の企業は「欠員補充」の方式でリクルートを行う．そこでは「欠員の生じた特定のポストが必要とする職務遂行能力ないし『実力』を評価し人を採用することが可能である．現に，欧米の経営体においては，このような採用方式が一般的であり，このため欧米では，採用にあたって，その人

物のもつキャリアがことに重視される」という（岩田 1981: 170）．
　それに対し，日本では周知のとおり，学卒者の新規一括採用という慣行が続いてきた．その背景を岩田は，次のように述べる．

　　日本のように，新規学卒者の定期一括採用となると，このような職務との関係で人を採用することはできない．それは，現在必要な人員を必要に応じて採用する制度ではなく，若干の中途退職者をみこんでの，翌年の採用シーズンまでの必要性と，年齢構成など長期の人員計画にたって人を採用するのであるから，採用にさきだって彼をどのポストに配置するかを決めることは困難であるうえに，またきわめて長期的な雇用関係のもとで，将来さまざまのポストにつくことが予想されるからである．（岩田 1981: 171）

　　日本の組織では，事情に疎い新人よりは組織の伝統や経緯に詳しい"かけがえのない同僚"たちを選好し，たよりとする．これは，職務構造が欧米の場合ほど定型化されておらず，先例に依存したり相互の協力を必要とする事情がその背景をなしているが，このような傾向の結果，日本の組織では，学部での専門教育よりは社内教育やOJT（on-the-job-training），さらには組織内での幅広い経験を，より一層重視することになる．（岩田 1981: 178-179）

　ここに引用した文章のうち，前段については現代においてもそれほど変わっていない．新卒一括採用が継続している所以である．他方，後段のOJTについては、正規雇用が減少するとともにその機会が減少してきたといわれる．
　それでは，このような仕組みのもとで，大学の学校歴が重視されてきたのはなぜか．上述の日本の企業組織の特性を明らかにした上で，岩田はその理由について，企業の能力観に着目して次のようにいう．「日本の社会においては，人びとは潜在的可能性としての『能力』にたいしてよりつよい関心をしめす傾向が見られる」（岩田 1981: 122）とし，企業による人材獲得競争も，そうした「一般的な性格を持つ潜在的能力としての『能力』を想定」することで初めて成立しているとみる．「なぜなら，これらの企業は，一般に特定の職務への配属をあらかじめ決定せずに人を採用して，採用後に適宜配属を決定しているか

らである」（岩田 1981: 122).

　ここで想定される「能力」は，一般的な潜在的な可能性だという．それだけに「一元化するつよい傾向」を持つ（岩田 1981: 126).　岩田の言葉をつなげば，「それは未分化の可能性であり，いまだいかなる領域においても『力』を発揮していないものであるが，訓練と経験によって磨かれるならば，将来の本人の進んだ領域において大きな『力』を発揮するもの」であるというのだ（岩田 1981: 127).　そして，このような「能力」の基準となっているのが，学校歴を含む学歴だというのである．

　このようにみると，長期雇用や新規学卒採用という日本企業の雇用慣行を背景に成立した日本的な大卒就職の仕組みには，その日本的な特色ゆえの合理性と機能性が備わっていたとみることができる．一元化のしやすい，一般的な潜在的可能性を示す能力のシグナルとして，学校歴がみなされるならば，それを基準に新規大卒市場で選抜が行われるのは，その後の人的資本形成の仕組みとマッチした機能性を持っていることになる．

　このような岩田の議論は，レスター・サロー（Thurow, L.）の「訓練能力 trainability」概念を用いることで，理論的により一般化した形で説明ができる（Thurow 1976 = 1984).　すでに，小林（1985）や矢野（1991）が指摘しているように，学歴や学校歴が，訓練能力のシグナルであるとすれば，訓練費用のかからない人材を企業が採用することには一定の合理性がある．とりわけ，労働市場が企業の規模（それは雇用条件の望ましさと一定程度相関するといわれる）に応じて階層化されており，一端就職すれば，OJT を通じて企業特殊的な訓練が長期間にわたって行われる仕組みを前提とすれば，採用時点で訓練費用の多寡を占う訓練能力に目を向けるのは合理的な説明である．

　ここに示されているのは，長期雇用や新規学卒一括採用，新規学卒労働市場という日本的な雇用慣行を前提に，学校歴（どの大学を出たのか）が，訓練能力を占うシグナルとして用いられていたという解釈である．職業人としての人材の形成（技能や知識の獲得）は，入職後の OJT を通じて長期間にわたり行われる．その訓練の効果を左右するシグナル，すなわち，訓練能力の代理指標として，大学名や大学のランクが就職の際に選抜基準を提供してきたというのである．

第2章 教育拡大と学歴の効用の変容

　このような議論を踏まえると，大学教育の価値についても，一定の解釈が可能になる．こうした就職の仕組みが通用していた時期には，企業側は大学での職業教育や専門教育に大きな期待を寄せていなかった．極端にいえば，それは「大学教育無用論」として集約できる見解である．大学では職業に役立つ知識や技能を教えなくても良い，それは入社後に企業が行う，といった極端な発言が企業のトップから行われたことも少なくなかった．

　そこまで極端ではないとしても，実質的にみれば，「大学教育無用論」と選ぶところのない採用活動を企業が行ってきたということはいえる．例えば，大学時代の成績が就職の場面ではほとんど重視されていなかったこと，大学卒業以前に就職活動が行われ（つまり大学教育の最終プロダクトには関心が向けられず）内定が決まる仕組みが一般的であったこと，文系の場合，学部を問わない採用が行われるようになっていたことなどを挙げることができる．大学が「レジャーランド」だといわれ続けていたことも，このことと関係する．大学で何を学んだかよりも，どの大学に入学できたのかが，岩田のいう「一般的な性格を持つ潜在的能力としての『能力』」を示すシグナルとみなされていたからである．そしてそれは，受験学力と呼ばれるものの近似であったといっても過言ではない．

　このような推論がある程度あてはまるとすれば，大学の偏差値ランクをシグナルとするスクリーニング機能と大学教育無用論（いいかえれば，職業能力の形成という面で大学教育の付加価値を重視しない見解）とは，車の両輪として（男性中心，とくに文系の）大卒就職・雇用の仕組みを支えてきたということができる．このような仕組みの基本的性格が変わらないままだとすれば，冒頭に述べたような大学教育の拡大や非正規職の増大といったマクロ変化が90年代後半以降展開してく中で，大学進学率の上昇は雇用機会の配分や能力の形成にどのような影響を及ぼしたのだろうか．大卒学歴を得て雇用市場に入る新卒者が増えていく中で，望ましい職に就くチャンスは，大卒学歴や大学ランクとどのような関係を持つようになったのか．また，そこにおいて大学教育の付加価値はどのように変化したのか，しなかったのか．以下，まずは簡単に分析方法について説明をした上で，第4節，第5節でこれらの課題についての分析結果を報告する．

3. 分析方法

ここで用いるデータは,「働き方とライフスタイルの変化に関する全国調査」の 2007 年版である[1]。以下の分析では，大学進学率の上昇によって，大卒学歴が雇用機会にどのような影響を及ぼしたのかをみるため，調査対象者を高校卒業時点での全国レベルの大学進学率と，このデータでの進学率との両方を考慮に入れ，次の 3 つの年齢コーホートに分けた．若年コーホート（2007 年時点で 20 ～ 27 歳，N=1322．在学中の学生を除く），中間コーホート（同じく 28 ～ 35 歳，N=2062），年長コーホート（同じく 36 ～ 40 歳，N=1190）である．年長コーホートは高校卒業時の全国の 4 年制大学進学率が 25% 以下だった世代，中間コーホートはそれが 40% まで急上昇した世代，そして若年コーホートは，高校卒業時の進学率が 40% を超えた世代ということになる．ちなみに，本データで大学学歴を持つ比率を算出すると，年長コーホート = 27%，中間コーホート = 35%，若年コーホート = 47% となる．これら調査対象者が高校を卒業した時点をカバーするほぼ 20 年の間に，これだけ 4 年制大学進学率が上昇したのである．こうした変化が雇用機会にどのように影響したのかを検討するために，以下ではこれら 3 つのコーホートと注目する変数である大卒資格（選抜的な大学を出ているか，一般の大卒か）との相互作用項をつくり，大卒学歴の変化をたどる．

雇用機会への影響をみる分析課題 1 については，従属変数として 2 つの変数を用意した．1 つは，初職において正規職に就いたかどうかである．正規職に就いた場合を 1，就かなかった場合を 0 とするダミー変数を設定し，ロジスティック回帰分析により，正規職に就くチャンスの推定を行う．もう 1 つの従属変数は，より安定的で望ましい初職とみなしうる大企業の正規職に就いたかどうかである．これも就いた場合を 1，就かなかった場合を 0 とするダミー変数に変換し，ロジスティック回帰分析による推定を行う．

大学教育の付加価値を検討する分析課題 2 については，従属変数として次の 2 つの合成変数を作成した．1 つは，問題解決能力に関する質問への回答を合成した変数である．ここでは，「私は，日常で生じる困難や問題の解決法をみ

つけることができる」，「私は，人生で生じる困難や問題のいくつかは，向き合い，取り組む価値があると思う」，「私は，日常で生じる困難や問題を理解したり予測したりできる」の3つの項目にそれぞれ7点尺度（「よくあてはまる」から「まったくあてはまらない」までを，肯定する回答ほど大きな数になるようにリコード）で得られた回答を合計し，「問題解決能力評定尺度」（3～21点）を構成した（クロンバックの信頼性係数 a =0.824）．

もう1つの変数は，コミュニケーション能力に関連する尺度である．ここでは，以下の4つの質問項目，すなわち，「自分の考えを人に説明する」，「よく知らない人に自然に会話する」，「まわりの人をまとめてひっぱっていく」，「おもしろいことを言って人を楽しませる」へのそれぞれ4点尺度での回答（4を「できる」，3を「ある程度できる」，2を「あまりできない」，1を「できない」にリコード）の合計によって，コミュニケーション能力評定尺度とした（4～16点）．この合成変数の信頼性係数は a =0.791 である．

これらを大学教育の付加価値を計る尺度とみなすにあたっては異論もあるだろう．「日常で生じる困難や問題」といっても仕事面でのこととは限らないし，またコミュニケーションに関連する項目についても，必ずしも職業と関係するものに限定されているわけではない．さらにいえば，これらの項目によって示される「能力」や「スキル」の育成を大学が教育の目標として掲げているかについても議論の余地がある．これらの問題点や限界を承知の上で，それでも，職業に関連する能力やスキルの獲得の指標としてこれらの合成変数を用いるのは，大卒者の採用に際して産業界や企業の人事担当者が重視しているのが，問題解決能力やコミュニケーション能力と呼ばれるものであり（本田 2005；小山 2010），大学側も近年の教育改革においてこれらの能力を重視するようになっているからである．例えば，2007年の調査当時に提唱された「学士力」では，大学教育の改善方策として，知識・理解の次に，「汎用的技能」を身につけることを大学教育の具体的目標とすることが掲げられ，そこでは，コミュニケーションスキル，数量的スキル，問題解決能力が例示された（例えば，中央教育審議会答申「学士課程教育の構築に向けて」2007年）．もちろん，ここで用いる調査項目の妥当性の問題は残る．そうした限界に留意しつつ，あくまでも能力の自己評定の近似的尺度として，この2つの合成変数を用いていく．なお，分析

図表 2-4 独立変数の説明と基礎統計

変数名	数値化の方法	平均値	標準偏差
女性ダミー	女性 = 1，男性 = 0	0.510	0.500
若年コーホート	2007 年時点で 20 ～ 27 歳 = 1，それ以外 = 0	0.321	0.467
中間コーホート	2007 年時点で 28 ～ 35 歳 = 1、それ以外 = 0	0.431	0.495
大卒ダミー	大卒 = 1，それ以外 = 0	0.370	0.482
選抜的大卒ダミー	選抜的大学（偏差値 55 以上）を卒業 = 1，それ以外 = 0	0.026	0.159
若年×選抜大卒	若年コーホートと選抜大卒ダミーとの相互作用項	0.009	0.092
中間×選抜大卒	中間コーホートと選抜大卒ダミーとの相互作用項	0.011	0.105
若年×大卒	若年コーホートと大卒ダミーとの相互作用項	0.150	0.357
中間×大卒	中間コーホートと大卒ダミーとの相互作用項	0.150	0.358
父大卒	15 歳時に父親が大卒 = 1，それ以外 = 0	0.249	0.433
父専門管理	15 歳時に父親が専門管理職 = 1，それ以外 = 0	0.186	0.389
父大企業	15 歳時に父親が大企業（従業員 300 人以上）ないし官公庁勤務 = 1，それ以外 = 0	0.239	0.426
15 歳時家庭の豊かさ	15 歳の頃の暮らし向き（5 点尺度、点数が多い方が豊か）	3.077	0.807
15 歳時本の冊数	15 差頃の家にあった本の冊数（101 冊以上 = 1，それ以外 = 0）	0.190	0.392
大学院	本人の最終学歴が大学院卒なら 1，それ以外は 0	0.037	0.190
理系	高等教育段階において理系なら 1，それ以外 = 0	0.078	0.269
中学校時の成績	5 点尺度の自己評点（点数が高いほど上位）	3.180	1.181

に当たっては，回帰分析（OLS）を用いる．

　独立変数として用いる変数については図表 2-4 に示した．出身階層（父親の学歴，父親の職業［専門管理職か否か，大企業・官庁勤務であったか否か］），15 歳時での家庭の豊かさ（家計の経済的指標の代理変数），15 歳時での家庭での本の所有の多寡（家庭の文化的資源の代理変数），中学校時の成績（自己評定 5 段階，5 が上位），大学卒ダミー，選抜度の高い（偏差値 55 以上の）大学卒ダミー，コーホートダミー（若年ダミー，中間ダミー［年長コーホートを基準］），およびコーホートダミーと大卒学歴との相互作用項，高等教育卒の場合，理系だったか否か（理系ダミー），大学院卒ダミーといった変数である．なお，初職についての分析については，ジェンダー差を考慮に入れて男女別の分析を行い，問題解決能力とコミュニケーション能力についての分析においては，男女を一緒にし，

統制変数として女性ダミー変数を含めることにした．

4. 初職の職業機会の分析

はじめに，初職就職について，正規職に就いたかどうかに注目した分析結果をみておこう．図表2-5に示すように，男女とも，若年コーホートであることが統計的に有意な負の影響を示す．また女性については，中間コーホートでも同様である．これらの結果は，年長コーホートに比べ，若いコーホートほど正規職に就きにくくなっていること，そうした傾向が女性の場合により早く始まっていることを示している．出身階層を示す変数については，父親が大企業や公務員であった場合に有意な正の効果を示す．また有意確率は10％水準だが，男性の場合，父親が大卒であることが小さいながら負の影響を示す．

他方，大卒ダミーについては，男性の場合，正の有意な値を示すが，若年コーホートと大卒との相互作用項をみると有意な負の値を持つ．世代を超えて，

図表2-5 ロジスティック回帰分析 初職正社員

	男性		女性	
	B	Exp (B)	B	Exp (B)
若年コーホート	-0.838	0.433 ***	-1.098	0.333 ***
中間コーホート	-0.163	0.849	-0.373	0.688 **
大卒ダミー	1.037	2.820 ***	-0.152	0.859
選抜大卒ダミー	-0.379	0.684	1.285	3.615
若年×選抜大卒	1.095	2.988	-0.024	0.976
中間×選抜大卒	-0.079	0.924	-0.375	0.687
若年×大卒	-1.776	0.169 ***	-0.736	0.479 *
中間×大卒	-0.503	0.605 †	0.189	1.208
父大卒	-0.236	0.790 †	-0.101	0.904
父専門管理	-0.068	0.934	-0.017	0.983
父大企業	0.234	1.264 *	0.31	1.363 **
家計の豊かさ	-0.037	0.963	0.019	1.019
15歳時家庭の本101冊以上	-0.210	0.811 †	0.029	1.03
大学院卒	-0.167	0.846	-0.146	0.864
理系	0.099	1.104	0.751	2.119 *
定数	1.255	3.507 ***	1.135	3.111 ***

注：*** $p<0.001$, ** $p<0.01$, * $p<0.05$, † $p<0.10$

大卒資格は正規職に就く上で一定のプラスの影響を示すが，その効果が若年コーホートにおいて弱まっていることがここから確認できる．女性の場合，大卒ダミーは有意ではないがマイナスの効果を持ち，さらに若年コーホートと大卒との相互作用項は負の有意な値を示す．若年ほど，大学を出ることが正規職に就くことに有利ではなくなっている点では男性と同じ結果である．非正規雇用が拡大した時期に学校を卒業したこの世代にとって，大卒資格の有利さが減じているのである．他方，選抜的な大学を出ているか否かの影響はみられない．偏差値ランクの高い大学を卒業することは，正規職に就いたかどうかとはほとんど関係がない．

　ここでの関心に照らしていえば，初職において正規職か否かというカテゴリーでみる限り，近年の学卒者ほど，学校歴を問わない大卒学歴（いわゆるタテ学歴）の影響は男女とも小さくなっている．このことは，大学を出ただけの学歴で得られる有利さが，大学進学率が 40% を超えた世代で弱くなっていることを意味する．大学院卒の学歴が，男女ともいずれにおいても有意ではないこととあわせると，学部卒より一段階上の学歴を取得することは正規職への初職就職にはほとんど影響がなく，学部卒の有利さが若いコーホートで弱まっていることをこれらの結果は示している．この結果を別様に解釈すれば，高卒者や短大・専門学校卒業者に比べ，大学進学の価値が減じる傾向にあるということであり，タテ学歴という点からみた学歴の価値の低減ということがうかがえるのである．

　それでは，より安定的な就職機会とみなすことのできる大企業の正規職への就職についてはどうだろうか．ここでも初職について分析を行った．結果は，図表2-6に示すように，まず属性要因については，年齢コーホートについては，男女とも有意で負の値を示す．この結果は近年の卒業者ほど大企業正規職に就きにくくなっていることを意味する．また，これも男女ともに，父親が大企業や公務員であった場合に有意な正の効果を示す．大企業への就職に父職の影響がこのような形でみられるのである．

　教育に関係する変数については，男女とも大学院卒が有意な正の影響を示している．この点は，タテ学歴の上昇効果を示すものであるが，その点については結論の節でその意味を検討する．

図表 2-6　ロジスティック回帰分析　初職大企業正社員

	男性		女性	
	B	Exp (B)	B	Exp (B)
若年コーホート	−0.699	0.497 **	−0.771	0.462 ***
中間コーホート	−0.564	0.569 **	−0.267	0.766
大卒ダミー	0.825	2.283 ***	0.991	2.694 ***
選抜大卒ダミー	1.256	3.511 *	1.171	3.225 †
若年×選抜大卒	0.590	1.804	0.296	1.344
中間×選抜大卒	−0.392	0.676	−0.034	0.967
若年×大卒	−1.030	0.357 **	−1.212	0.298 **
中間×大卒	0.021	1.021	−0.722	0.486 *
父大卒	0.163	1.177	0.316	1.372 *
父専門管理	−0.110	0.896	−0.161	0.851
父大企業	0.597	1.816 ***	0.651	1.918 ***
家計の豊かさ	−0.106	0.900	0.039	1.04
15歳時家庭の本101冊以上	0.043	1.044	0.115	1.121
大学院卒	0.585	1.795 **	0.714	2.042 *
理系	0.225	1.253	0.582	1.79 †
定数	−1.311	0.270 ***	−1.948	0.143 ***

注：*** $p<0.001$, ** $p<0.01$, * $p<0.05$, † $p<0.10$

　ここでの分析にとって重要な知見は，大卒資格についての結果である．大卒ダミーは，男女ともに有意なプラスの値を示す．つまり，どの大学かによらず大学を卒業していること自体が大企業正社員になるチャンスを高めているということである．それに加えて興味深いのが，選抜的な大学卒業資格の影響である．男性の場合には5%の有意水準で，女性では10%水準で有意な正の値を示す．大卒資格一般に加えて，選抜的な大学を出ていることが大企業正社員への就職に有意に働いていることが確認できたのである．

　他方，コーホートと学歴との相互作用項をみると，学歴の効果に変化が生じていることがわかる．男女とも，選抜大学ダミーとコーホートとの相互作用項には有意な影響がみられない．つまり，選抜度の高い大学を卒業していることは，大企業正規職への就職チャンスを高め，しかもその影響は世代間で変わらない傾向にある．ところが，大卒ダミーと世代ダミーとの相互作用項をみると，男女とも若年コーホートとの相互作用項において負の有意な値を示す．さらに女性の場合には中間コーホートとの相互作用項においても5%水準で有意な負

の値を持つ．これらの結果は，年長コーホートに比べ，大卒学歴の効果が弱まっていることを示している．大学を出ただけでは，大企業の正規職に就職できるチャンスが若年コーホートほど小さくなっているのである．

学歴のスクリーニング機能に着目して解釈すれば，次のようにいえる．すなわち，どの世代でも，大卒資格やさらには大学の銘柄がシグナルとして働いていた．ところが，進学率が高まり，同時に正規職に就くチャンスが少なくなった[2]若年コーホートでは，大卒学歴のシグナルとしての働きやスクリーニング機能が弱まってきたということである．

5. 能力評定への影響

これら初職への就職機会に対する大学教育の影響をみた上で，次に，大学教育が問題解決能力やコミュニケーション能力の自己評定にどのような影響を及ぼしているのかをみよう．はじめに分析するのは，問題解決能力についての自己評定である．図表2-7に示すように，若年コーホートダミーと中間コーホートダミーがともに負の値で統計的に有意な効果を示している．これは年長コーホートに比べ若い世代の方が自己評定による問題解決能力が低いことを示す．

本章にとっての問題関心の的である大卒学歴については，中学校卒業時の成績を含まないモデル1では有意な影響を示すものの，モデル2で中学時の成績を統制するとその効果は大きく減じ，しかも統計的に有意でなくなる．また選抜的な大学卒は有意な効果を持たない．これらの結果は，ここで用いている問題解決能力の尺度による限り，大学教育の効果はそれほど大きくはなく，しかも一見その効果とみなされているものは，すでに中学校卒業時までに形成された認知的な能力の影響の反映であることを示唆している．ただし，大学院卒の効果は，中学校時の成績を統制したあとでも残ることから，大学教育の影響がまったくなかったとはいえない．それでも，標準化回帰係数の値からわかるように，中学校時の成績の影響の方が，大学院卒の影響よりも格段に大きい．

他方，父親が大企業か官公庁に勤めていた場合や，15歳時の家計の豊かさ，本の多寡といった要因が，正の有意な影響を示している．これら生まれ育つ家庭の社会的，経済的，文化的な資源によって，成人後の問題解決能力が一定の

図表 2-7 重回帰分析 問題解決能力

	モデル1		モデル2	
	回帰係数	標準化回帰係数	回帰係数	標準化回帰係数
定数	13.527 ***		12.354 ***	
女性ダミー	0.127	0.019	−0.051	−0.008
若年コーホート	−0.702 ***	−0.097	−0.634 ***	−0.088
中間コーホート	−0.291 *	−0.043	−0.261 †	−0.038
大卒ダミー	0.548 *	0.079	0.045	0.006
選抜大卒ダミー	0.498	0.024	0.153	0.007
若年×選抜大卒	0.028	0.001	0.247	0.007
中間×選抜大卒	−0.315	−0.010	−0.215	−0.007
若年×大卒	0.068	0.007	0.110	0.012
中間×大卒	0.202	0.022	0.204	0.022
父大卒	0.174	0.023	0.174	0.023
父専門管理	−0.002	0.000	−0.003	0.000
父大企業	0.271 *	0.035	0.249 *	0.032
家計の豊かさ	0.394 ***	0.095	0.340 ***	0.082
15歳時家庭の本101冊以上	0.785 ***	0.092	0.698 ***	0.082
大学院卒	0.740 **	0.042	0.595 *	0.034
理系	0.180	0.015	−0.003	0.000
中学卒業時の成績			0.510 ***	0.179
	調整済み R^2 乗値:0.051		調整済み R^2 乗値:0.075	

注:*** $p<0.001$,** $p<0.01$,* $p<0.05$,† $p<0.10$

影響を受けているのである.大学教育の影響力が比較的小さかったこと,中学校時の成績を統制するとその影響が大きく減少することとあわせると,大学入学以前の生育環境によって,問題解決能力の形成が,大学教育以上に強い影響を及ぼしていることをうかがわせる結果である.

次に,コミュニケーション能力についての結果をみよう.図表2-8に示すように,中学校時の成績を分析に含める前のモデル1においても,入れたあとのモデル2においても,大卒ダミーについては,有意な効果を示す.ただし,その効果はモデル2では大きく減じている.この結果は,たしかに大学教育を受けたことで,コミュニケーション能力が高まったとする傾向はみられるが,その影響のある部分は,大学入学以前の認知的な能力の高さの影響を反映したものだということである.

しかも,若年コーホートダミーと大卒ダミーの交互作用項(5%水準)も中

第Ⅰ部 学校から仕事への移行

図表 2-8 重回帰分析 コミュニケーション能力

	モデル1		モデル2	
	回帰係数	標準化回帰係数	回帰係数	標準化回帰係数
定数	10.275 ***		9.651 ***	
女性ダミー	0.195 **	−0.041	−0.289 ***	−0.060
若年コーホート	−0.179	−0.035	−0.142	−0.028
中間コーホート	0.024	0.005	0.041	0.008
大卒ダミー	0.670 ***	0.135	0.401 *	0.081
選抜大卒ダミー	−0.375	−0.025	−0.541	−0.037
若年×選抜大卒	0.847	0.033	0.953	0.037
中間×選抜大卒	0.452	0.020	0.482	0.021
若年×大卒	−0.416 *	−0.062	−0.392 †	−0.058
中間×大卒	−0.365 †	−0.055	−0.362 †	−0.055
父大卒	−0.016	−0.003	−0.014	−0.003
父専門管理	0.159	0.026	0.159	0.026
父大企業	0.194 *	0.035	0.181 *	0.032
家計の豊かさ	0.270 ***	0.091	0.242 ***	0.081
15歳時家庭の本101冊以上	0.375 ***	0.062	0.329 **	0.054
大学院卒	0.241	0.019	0.164	0.013
理系	−0.398 **	−0.045	−0.496 **	−0.056
中学卒業時の成績			0.271 ***	0.133
	調整済み R^2 乗値:0.031		調整済み R^2 乗値:0.045	

注:*** $p<0.001$, ** $p<0.01$, * $p<0.05$, † $p<0.10$

間コーホートダミーと大卒ダミーの交互作用項（10%水準）もともにマイナスの有意な効果を持っている．つまり，年長コーホートに比べ，これら若い世代にとって大卒資格がコミュニケーション能力に及ぼす影響が減じているのである．この結果は，大学教育の影響力が若い世代で小さくなっていることを示唆している．また，選抜大卒ダミーはここでの分析では有意な効果を持たない．大学の選抜度による差はほとんどないということである．

他方，15歳時の家庭の豊かさや本の多寡といった家庭の経済的，文化的資源がコミュニケーション能力に正の有意な影響を及ぼしている．これらは中学卒業時の成績を分析に投入したあとでも有意な効果として残る．また父親が大企業か官公庁に勤めていた場合にも正の影響がある．このように，生まれ育つ家庭環境がコミュニケーション能力に一定の影響を与えている．

興味深いのが中学卒業時の成績（自己評価）の影響である．モデル2で標準

化回帰係数の値をみると，中学校卒業時の成績の影響が他の変数に比べ大きいことがわかる．成人後のコミュニケーション能力の形成に，中学校までの教育で発揮される認知的能力の高低（の自己評価）が一定の影響を残しているのである．

6. 結論

以上の分析結果を踏まえると，大学進学率の上昇と雇用機会との関係についてどのような議論ができるのだろうか．ここでは，分析で得られた知見をまとめながら，この問いに答えていこう．第1に，大卒学歴は，男性の場合，初職における正規職の就職には一定の影響力を及ぼしていた．しかし，コーホートダミー変数との交互作用項の影響をみると，大卒学歴の影響は若年コーホートになると縮小していた．大学進学率の上昇を経た若年コーホートにとって，正規職に就くチャンスを有利に導く大卒学歴のその有利さが縮小している可能性が示されたのである．

第2に，大企業の正規職への就職チャンスへの大卒学歴の影響については，男女ともに，大卒学歴と選抜大学卒業の学歴の両方が正の有意な影響を及ぼしていた．しかし，コーホートダミー変数との交互作用項の影響をみると，大卒学歴ダミーの影響にはここでもコーホート間で変化がみられた．大学進学率が40％を超えた世代にとって，大卒学歴の効果は小さくなっていた．それに対し，選抜大学卒ダミーについては，そのような変化（＝効果の縮小）はみられなかった．ここから次のような推論が可能になる．すなわち，選抜的な大学を卒業していることによって得られる大企業正規職への就職の有利さについては，世代間でほとんど変化はみられないが，大学を卒業しているだけの有利さは縮小する傾向にあったということである．この結果は，大企業の正規職に就くチャンス自体が縮小し，大卒就職者の数が増大した世代にとって，選抜的大学を卒業していればその有利さは前の世代と変わらないものの，大卒学歴だけの有利さは，小さくなっていることを示している．訓練可能性について議論を行ったサロー（Thurow, L.）のもう1つのアイデアである「待ち行列」の説明（Thurow 1976 = 1984）を当てはめれば，望ましい職に就くための入り口は狭くなっ

ているのに，大卒者が増えることで待ち行列は長くなる，そういう事態が出現したときに，大学を出ているだけのアドバンテージが縮小していたのである．ただし，そのような事態になっても，選抜度の高い大学卒業資格は依然として有効であった．このような推論をもとにすると，大卒者が増えることで，大学卒業という学歴の価値は相対的に低下するが，選抜的な大学を卒業していることの価値は変わらないということであり，相対的にみれば，それだけ選抜的大学の価値が高まっている，こういう解釈が可能である．

　他方で，正規職一般についてはともかく，大企業の正規職への就職においては，男女を問わず，大学院を修了していることが正の影響力を及ぼしていた．このことは，日本においてもタテ学歴の面で，より上位の学歴を得ていることが有利になる可能性を示唆している．ただし，この点で注意が必要なのは，それはあくまでも入り口時点での有利さを示しているということである．この点については再論する[3]．

　このような議論を下敷きにすると，第3に，2番目の分析課題の知見が意味を持ってくる．指標の妥当性についての問題点は残るものの，問題解決能力やコミュニケーション能力といった面での自己評定に，大卒学歴（さらには選抜度の高いそれ）はプラスの影響を及していたのだが，その効果は，若年ほど小さくなる，という結果である．この知見は，間接的な例証にとどまるとはいえ，大学教育の効果が進学率の上昇とともに弱まっていることを示唆している．さらには，大学院卒であることや選抜的な大卒学歴を持つことは，ここでみた2つの能力尺度に関する限り，有意な影響を示していない．他方で，中学時代の成績が比較的大きな影響力を示していた．

　これら2つの分析課題への解答を合わせると，日本における大学教育の拡大の意味が浮かび上がってくる．たしかに，大学を卒業していることは，初職就職において，大企業の正規職といった安定的な職業に就くチャンスを高める効果を持っていた．選抜度の高い大学の卒業資格も同様である．さらには，大学院卒であることも有利となる．ところが，こうした学歴の影響は，初職就職時には影響を持つのに対し，問題解決能力やコミュニケーション能力の形成においては，それほど強い影響力を示していなかった．大卒学歴はコミュニケーション能力の形成にはある程度影響していたが，選抜度の高い大学の学歴も大学

院卒も，これらの能力とはほとんど関係がなかった．しかも，大卒学歴にしても，コミュニケーション能力に対しては，近年その影響力が減少する傾向にあった．これらの結果から類推できるのは，大卒学歴が就職に際して有利であった条件が大きく変わりつつあるという傾向である．かつては，大学を卒業していることは，能力形成の上でも初職就職においても有効性を持っていた．大卒学歴が，一定程度の内実を持つ能力シグナルとして機能していたといっても良いだろう．ところが，大学進学率の上昇とともに，大学を卒業しているだけでは，就職の有利さも減じ，能力形成への影響力も低下していた．つまり，大卒学歴は，かつてほどの能力シグナルとしての有効性を発揮できなくなっていると解釈できるのである．

他方，選抜度の高い大学を卒業していることには依然として，安定した職業に就く上でのアドバンテージが残されていた．大学院卒についても同様である．ところが，これらの学歴資格は，ここで用いる限りでの能力尺度で測られた能力の形成とはほとんど関係がなかったのである．しかも，この第2の分析課題のもう1つの重要な知見である．(1) 中学時代の成績が比較的大きな影響力を示していたこと，さらには，(2) この変数を導入することで大卒ダミーの影響が小さくなったこととを重ね合わせると，日本における大学教育拡大の意味がより鮮明となる．たしかに，大企業正規職への就職において，一般的な大学の卒業に比べ，相対的にみれば大学の選抜度による能力シグナルの有効性や大学院卒の有利さ（タテ学歴の効果）が高まっているにしても，その影響は，問題解決能力やコミュニケーション能力の形成といった面では，中学時代の成績ほどの影響力は持たない，ということである．さらに敷衍すれば，高等教育学歴は，大学教育を通じて高められるような，能力形成という付加価値を組み入れたスクリーニングディバイスとしては弱く，しかもその影響力は，大学進学率が上昇するにつれてさらに弱まっている可能性がみいだせたのである．

ところで，大学進学機会の拡大が引き起こす学歴インフレーションという場合，他の先進国では，大卒学歴の価値の相対的低下のもとで，自分たちの有利さをより確かなものにしようとする人々が，学士よりもより高い学歴を目指して，文字通り，さらなる高学歴化（大学院進学の拡大）につながるという現象を指す．グローバル化とともに進行する知識経済化のもとでは，教育年数とい

った量の増加だけではなく，そこで行われる教育内容の高度化の面からも，人的資本の向上が求められるからである．その場合の有利さは，就職のチャンスだけにとどまらず，より高い学歴を得ることで，同じ年数の職業経歴以上の付加価値（プレミアム）がつくことを前提としている．

　本章の分析では，日本ではたして，こうした大学院教育のプレミアムがついているのかどうかまではわからない[4]．しかし，理系の場合を除けば，日本企業の採用活動において，修士号や博士号といったより高い学歴が待遇面で，学部卒業者の勤務年数分以上の価値を持つものとしては扱われていないというのが定説である．特に，大卒就職者のおよそ3分の2を占める日本の文系就職においては，大学院卒のプレミアムはほとんど生じていないといわれる[5]．しかも，学校基本調査によれば日本では，近年の大学院修士課程修了者の大半（およそ3分の2）は理系である[6]．

　それに対し，日本で生じている学歴インフレーションは，能力の向上を伴わない，ふるい分けの面での変化にとどまっているのかもしれない．しかも，進学率が上昇したことで，大卒学歴一般の価値は低下し，選抜的な大学や（理系を中心に）大学院卒の学歴の価値が相対的に高まっていた．ただし，これらの学歴の効果は，ここでみた問題解決能力やコミュニケーション能力の形成とはほとんど関係がなかった．そうだとすれば，次のようにいうことも可能である．すなわち，他の先進国の学歴上昇が人的資本の増大につながる変化だとすれば，日本では依然として学校歴が訓練能力の高さを識別するシグナルとして働き，しかも大卒資格一般の効果は低減するという，人的資本の増大に貢献しない「シグナリング効果」による学歴インフレーションが生じているという解釈である．

　最後に，本筋の議論とはやや外れるが，もう1つの重要な知見について論じておこう．15歳時の経済的・文化的資源の多寡が問題解決能力やコミュニケーション能力の自己評定に及ぼしていた影響についてである．これらの知見が意味するのは，出身家庭の資源がこれらの能力に及ぼす影響が，大学教育よりも大きな可能性である．ここでは図表は省略するが，もちろん，これらの変数は，中学校時の成績にも，大学進学機会や，選抜度の高い大学進学のチャンスにも影響を及ぼしている．成長期に影響を及ぼすこれら家庭の資源の多寡が，

学業成績以外のこうした能力にも変換されている可能性があるということである．このような家庭環境の影響については，コーホートを問わずほぼ一貫した結果が得られた．生まれ育つ家庭環境の影響から逃れられていないのである．

注
1) 2007年度のデータを使用しているということは，2008年秋のリーマンショックの影響前のデータだということである．2008年以後の変化については，中澤（2011）の分析がある．
2) このデータの調査対象者をもとに正規職への初職就職率を算出すると，年長コーホート = 79.2%，中間コーホート = 73.2%，若年コーホート = 53.7% となる．また同じく大企業正規職への初職就職率は，年長 = 23.9%，中間 = 17.5%，若年 = 12.0% となる．このデータからも若年世代で正規職が減少していることがわかる．
3) 他方で，初職就職について明らかとなったのは，父親が大企業や公務員といった職業に就いていたことの影響である．こうした階層要因によっても正規職への就職や大企業正規職への就職が影響を受けていることは記憶にとどめてよい．
4) 森川（2011）によれば，日本における大学院卒業者の収益率はおよそ20%と，他の先進国と同じ水準を示すという．ただし，その多くは理系の卒業者であるとも指摘する．
5) 海外のMBAと国内のMBAの収益率を比較した清水（2009）によれば，国内大学のMBAは収益率をプラスにするものの，その経済効果がきわめて小さいことが指摘されている．これらの先行研究をもとにすれば，理系はともかく，大卒以上の就職者の大半を占める文系就職においては，大学院プレミアムが小さいことが類推できる．
6) 今回使用したデータでは，大学院卒者の理系，文系の割合を正確には捕捉できていないが，大学院卒業者の学部時代の文理の比率をみると，理系は51%となっていた．また，ここでは図表は省略するが，初職での大企業の正規職への就職チャンスを従属変数に，この章で用いた独立変数に加えて，大学院卒とコーホートダミーとの相互作用項を入れた分析を行うと，いずれの相互作用項も有意でなく，しかも，大学院卒の影響も有意ではなくなった．この結果から，選抜的な大学卒の学歴の影響とは異なり，大学院卒の影響が持続的なものとはいえず，しかもコーホート間での変化もみられないことがわかった．本章では，相互作用項を入れない分析をもとに解釈を行ったために大学院卒の影響があるとしたが，その結果がどれだけ頑強なものかの検証は今後の課題である．

文献

濱中義隆（2010）「1990年代以後の大卒労働市場」苅谷剛彦・本田由紀編『大卒就職の社会学——データからみる変化』，東京大学出版会：87-106.

本田由紀（2005）『多元化する「能力」と日本社会』NTT出版.

岩田龍子（1981）『学歴主義の発展構造』日本評論社.

苅谷剛彦（1998）『変わるニッポンの大学』玉川大学出版部.

苅谷剛彦（2010）「大卒就職の何が問題なのか」苅谷剛彦・本田由紀編『大卒就職の社会学——データからみる変化』東京大学出版会：1-26.

小林雅之（1985）「労働市場の構造と選抜理論」『高等教育研究紀要』4：59-73.

小山治（2010）「なぜ企業の採用基準は不明確になるのか」苅谷剛彦・本田由紀編『大卒就職の社会学』東京大学出版会：199-222.

森川正之（2011）「大学院教育と人的資本の生産性」経済産業研究所，RIETI Discussion Paper Series 11-J-072.

中澤渉（2011）「出身地域による高卒後進学機会の不平等」東京大学社会科学研究所 パネル調査プロジェクトディスカッションペーパーシリーズNo.43.

清水隆介（2009）「海外MBAと国内MBAの比較——個人の投資収益率とコスト・ベネフィットの推計から」『三田商学研究』52(2)：99-113.

竹内洋（1995）『日本のメリトクラシー——構造と心性』東京大学出版会.

Thurow, Lester, C.（1976）*Generating Inequality*. London：Macmillan.=（1984）小池和男・脇坂明訳『不平等を生み出すもの』同文舘出版.

矢野眞和（1991）『試験の時代の終焉』有信堂.

第 3 章

新卒一括採用制度の日本的特徴とその帰結
―― 大卒者の「入職の遅れ」は何をもたらすか？

有田　伸

1. はじめに

　学校を卒業してから就職するまでの，いわゆる「学校から職業への移行」のプロセスは，若者のライフコースとそこにおける格差を決定づける重要な要因の 1 つといえる．教育を修了し，社会に出た若者が望みどおりの，あるいは本人に適した仕事をスムーズに得られるかどうか，また仮にそれがうまくいかなかったとして，その後挽回のチャンスが十分に与えられるかどうかが，若者のライフコースにおける利益と不利益に大きく影響するためである．
　この学校から職業への移行の過程は「教育と経済のどちらの価値にも偏らない，すぐれて社会学的な場」（岩永 1983: 137）であり，そこにはさまざまな制度的条件が作用していることが多い．特に日本ではこれまで「学校推薦による就職」という，特定の学校と企業との間の制度的なリンケージ（Kariya and Rosenbaum 1995）を通じた入職の問題に大きな関心が寄せられてきた．実際，これまで数多くの研究が，この学校経由の就職という入職経路がどのように形作られ，また実際にどのように機能しているのかを，例えば学校経由の就職を果たすことでどれだけ「良い就職機会」を得られるのか，といった問題の検討を通じて考察してきた（苅谷 1991；岩内・苅谷・平沢 1998；苅谷・菅山・石田 2000；大島 2012 など多数）．
　一方，このような研究動向に対して香川（2007）は，仮に学校経由の就職に

よって「良い就職機会」を得やすいとしても，それは新卒一括採用という人事慣行が存在する日本社会において，学校経由で就職することが可能な新規学卒者にはそもそも既卒者よりも恵まれた就職機会が与えられているためではないか，と考える．そしてこのような視点から，「学校卒業から就職までの間断（時間的ギャップ）の有無」を新規学卒者向けの採用市場を通じて就職したか否かの指標と捉えた上で，得られた就職機会との関係について検討し，日本社会では新卒一括採用制度を利用して卒業直後に就職した方が，卒業後に間断を置いて就職するよりも「良い就職機会」を得やすいという事実を明らかにする．

　このような香川の研究は，グラノヴェターらによる従来のネットワーク研究（Granovetter 1974 など）が市場取引の社会関係への「埋め込み」に着目したのに対し（平沢 2005），市場への「参入制限ルール」としての制度とその効果へと着眼点を転換させたものとして位置付けられるだろう．すなわち従来の研究が，「労働市場において個々の求職者と個々の仕事とがどのように結びつけられるか」という問題関心から入職経路の問題に着目していたとすれば，香川の研究は，ある種の恵まれた労働市場に「どのような求職者は参入でき，どのような求職者は参入できないのか」というルールの問題に着目しているといえるのである[1]．

　確かに日本社会には，新卒一括採用制度をはじめ，労働市場への参入に関するさまざまなルールが存在しているようにみえる．しかしこれらが若者の「学校から職業への移行」に及ぼしている影響については，学卒者と就業機会を結びつける制度（入職経路の問題）ほどには十分な関心が向けられてこなかった．しかしながら，このような新規学卒者の労働市場参入に関するルールとその影響を幅広い視点からあきらかにするという作業は，入職経路の違いがもたらす影響の検討と同様に，現代日本社会の若者の格差とその連鎖の問題を理解する上で非常に重要な課題であると考えられる．

　本章ではこのような観点から，日本における新規学卒者の入職プロセスの制度的特徴とそれがもたらす帰結について考察していく．本章では，高学歴化によってますますその比重が拡大している大学卒業者の入職に焦点を絞り[2]，日本と似通った新卒一括採用制度を持つ韓国との比較に基づきながら，この問題の検討を行っていく．日本では，新規大卒者の入職プロセスを規定する諸制度

が「新卒一括採用制度」としてひと括りにまとめられてしまう傾向もみられるが，大まかには類似しつつも，細部は異なる新卒一括採用制度を持つ韓国と比較することによって，日本社会の「新卒一括採用制度」と呼ばれている諸制度のうち，いかなる側面が真の日本的特徴であるのか[3]，そしてそれらの特徴が日本の新規大卒者の入職プロセスにいかなる影響をもたらしているのかを，より詳細な形であきらかにし得るものと期待できるためである．

2.「新卒一括採用制度」の日韓比較

日本では新卒一括採用制度，すなわち新規学卒者をすでに労働市場に参入している労働者（主に転職希望者）から区別し，新卒者のみを年度初めに（＝卒業直後に）一括して採用する制度が，大企業を中心として広くみられる．この制度は，近年変容の兆しを示してはいるものの（伊藤 2004），それでも依然として日本の新規学卒者採用の主流をなしている．

このような新卒一括採用制度は，日本に特徴的な制度と捉えられることも多い．しかしお隣の韓国にも，「学校を卒業したばかりの若年労働力を一括して，決まった時期に採用する」という制度が存在しており，大企業を中心として多くの企業が，転職者向けの採用枠とは別に「定期公開採用」と呼ばれる採用枠を設け，学校を卒業したばかりの若年労働力を企業単位で，あるいは以前は企業グループ（財閥）単位で，一括採用している．ただしこの制度の実際の運用のされ方には，日本との間で微妙な違いがあるのも事実である．ここでは日韓両国における新規大卒者採用制度を比較し，新卒一括採用制度の日本的特徴と韓国的特徴とをそれぞれあきらかにしておこう[4]．

2.1 韓国における新規大卒者の採用制度

まずは李ジョング・金ホウォン（2008），李ジョング・金ホンユ（2009），さらに実際の財閥系企業の大卒新入社員募集要項事例（図表3-1）などをもとに，韓国の新規大卒者採用制度の特徴を検討してみよう．結論的に述べれば，韓国の新規大卒者採用は，①卒業後数年程度の既卒者も対象としており，さらには大学在学中の長期間の休学などに起因して生じる「標準的な（最低）入職年齢

図表 3-1　サムスン電子 2011 年夏 3 級社員（大卒相当）新入社員採用要項

①募集分野　（省略）
②志願資格
・2011 年 8 月以前卒業，または卒業予定である方．
　（現在軍服務中の場合は 2011 年 6 月 30 日までに服務が終わる方）
　※ただし過度な繰り返し志願による混乱を避けるため，やむをえず志願回数は通算 3 回までに制
　　限します．
・全学年平均成績 3.0 点以上（4.5 点満点換算）の方．
・兵役修了者か免除者で，海外旅行に欠格事由のない方．
・語学資格保有者（OPIc および TOEIC スピーキング）

志願職群	志願基準最低等級	
	OPIc	TOEIC スピーキング
研究開発職／技術職	IL	5 級
営業マーケティング職／経営支援職（財務）	IM	6 級

（訳者注　OPIc: Oral Proficiency Interview by computer）

③志願方法　（省略）
④選考手順　志願書作成⇒志願書検討⇒SSAT 選考⇒面接⇒健康診断⇒最終合格
　（訳者注　SSAT: SamSung Aptitude Test）　　　　　　　（以下省略）

資料：ウィンエデュプラスほか（2012）より引用

からの乖離」も許容されやすい，②英語能力試験や入社試験の成績など，自ら
の努力によって改善させやすい客観的指標が採用時の判断材料として多く用い
られている，という特徴を持つ．

　第 1 の「標準的な（最低）入職年齢からの乖離が許容されやすい」という特
徴を生み出している最も重要な背景条件は，徴兵制度の存在である．韓国では
19 歳以上の健康な男子に兵役の義務が課せられており，男子大学進学者の多
くは，大学在学中に 1 度休学し，2 年弱ないし 2 年間の兵役義務を終えた後，
復学して残りの課程を履修して卒業する，というコースを歩むことが多い．こ
の場合，入隊時期によってはぴったり 2 年間の休学ではおさまらず，さらに 1
学期間程度の休学が必要となる．韓国の大学は 2 学期制をとる学校が多いので
あるが，このような事情もあり，学年末の 2 月のみならず，1 学期末の 8 月に
卒業する学生もかなり多い．

　このため，韓国企業の新規大卒者向けの公開採用は，1 学期末（夏）と学年
末（冬）に合わせて年に 2 度行われるのが一般的である．さらに韓国では，企

業の大卒新入社員採用に応募して職を得ようとする際に，休学歴があることが大きく不利になるとは考えられておらず，また（新規大卒者向けの一括採用枠が存在していながらも）「特に事情がない限り最短修了年限で卒業し，学校卒業と同時に就職するのが当然である」という意識が日本に比べてはるかに弱い．これは，徴兵制度が存在し，入隊のための休学が一般的であることにより，そもそも大学に入学してから卒業までの期間が多様化せざるを得ないためであり，また大学卒業後に入隊し，その後就職する学生も一定数存在するためと考えられる[5]．

実際，韓国の企業の新規大卒社員募集の対象は，就職時期にちょうど卒業予定の学生のみに限定されるのではなく，（一定の年限以内の）既卒者も含まれるのが一般的である．図表3-1にみるように，サムスン電子では卒業予定者のみならず，既卒者も新卒者向けの採用枠に応募することができる．ただし但し書きに記されているように，それは通算志願回数が3回までの既卒者に限られる．それでもこの但し書きは，通算3回までの志願であれば，既卒者や留年者であっても通常の新卒採用過程を通じて採用され得ることを示すものといえる．実際韓国では，日本において「第2新卒」と呼ばれるような卒業後間もない既卒者であれば（仮に短い就業歴があったとしても）特段の問題なく，新卒採用枠を通じて職に就くことができるのである．

次に第2の特徴に関してであるが，韓国では一般に「ペーパーテスト」を通じた選抜に対する社会的信頼が厚いこともあり，これまでも企業の新入社員選抜時に筆記試験が多く用いられてきた．特に急激な高等教育拡大によって大卒者の就職状況が厳しくなった1986年には，政府が公正性の観点から，大規模企業グループ・銀行・政府系企業に対して「筆記試験の前段階である書類審査を廃止し，応募者全員に筆記試験受験の機会を与えるよう」勧奨し，多くの大企業がこれに従った（有田 2006）．もちろん政府の勧奨による過度な筆記試験重視の傾向は，その後次第に見直されていくのであるが，それでも今日の多くの韓国企業が，従来の筆記試験に代わるものとして，常識や基礎学力，さらに専門知識，性格・適性などをはかるための「人性・適性検査」を課している．さらに，書類審査の段階においてもTOEICなどの公的英語能力試験で一定の成績を得ていることが求められており，それ以外にも，他の外国語能力試験の

結果や大学における平均評定，さらには各種コンクール・コンテスト受賞歴など可視的で客観的な能力の指標や成果を応募時に提出することが求められているのである（図表3-1参照）．

2.2　韓国の新規大卒者採用制度がもたらす帰結

　韓国の新規大卒者採用制度が持つ以上の特徴は，大学生の就職戦略にも大きな影響を与える．「新規大卒者の採用過程において努力によって改善し得る客観的・可視的条件が重視される」と同時に，「企業の新卒一括採用プロセスへの応募は休学・既卒者でも可能であり，そのデメリットは小さい」という状況では，新卒の就職希望者が一度就職活動を行ったものの十分に満足しうる就職機会が得られなかった場合，あるいは現在の準備状況で就職活動に参入しても十分に満足し得る就職機会が得られなさそうな場合，「就職を遅らせ，さらに時間をかけて就職準備を行うことで採用プロセスにおいて評価される（と考えられている）資質・能力の向上に努める」という選択が，より良い就職機会を得るための有効な方法となってくるのである．

　例えば今日の韓国における大学生向けの就職雑誌やインターネットサイトなどには大企業就職のためのハウツー記事がしばしば掲載されるが，その際重要性が指摘されるのは，出身大学・専攻のほか，英語をはじめとする外国語能力（およびその公的な能力試験成績），大学における平均評定，取得資格，インターン・ボランティア経験，コンテスト・コンクールなどの受賞歴などである．これらの能力・成果指標はコンピューター用語を借りて「スペック」と呼ばれ，就職希望者がどれだけ高いスペックを持っているかが人気の高い大企業から内定を得られるかどうかを左右する条件であると考えられている[6]．そしてこれらは概して時間と努力を重ねることである程度改善可能な条件であるため，韓国の大学生の間ではわざわざ休学してまで，これらのスペックを向上させる努力を重ねることが一般的になっており，最近では休学しての試験準備のほか，海外における長期英語研修，国内外における長期ボランティアなどの選択がなされることも非常に多い．

　高卒者の7～8割が高等教育に進学し，大量の大卒者が労働市場へと送り出されるとともに，通貨危機以降，大企業の多くが新卒採用人数を絞っている韓

国社会において，新規大卒者の就職状況はきわめて厳しい．このような状況において，一度就職活動を行ったものの希望する就職機会をうまく得られなかった場合には，留年して，あるいは一度卒業して，これらの「スペック」の改善をはかりつつ，改めて次の時期の新卒採用に応募するという戦略が多くとられるようになっているのである．

図表 3-2 韓国企業（281 社）2010 年大卒新入社員の平均年齢・成績

	1,000 人 以上企業	300 人 以上企業	300 人 未満企業	全体
平均年齢	27.3	27.7	28.6	28.3
平均 GPA	3.67	3.57	3.58	3.58
平均 TOEIC 得点	797	724	661	697

資料：韓国経営者総協会（2011）

実際，韓国における大卒新入社員の就職年齢はかなり遅い．図表 3-2 は，韓国経営者総協会（日本の経団連に相当）が会員企業に対して行った大卒新入社員のプロフィールを示したものである．これによれば，大卒新入社員の平均 TOEIC 得点は特に大企業においてきわめて高く，大企業に入社する学生は英語の学習に非常に多くの努力を傾けていることがうかがえる．さらに新入社員の平均年齢は，27 歳から 28 歳ときわめて高い．こんにちの韓国では大学入学時の浪人比率は 2～3 割程度とかなり低くなっており，たとえ男子学生が入学時に 1 年間浪人し，在学時に 2 年ほどの兵役を終えたとしても，25 歳から 26 歳で卒業できるはずである．しかしここにあらわれている新入社員の平均年齢はそれよりもさらに 2 歳程度高く，少なくとも 2 年程度は休学や留年，そして卒業後の「間断」などにより入職の遅れが生じているものといえるだろう[7]．これは前述したように，韓国の新規大卒採用制度の下では入職の遅れがそれほど不利にならないためでもあるが，逆にそれが「就職浪人」という道を選びやすくさせることで大卒者の就職競争をより激しくし，さらにそれがいっそう多くの「就職浪人」を生み出す，という循環的なメカニズムも働いているものと考えられる．

2.3 韓国との比較でみた日本の新規大卒一括採用制度

　以上のような韓国の事例と対比させると，日本の大卒者向け新卒一括採用制度の特徴としては，①卒業直後の間断のない就職のみならず，特段の理由がない限り最短修学年数での卒業と就職が「標準」であると考えられていること，②個人の努力によって改善し得る可視化／指標化が可能な条件よりも，（個人の性格に関わるもののように）容易には指標化されづらく，短期間での改善も難しい条件の方が重視されがちであること，を指摘できるだろう[8]．

　そしてさらに韓国と比べていえば，以上のような日本の新規大卒一括採用制度の特徴のために，日本では就職準備のために休学したり，あるいは最初の就職活動において満足のいく就業機会が得られないため「就職浪人」の道を選ぶ，という選択がなされづらくなっているものと考えられる．そもそも最短修了年齢で大学を卒業し，卒業と同時に就職を果たすのが「標準」とされており，しかも自らの努力によって短期間（1～2年間程度）で改善するのが難しく，またその指標化も難しいような能力や資質に基づいて選抜が行われる日本の新規大卒者の就職プロセスにおいては，就職時期を先送りにすることによるメリットがそれほど大きくないためである．実際，矢野は次のように日本社会における大卒者の入学・卒業・就職に関する年齢規範の強さを指摘している．

　　日本の一八歳入学は，就職の新規学卒一括採用という雇用システムに連動しています．就職のためには二浪が限界だ，とまことしやかに語られています．進学と就職にみられる一歳刻みの年齢主義が，日本の社会システムの根幹を規定しています．そのために，若者の生活が，どれほど息苦しくなっていることか．（矢野 2011: 101）

　これらの点を踏まえるならば，これまで「新卒一括採用制度」として括られてきた日本の大卒者の入職プロセスに作用する制度条件——特に労働市場への参入制限——のうち，香川（2007）が検討した「卒業から入職までの間断の有無」のみならず，「入職時の年齢」にも着目していく必要があるものと考えられる．仮に「卒業直後の入職」であったとしても，その卒業＝入職年齢が標準的な年齢から大きくかけ離れている場合，新卒一括採用制度を通じた入職が難

しくなってしまう可能性があるのであり，また新卒一括採用制度の日本的特徴は，まさにこの点にこそ認めるべきであるかもしれないのである．

3. 課題の設定・データ・分析方法

本章では次の2つの分析課題を設定し，以上のような「入職の遅れによる影響」が，日本の新規大卒者の就職プロセスに本当に認められるのかどうかを検討していく[9]．

分析課題1
日本における，「標準」ともいえる最短入職年齢での就職を果たしたか否か，あるいはそこからの遅れの程度によって大卒者の就業機会に差が生じるのか？

分析課題2
仮に入職の遅れが就業機会に影響するとして，その効果は遅れをもたらす要因（浪人・留年による卒業の遅れ，卒業から就職までの「間断」）によってどのように異なるのか？

これらの課題の分析のために用いるのは「働き方とライフスタイルの変化に関する全国調査」（JLPS）若年・壮年調査の第1波データと第2波データである．第1波調査には対象者の年齢，最終学歴，最終学歴修了年月，ならびに学卒後の初職内容と初職入職年月に関する質問が含まれている．これらに対する回答から，最終学歴が大学であるものに関して，最短入職年，ならびに最短大学卒業年からの乖離の程度を計算し，「遅れ無し」「1年遅れ」「2年以上遅れ」の3カテゴリーに分類した[10]．また最終学校卒業から初職入職までの期間が1ヶ月を超える場合を「卒業後の間断有り」とする．

就業機会の差異を把握するために，本章では初職の雇用形態（非正規雇用か正規雇用か）[11]と初職の種別・規模（300人未満中小企業，300人以上大企業，官公庁）に着目する．これは日本社会では雇用形態と勤め先の規模が大きな報酬格差をもたらす要因であるためであるが（有田 2016），本章の分析では，一般

的には1つのカテゴリーにまとめられることも多い民間大企業と官公庁をそれぞれ独自のカテゴリーとして分離している．前述した「短期間では改善されづらい能力・資質が重視され，『標準的』な年齢で間断なく入職することが期待される」という日本の新規大卒者採用の特徴は，主に民間企業において強くみられるものである一方，公共部門における新卒者の採用には，筆記試験の結果が重視され，またその対象も卒業予定者のみに限られないなど，むしろ韓国の新卒者採用方式に近い部分がある．このことから，一般に就職先としての人気が高い民間大企業と官公庁であるが，それぞれへの就職に際して「入職の遅れ」がもたらす影響は一定程度異なる可能性が存在しよう．

このほか統制変数として，性別のほか，大学在学時の成績（「優」の割合：5点尺度），授業出席頻度（5点尺度），就職活動の熱心さ（4点尺度）をいずれも量的変数としてモデルに組み入れる．分析は基礎集計の後，クロス表分析，ならびに二項・多項ロジットモデル分析を行う．ロジットモデル分析においては，まずは単純なモデルによって「入職の遅れ」の影響を確認した後，「入職の遅れ」を「卒業の遅れ」と「卒業から入職までの間断」に分解し，これら両者を組み入れたモデルによって，入職の遅れが及ぼす影響の性質をより詳細に検討していく．

4. クロス表による基礎分析

まずは，本調査に含まれる大卒者の初職入職年齢が，入職最短年齢（22歳あるいは24歳）からどの程度乖離しているのかを確認しておこう．図表3-3によれば，男性の場合は約半数が，女性の場合は約7割が最短年齢で入職していることがわかる．またそこから遅れた場合も1年のみ遅れたものが多くを占め，2年以上遅れた大卒者の比率は男性で2割程度，女性で1割弱にすぎない．

図表には示していないものの，最短「卒業」年齢（同じく22歳あるいは24歳）からの乖離程度をみると，遅れの程度はさらに小さくなり，2年以上の遅れは男性で16.0%，女性で5.6%にすぎなくなる．前にみた韓国，あるいは同様に20代後半での卒業・入職の多いヨーロッパ（吉本2001）などと比べても，日本では大卒者の「最短卒業・入職年齢からの大きな遅れ」がかなりまれなも

図表 3-3　最終学歴大卒者の初職入職最短年齢からの乖離

	最短入職年齢との乖離			合計
	+0 歳	+1 歳	+2 歳以上	
男性	292	194	128	614
	(47.6%)	(31.6%)	(20.8%)	(100.0%)
女性	291	90	33	414
	(70.3%)	(21.7%)	(8.0%)	(100.0%)
合計	583	284	161	1,028
	(56.7%)	(27.6%)	(15.7%)	(100.0%)

資料：JLPS 若年・壮年データより筆者作成．以下同様．

図表 3-4　最短入職年齢からの乖離程度と雇用形態

乖離程度	雇用形態		合計
	正規雇用	非正規雇用	
+0 歳	493	88	581
	(84.9%)	(15.1%)	(100.0%)
+1 歳	247	34	281
	(87.9%)	(12.1%)	(100.0%)
+2 歳以上	119	41	160
	(74.4%)	(25.6%)	(100.0%)
合計	859	163	1,022
	(84.1%)	(15.9%)	(100.0%)

のであることが確認できる．

　ではこのような遅れは，卒業後に得られる就業機会に何らかの影響をもたらすのであろうか．まずは単純なクロス表を通じてこの問題に接近していこう．図表 3-4 は最短入職年齢からの乖離程度と初職の雇用形態とのクロス表である．これをみると，初職が非正規雇用である比率は，最短年齢で入職した場合と，1 年遅れた場合ではともに十数％であるのに対し，2 年以上遅れた場合は 25.6％と 10 ポイント以上高くなっている．表には示していないものの，これは男女別にみても同様に認められる結果である．

　次に初職の企業規模・種別と最短入職年齢からの乖離程度の関係を示した図表 3-5 をみると，初職での大企業就業比率は「遅れなし」「1 年遅れ」がそれぞれ四十数％と 50％強であるのに対し，2 年以上遅れた場合は三十数％とやはり 10 ポイント以上低い．しかし興味深いことに，入職が 2 年以上遅れた場

図表 3-5 最短入職年齢からの乖離程度と企業規模・種別

乖離程度	企業規模・種別			合計
	中小企業	大企業	官公庁	
+0 歳	223	249	66	538
	(41.4%)	(46.3%)	(12.3%)	(100.0%)
+1 歳	97	140	29	266
	(36.5%)	(52.6%)	(10.9%)	(100.0%)
+2 歳以上	78	49	20	147
	(53.1%)	(33.3%)	(13.6%)	(100.0%)
合計	398	438	115	951
	(41.9%)	(46.1%)	(12.1%)	(100.0%)

合でも，官公庁への就職比率は 10% 強と，「遅れなし」「1 年遅れ」とほぼ同じ水準にある．民間大企業と官公庁は一般に人気の高い就職先ではあるが，入職の遅れは民間大企業への就職に対してはネガティブな影響をもたらすものの，官公庁への就職に対してはそうではないことを示唆する結果といえるだろう．

しかしこれらを結論付けるためには，多変量解析手法を用いて，もう少し丁寧に諸変数の効果をみていくべきかもしれない．入職の遅れと雇用形態・企業規模の間に相関がみられたとしても，それは第 3 の変数がこれら双方に影響を及ぼしているだけで，両者の間には直接の因果関係が存在しない可能性も存在するためである．例えば，大学生活に無気力になってしまい，単位がとれず留年してしまう一方，就職活動もおろそかになり条件の良い就職機会が得られなくなってしまう，というような可能性がその一例である．さらにいえば，以上でみてきた入職の遅れによる就職比率の違いは，単に「卒業から就職までの間に間断が生じたこと」によって現れているにすぎず，就業機会の相違を生み出している本当の原因は，この卒業から入職までの間断の有無の方であって，入職の遅れそのものではない，という可能性も考えられよう．入職の遅れが初職就業機会にもたらす影響をあきらかにするためには，このような交絡変数の影響を統制してもなお，さらには卒業から就職までに間断の有無を統制してもなお，入職や卒業の遅れが雇用形態や企業規模・種別の違いに結びついているのかを検討しなければならない．このために次節では，ロジットモデルを用いてさらに詳細な分析を行っていく．

5. ロジットモデルによる分析

5.1 初職雇用形態の二項ロジットモデル

まずは初職の雇用形態——正規雇用か非正規雇用か——に関して行った二項ロジットモデルの結果からみていこう．ここでの従属変数は，初職での「正規雇用への就きやすさ」（正規雇用就業の対数オッズ）であり，各変数のパラメータ推定値がプラスであればその変数は大卒者を正規雇用に就きやすくさせ，マイナスであれば正規雇用に就きづらくさせる効果を持つことを示している．

図表3-6のモデル1は，単純に女性ダミー変数と2つの入職年齢乖離ダミー変数のみを含めたものである．この推定結果では「+2歳以上」のダミー変数に負の有意な効果が認められており，性別を統制してもやはり，入職が2年以上遅れることによって大卒者は初職で正規雇用に就きづらくなるものといえる．次のモデル2は，入職年齢乖離ダミー変数の代わりに，卒業年齢乖離ダミ

図表3-6 初職正規雇用就業のロジットモデル

	モデル1 b	モデル2 b	モデル3 b
定数	2.340 ***	2.476 ***	1.890 ***
女性ダミー	-1.027 ***	-0.990 ***	-0.880 ***
入職年齢乖離			
+0歳	（基準）		
+1歳	0.045		
+2歳以上	-0.933 ***		
卒業年齢乖離			
+0歳		（基準）	（基準）
+1歳		0.017	0.119
+2歳以上		-0.848 **	-0.767 *
入職間断あり		-1.036 ***	-0.892 ***
在学時就職活動熱心さ（第2波）			0.674 ***
在学時授業出席頻度（第2波）			-0.187
在学時「優」割合（第2波）			-0.073
N		937	769
Nagelkerke R^2	0.068	0.097	0.154

注：*** $p<0.001$，** $p<0.01$，* $p<0.05$，† $p<0.10$

一変数,ならびに卒業から入職までの間断があることを示すダミー変数を投入したものである.わかりやすく表現すれば,これは「入職の遅れ」を,「卒業の遅れ」と「卒業から入職までの間断」とに分解してそれぞれの効果を検討したモデルであり[12],これによって「卒業から入職までの間断」の効果を統制したより純粋な形で,「卒業自体の遅れ」が初職就業機会に及ぼす効果を調べることができる.

このモデル2の推定結果をみると,新たに投入した入職時の間断ありダミー変数には有意な負の効果が認められ,卒業から入職までに1ヶ月を超える間断があったものは,間断がなかったものに比べて有意に正規雇用に就きづらいことがわかる.ここでさらに注目すべきは,卒業年齢乖離ダミー変数の効果である.入職時の間断の有無を統制した上でも,卒業2歳以上遅れダミー変数には負の有意な影響が認められており,卒業が最短年齢よりも2年以上遅れることそれ自体が正規雇用に就きづらくさせる,といえるのである.

しかし前述したように,これらの効果は,在学時の成績,あるいは授業や就職活動の熱心さなど,卒業までの所要年数と就職活動の成果の両者に影響を与えるような個人的要因によってもたらされた擬似相関である可能性は否定できない.そこでこれらの変数を統制変数としてさらに追加したものが次のモデル3である[13].このモデル3の推定結果をみると,新たに追加した変数のうち,「在学時の就職活動の熱心さ」に正の有意な効果が認められ,就職活動を熱心に行った学生ほど正規雇用に就きやすいことがわかる[14].ただし,この変数の追加によって入職時間断ダミー変数,2歳以上の卒業年齢乖離ダミー変数の効果は少し小さくなるものの,それでもやはり統計的には有意なままである.このことから,卒業年齢が2年以上遅れること(ならびに卒業から入職までに間断のあること)は,就職活動の熱心さなどを統制したとしてもなお,それ自体として正規雇用に就きづらくさせる効果を持つものといえるだろう.

ではこのように入職,ならびに卒業が2年以上遅れることによって正規雇用への就業可能性はどの程度異なってくるのであろうか.このモデルで推定されている効果は正規雇用就業の対数オッズに対してのものであるため,効果の具体的な程度が実感しづらい.そこで図表3-4に示された最短年齢で入職した場合の平均的な正規雇用就業確率84.9%を例にとって具体的な値を算出してみ

ると，モデル1における2年以上の入職の遅れはここから16.1ポイント，モデル2における2年以上の卒業の遅れは14.3ポイント，さらに就職活動の熱心さなどを統制したモデル3における2年以上の卒業の遅れはここから12.6ポイント，それぞれ初職における正規雇用就業確率を低下させる計算になる[15]．もちろんこのような正規雇用就業傾向の低下は統計的にも有意なものであるが，卒業が2年以上遅れた場合でも平均的な学生の場合，正規雇用への就業チャンスが約7割以上は残されていることになるのであり，「2年以上卒業が遅れた場合は正規雇用に就く道はほぼ閉ざされる」というほどの決定的な作用ではないという点には気をつけるべきであろう．

5.2 初職企業規模・種別ロジットモデル

次に多項ロジットモデルを用いて，初職の企業規模・種別に対して入職・卒業の遅れが及ぼす影響を検討してみよう[16]．図表3-7は中小企業への就業を基準として，大企業就業，ならびに官公庁就業の対数オッズに対する効果を推定した結果である．まず大企業への就職についてみると，推定結果は初職正規雇用就業に対する場合と大きく似通っていることがわかる．すなわち，モデル1においては2年以上の入職の遅れによって大企業へ就業しづらくなることが，そしてモデル2においてはこれを卒業後の間断と卒業の遅れに分けたとしても，やはり2年以上の卒業の遅れによって大企業へ就業しづらくなることが示されている．さらにモデル3の推定結果からは――その効果はやや弱まるものの――このような2年以上の卒業の遅れ，ならびに卒業から入職までの間断がもたらすネガティブな効果は，就職活動の熱心さなどの変数を統制してもなお，有意なものであることがわかる．これらの結果からは，入職・卒業の2年以上の遅れはやはり民間大企業への就職を難しくさせるものとまとめられよう．

ちなみに，図表3-5の最短年齢で入職した場合の平均的な大企業就職比率46.3%を例にとり，後に述べる官公庁への就業比率の変化も考慮に入れつつ2年以上の入職・卒業の遅れがもたらす就業確率の変化を同様に算出すると，まずモデル1における2年以上の入職の遅れはここから16.9ポイント，モデル2における2年以上の卒業の遅れは9.5ポイント，さらに就職活動の熱心さなどを統制したモデル3における2年以上の卒業の遅れは6.7ポイントずつ，平均

的な学生の大企業就職確率を低下させる計算になる.

　これに対し，官公庁への就職に及ぼす効果はやや異なっている．まずモデル1では入職の遅れに関する変数に有意な効果が認められず，先のクロス表分析結果と同様，入職が遅れても官公庁への就業しやすさは異ならないことがわかる．しかし，これを卒業の遅れと入職までの間断に分けると，やはり2年以上の卒業の遅れには負の有意な効果が表れる．そしてここで特徴的なのは，卒業から入職までの間断には逆に正の有意な影響が認められる点である．すなわち2年以上の卒業が遅れたものは官公庁への就業傾向が低い一方，卒業から入職まで間断があるものはそれが高いという関係があらわれているのである．

　まず後者の間断の有無の影響に関していえば，これは「卒業後入職まで間断が空いてしまったものは，既卒であっても新卒者と同じ枠で採用してくれる官公庁での就職を選択するようになる」というメカニズムによるものと考えられるが，同時に「官公庁への就業を希望しつつも，残念ながら試験に合格せず，卒業直後の就職を果たせなかった場合，留年して学籍を残すのではなく，『既卒』となることを選びつつ採用試験に再チャレンジする」という選択の結果である可能性もある．さらにこのような可能性を考慮すれば，「2年以上の入職の遅れは有意な影響をもたらさないものの，2年以上の卒業の遅れは有意な負の影響をもたらす」という結果も，筆記試験による選抜が一般的な官公庁への就業は最短入職年齢ではなされないケースがあるものの（入職は遅れる），その場合も大学自体は卒業してしまう（卒業は遅れない）という傾向を反映しているものと考えられる．またモデル3の推定結果には，大学における「優」比率に10%水準で有意な正の効果が認められ，大学での学業成績が優れているほど官公庁へ就職しやすいという結果が示されている[17]．いずれにせよ以上の結果からは，新規大卒者の民間大企業への就業しやすさと官公庁への就業しやすさの規定要因は互いにかなり異なっており，民間大企業と官公庁とでは，労働市場への参入制限やそこにおける評価基準など，それぞれへの就職に対して作用している要因が互いに異なっているという事実が示されたといえよう．

図表3-7 初職規模・種別の多項ロジットモデル

	モデル1 b	モデル2 b	モデル3 b
大企業（vs 中小企業）			
定数	0.410 ***	0.416 ***	−0.679 †
女性ダミー	−0.508 **	−0.437 **	−0.493 **
入職年齢乖離			
+0歳	（基準）		
+1歳	0.098		
+2歳以上	−0.778 ***		
卒業年齢乖離			
+0歳		（基準）	（基準）
+1歳		0.268	0.350 †
+2歳以上		−0.512 *	−0.455 †
入職間断あり		−1.100 ***	−0.946 ***
在学時就職活動熱心さ（第2波）			0.418 ***
在学時授業出席頻度（第2波）			0.039
在学時「優」割合（第2波）			−0.037
官公庁（vs 中小企業）			
定数	−1.266 ***	−1.313 ***	−2.408 ***
女性ダミー	0.241	0.201	−0.072
入職年齢乖離			
+0歳	（基準）		
+1歳	0.022		
+2歳以上	−0.239		
卒業年齢乖離			
+0歳		（基準）	（基準）
+1歳		−0.048	0.083
+2歳以上		−0.695 †	−1.283 †
入職間断あり		0.469 †	0.475 †
在学時就職活動熱心さ（第2波）			−0.084
在学時授業出席頻度（第2波）			0.164
在学時「優」割合（第2波）			0.206 †
N	872		711
Nagelkerke R^2	0.038	0.080	0.124

注：*** $p<0.001$，** $p<0.01$，* $p<0.05$，† $p<0.10$

6. 考察——なぜ入職・卒業の遅れは不利となるのか？

6.1 要因の仮説的検討

　以上の分析を通じて，入職・卒業の遅れは正規雇用や大企業への就職に対して不利な効果をもたらすことが確認された．では日本ではなぜ，このように卒業や入職の年齢的な遅れそれ自体が，就職の不利をもたらしてしまうのであろうか．この問題に関してはやはり，（新卒採用制度をその構成要素とする）日本型雇用慣行，特に強固な内部労働市場と企業内教育訓練システムが大きな影響をもたらしているものと考えられる．ここではこれらの要因がいかにして入職・卒業の遅れを就職機会の不利へと結びつけてしまうのか，いくつかの可能性を仮説的に検討してみよう．

　第1の可能性は，日本の企業における企業特殊技能への訓練投資の影響である．ベッカー（G. S. Becker）は職場における技能訓練を，他の企業でも通用する技能を養う「一般訓練」と，その企業のみにおいて役立つ技能を養う「特殊訓練」に分けた上で，完全な特殊訓練の場合，その費用は企業が負担する代わりに，それによって涵養される能力によってもたらされる生産性の上昇分[18]を，企業側が事前の投資に対する収益として受け取るものと考える（Becker 1975=1976）．定年までの長期雇用が一般的な日本の企業では特に，このような企業の費用負担による企業内での教育訓練が重要であるといえようが，以上のような特殊訓練の経済合理性に関する説明に依拠すれば，日本の企業では一定の退職年齢が定められている以上，他の条件がまったく同じであれば，同じ新規大卒者の中でも少しでも若いものを採用し，企業特殊技能への訓練投資の収益期間を長くすることが合理的な判断となる[19]．こうして，最短入職年齢からの大きな遅れが，就職の不利をもたらす可能性が生じることになる．

　第2に，昇進競争の単位となる「同期集団」内部の均質性を確保するため，という可能性である．定年までの長期安定雇用慣行を持ち，解雇リスクが比較的小さい日本の企業においては，同期集団内部での昇進競争が社員のモティベーションを維持するための仕組みとして利用されてきた（今田・平田 1995；上原 2003；小池 2004）．このような同期集団内部での競争がインセンティブとし

て有効に作用するためには，誰もが「昇進競争に負けたくない」と思えるような競争構造が作り上げられねばならないだろう．一般に年齢を基準とした「序列意識」が比較的強い日本社会では，なるべく同期集団内部での年齢分布を均等にすることがこのための必要条件となる．同期集団内部の昇進競争は当初のうちは昇進時期のわずかな差を生じさせるのみであるが，それでも「新規学卒同時期採用の場合は，入社年と年齢の条件を同等にするから，わずかな昇進差をも可視化させ，過敏な反応をもたらす」(竹内 1995: 164) 結果を生むのである．このような配慮は，最短入職年齢から大きく乖離した新入社員の採用を躊躇させる要因としてはたらくだろう．

　第3に，以上の理由等によって「大学は最短修了年限で卒業し，すぐに就職するのが当然」という認識がある程度広まってしまうと，今度は逆に卒業・入職の遅れに対して「最短修了年限で卒業・就職できなかった」というネガティブな意味付与がなされ，それが学生のふるい分け（スクリーニング）の材料として利用されてしまう，という可能性が生じることになる[20]．この可能性に関してもう少し詳しく検討してみよう．

6.2　留年経験がふるい分け材料となるための条件

　例えば，ある全国紙の学生向け就職相談コーナーにおいて，希望する企業の採用試験に受からず，留年して再挑戦することを考える学生の相談に対して，企業の人事部長等を歴任した回答者は以下のように答える．

> ハッキリ言って留年はお勧めできません．留年して志望の大企業に再トライする方法もありますが，就活は今回以上に厳しいものとなるでしょう．採用担当者の中には「留年してまでこの業界や当社を志望することに本気を感じる」と考える人もいると思います．しかし，大多数は「留年したのは1つも内定が取れなかったからだろう」「本人に何か問題点があるのでは」と考えがちです．（後略）[21]

　この回答では，留年し，就職を遅らせた学生に対して，「何らかの問題点があるため1つも内定が取れなかったからではないか」という想定がなされてし

まう可能性が指摘されているのである．ただし，たとえそうであるとしても，「留年したか否か」を根拠としたこのような推論は，論理的には次のような前提条件が存在してはじめて成り立つものであることに注意したい．

　第1に，企業が採用時に重視する能力・資質は，1年程度では大きく変化しない，という前提である．仮に留年したという事実それ自体が「何か問題があるのでは？」という印象を抱かせるとしても，（例えば大学受験における「浪人」のように）1年間の留年期間中にその問題が十分に改善され得るのであれば，前年度の採用結果を翌年度の採用プロセスにおいて利用しようとは決して考えないであろう．逆にそのような情報利用を行うのは，「何か問題点がある」という場合のその「問題」とは1年間では容易に改善されづらいものと考えられているためである．

　第2に，企業が採用時に重視する能力・資質は，指標化・可視化が容易ではなくその測定に一定のコストが要される，という前提である．すなわちスクリーニング理論では，直接の観察が難しい訓練可能性などの潜在的能力を測る代わりに，それと一定の相関を持ち，情報の入手コストがきわめて小さい個人の学歴を代理指標としてスクリーニング（ふるい分け）を行うものと考えられるが（Arrow 1973; Thurow 1975 = 1984 など），これと同様に「問題点がある」と考えられる資質や能力は，雇い主の側がコストをかけずに直接測定可能なものではないために，「前年度の採用結果」という情報が代理指標として用いられてしまうものと考えられる．仮にそれらが直接測定可能であれば，たとえ留年者が応募してきたとしても，留年経験という情報に基づいて採用可否を判断するのではなく，「本当に問題点があるのかないのか」を直接測定すれば良いはずである．しかしそのようにはなされないとすれば，その「問題」となる能力・資質の可視化・指標化が難しく，測定に一定のコストが要されるためにほかならない．

　第3に，「留年したのは一つも内定が取れなかったからだろう」という推測が根拠を持つ程度には，実際に，採用時に重視される能力・資質が高いものは最短修了時点で就職を果たしており，それが果たせなかったものは相対的にその資質・能力が高くない，という「採用時に重視される能力・資質」と「留年（就職浪人）したか否か」とのある程度の相関関係が存在している（ものと考え

られている）という前提である．逆にいえば，「採用時に重視される能力・資質が高い学生がたまたま運悪く第1志望の企業の内定を得られなかったものの，初志貫徹し留年して再度その企業を目指す」という選択が一般的な場合は，留年（就職浪人）者の中にも能力・資質の高い就職希望者が大勢存在することになり，留年者を「何か問題点があるのでは？」と考えるのは非合理な判断となる．

就職志望者の留年経験を「何か問題点があるのでは」と捉えてしまう傾向が存在するとすれば，それは採用担当者が，以上3つの条件を前提としていることを暗に示している．これらのうち，第1の「採用時に重視される能力・資質は，1年間留年したくらいでは大きく変化しない」という点と，第2の「指標化・可視化が容易ではなく，測定に大きなコストが要される能力・資質が採用時に重視される」という点は，本章で指摘したように「日本型」新規大卒一括採用制度の特徴といえよう．これら2つの条件がまず，「留年して，再度就職活動に臨む」ことのメリットを，韓国と比べればはるかに小さくさせてきたものと考えられる．

そして第3の条件は，これらの効果をさらに増幅させ，「留年すると不利になる」という状況にまで至らせている要因といえるだろう．このような「留年は有利にならない」ことを当の大学生が認識し，実際にこの認識に従って就職浪人のための留年を避けるようになると[22]，その意図せざる結果として，留年しているか否かという情報による「採用時に重視される能力・資質」のスクリーニング（ふるい分け）力が高まってしまい，さらに企業の人事担当者が実際にこの情報を採用時に重視される能力・資質の代指標として用いることによって，本当に「留年すると翌年の就職が不利になる」という状況が生じてしまうのである．このようなメカニズムは，マートンが「予言の自己成就」として論じた「ひとびとの想定が現実となってしまう」メカニズムそのものといえるだろう（Merton 1949 = 1961）．

ただし本章であきらかにしたように，入職・卒業の2年以上の遅れは，正規雇用・民間大企業への就職を不利にするという効果を確かに持つものの，その影響は正規雇用・民間大企業への就職の道を完全に断ってしまう，というほどのものではない．むしろその不利の程度がどれほどかを理解するとともに，入

職・卒業の遅れが不利になるメカニズムを十分に把握し，それを挽回するような就職活動を行うならば，たとえ最短入職年齢から遅れてしまったとしてもその不利益を少しでも小さくしていくことは十分に可能であるだろう．

7. おわりに

最後に，本稿の考察結果に基づきつつ，「日本型」新卒一括採用制度のメリットとデメリットを「韓国型」新卒一括採用制度との比較において整理しておきたい．これまでも指摘されてきたように，個人レベルでみた場合，日本型の新卒一括採用制度には大きなデメリットが存在する．すなわち，新規大卒者の就職プロセスにおいて通常「チャンスは一度」（玄田 1997）のみなのであり，卒業予定時点における就職機会を逃した場合，既卒者，あるいは卒業が大きく遅れたものに対する参入制限のために，その後の就職が難しくなってしまうのである．また，このような卒業予定時点における就職機会を逃したことによる不利益は，その後のライフコースにおいても引き続いてしまう可能性がある．

しかしその一方で，入職・年齢の遅れが許容されづらい日本型新卒一括採用制度にはメリットも存在する点には留意したい．まずこの制度の下では，新規学卒者にできるかぎり早く就職しようとさせる圧力が生じるため，マクロな視点からみれば，学校から職業への移行期におけるマンパワーの浪費が比較的小さく抑えられる．例えば韓国型の新卒一括採用制度の下では，留年や卒業後の就職浪人を通じた就職準備が容認されやすく，実際にこのような選択がしばしばなされるため，20代半ばの貴重な数年間が単に就職準備のためだけに費やされてしまうことも多いのである．もちろんこのような就職準備が職務遂行能力の向上に直接結びつくのであれば大きな問題はないかもしれないが，実際にはそうではなく，単に机上で就職準備を行うよりも，実際に仕事を担っていく方が，職務遂行能力の涵養には有効な場合が多いであろう．このように，マクロなマンパワー活用の視点からみると，20代前半でほとんどの大卒者が，最短卒業年齢から大きくはずれることなく入職するという日本型新卒一括採用制度の方が，韓国よりも人的資源の浪費は小さいといえる．

日本型新卒一括採用制度のもう1つのメリットは，新卒採用市場への年齢に

よる参入制限が厳しいおかげで，そこにおける競争が「まだ」緩和されているという点である．たとえば韓国においては，留年や卒業後の就職浪人を経ても新卒採用市場に参入しうるため，この市場への参入者がそれだけ多くなり，人気の高い就職機会をめぐる競争はそれだけ過熱していくことになる．そしてそれが，さらなる留年や就職浪人を生み出す，という悪循環が生じてしまっているのである．これに対して日本では「チャンスは一度」である代わりに，その分だけ競争相手が絞られているのであり，日本の新卒採用市場は，そこへ参入可能なものにとっては，それでもまだ恵まれた市場であるといえるかもしれない．

　もちろんこれらマクロレベルでのメリットは，この制度の存在を完全に正当化するものではなく，前述したミクロレベルでのデメリットは少しでも解消される必要があるだろう．しかし韓国型新卒一括採用制度との比較の観点に立てば，日本型新卒一括採用制度の持つデメリットを解消していくための試みは，このシステムの持つメリットにも十分な配慮を払いつつなされるべきであると考えられる．

注
1) もちろん，このように求職者が「新規学卒者」とそれ以外とに分類され，一方のみに恵まれた労働市場への参入が許されているという状況自体，ある種の「文化的埋め込み」(DiMaggio 1990) として理解すべきものかもしれない．
2) さらに本章の考察対象とする卒業・入職時の「年齢」にそれなりのバリエーションが存在する点も，大卒者を分析対象とする理由の1つである．
3) このような関心は，吉本 (2001), 寺田 (2004), 小杉・堀 (2006), 本田 (2010) などとも共通するものである．
4) 本章はもともと2012年11月に脱稿したものである．このため本章で挙げている当時の新卒採用制度には，その後変化も生じている点には留意されたい．
5) 韓国ではほとんどの企業が，男子新規大卒者の採用時に，「兵役を済ませていること，または免除されていること」という条件を付しているため，就職活動をはじめるまでに兵役を終えている必要がある．
6) このように「スペック」が過度に重視されるという状況の改善のため，近年の韓国では新卒者の採用制度の改編も試みられつつある．
7) 実際には兵役の義務が課せられていない女性の新入社員も含まれているため，このような「入職の遅れ」はさらに大きなものと考えられる．また韓国の大学は休学時には授業料などの費用が生じないため，この点も休学を容易にさせる

要因となっている．さらに近年の韓国では「学費稼ぎのための休学」も多く生じている．
8) 後者は，本田が日本の大卒就職の特徴として挙げた「大学での教育成果を尊重しない不明確な評価基準による多段階の選抜がなされ」る（本田 2010: 29）という点とも共通性を持つ．
9) 紙幅の都合上，本章の実証分析の対象は日本の事例のみに絞る．韓国の事例の分析とその結果の日韓比較は機会を改めて行う予定である．
10) 最短入職／大学卒業年の算出のためには，大学での専攻が医師・歯科医師・獣医師養成課程（6年制）であるか否かの情報が必要となるが，なるべく多くのケースを分析に用いるためこの判別には第1波における初職情報を利用し，初職がこれらの職業である場合は24歳，そうでない場合は22歳を最短入職／大学卒業年としている．なお薬剤師養成課程の6年制化以降の卒業生は，本調査データには含まれない．
11) 初職自営業者はきわめて数が少なく，ここでは正規雇用に含めている．
12) ただし，卒業から入職までの間断は，間断の有無のみに着目しており，その長さは考慮していない．
13) これらの変数が含まれる第2波に回答していない対象者は分析から抜け落ちてしまうため，対象サンプル数がモデル1と2よりもやや少ない．
14) 逆に授業への出席頻度や「優」割合は，正規雇用への就きやすさに有意な影響を及ぼさない．この点はやはり日本の大卒者の入職プロセスに関する重要な特徴といえるだろう．
15) これらの変動幅は，基準となる正規雇用就業比率（この場合は84.9％）が異なると変化する．なお図表3-4よりもこれらの低下幅が大きいのは，図表3-4では性別を統制していないためである．以上は，次項における民間大企業への就業確率の変化についても同様にあてはまる．
16) 今回は，企業規模・種別の選択に対してIIA仮定を置いて多項ロジットモデルを用いているが，今後はIIA仮定を緩め，入れ子型ロジットモデルを用いることも検討する必要があるだろう．
17) このような結果から考えれば，大学における「優」比率というやや粗めの変数では，卒業の遅れに負の，そして官公庁への就業しやすさに正の影響を与える第3の変数（例えば筆記試験に対処する能力など）を十分にコントロールできなかったため，2年以上の卒業の遅れが官公庁への就職しやすさに対してみかけ上の負の効果を持ってしまっている可能性も存在する．
18) その能力が企業特殊なものであるため，それによる生産性の向上は，賃金の上昇に直接には結びつかない．
19) またこのように企業が入職後の企業内訓練による職務遂行能力の向上に重きを置いている場合，卒業や入職を延期してまで学生が独自に行う技能向上のための努力は，その分評価されづらくなる可能性がある．

20) もちろんここで想定されているのは，就職のために留年を行う場合であり，大学入学時の浪人による卒業の遅れや，留学のための留年などは含まれない．
21)「朝日新聞」2012 年 6 月 11 日夕刊 be，5 面．
22) このような留年の回避は，求職者の側からの一種の「シグナリング行動」（Spence 1973）と捉えられるかもしれない．

文献

有田伸（2006）『韓国の教育と社会階層──「学歴社会」への実証的アプローチ』東京大学出版会．

有田伸（2016）『就業機会と報酬格差の社会学──非正規雇用・社会階層の日韓比較』東京大学出版会．

Arrow, Kenneth J.（1973）"Higher Education as a Filter," *Journal of Public Economics* 2(3): 193-216.

Becker, Gary S.（1975）*Human Capital: A Theoretical and Empirical Analysis, with Special Reference to Education, 2nd edition.* New York: Columbia University Press.=（1976）佐野陽子訳『人的資本──教育を中心とした理論的・経験的分析』東洋経済新報社．

DiMaggio, Paul（1990）"Cultural Aspects of Economic Action and Organization," Roger Friedland and Alexander F. Robertson eds., *Beyond the Marketplace: Rethinking Economy and Society.* New York: Walter de Gruyter: 113-36.

玄田有史（1997）「チャンスは一度──世代と賃金格差」『日本労働研究雑誌』449: 2-12.

Granovetter, Mark（1974）*Getting a Job: A Study of Contacts and Careers*, Cambridge: Harvard University Press. =（1998）渡辺深訳『転職──ネットワークとキャリアの研究』ミネルヴァ書房．

韓国経営者総協会（2011）『2011 년「신입사원 채용 동향 및 특징조사」결과（2011 年「新入社員採用動向および特徴調査」結果）』ソウル：韓国経営者総協会．

平沢和司（2005）「大学から職業への移行に関する社会学的研究の今日的課題」『日本労働研究雑誌』542: 29-37.

本田由紀（2010）「日本の大卒就職の特殊性を問い直す── QOL 問題に着目して」苅谷剛彦・本田由紀編『大卒就職の社会学──データから見る変化』東京大学出版会: 27-59.

今田幸子・平田周一（1995）『ホワイトカラーの昇進構造』日本労働研究機構．

伊藤彰浩（2004）「大卒者の就職・採用メカニズム──日本的移行過程の形成と変容」寺田盛紀編『キャリア形成・就職メカニズムの国際比較──日独米中の学校から職業への移行過程』晃洋書房: 58-82.

岩永雅也（1983）「若年労働市場の組織化と学校」『教育社会学研究』38：134-45.
岩内亮一・苅谷剛彦・平沢和司編（1998）『大学から職業へⅡ』広島大学大学教育研究センター．
香川めい（2007）「学校から職業への移行に関する二つの経路——『間断』のない移行と『学校経由』の就職」『東京大学大学院教育学研究科紀要』46：155-164.
苅谷剛彦（1991）『学校・職業・選抜の社会学——高卒就職の日本的メカニズム』東京大学出版会．
Kariya, Takehiko and James E. Rosenbaum（1995）"Institutional Linkages between Education and Works as Quasi-Internal Labor Markets," *Research in Social Stratification and Mobility* 14：99-134.
苅谷剛彦・菅山真次・石田浩編著（2000）『学校・職安と労働市場——戦後新規学卒市場の制度化過程』東京大学出版会．
小池和男（2004）『仕事の経済学（第3版）』東洋経済新報社．
小杉礼子・堀有喜衣編（2006）『キャリア教育と就業支援——フリーター・ニート対策の国際比較』勁草書房．
李ジョング・金ホウォン（이종구・김호원）（2008）「韓国就業文化の史的展開過程と時代別特性比較分析に関する探索的研究（한국취업문화의 사적전개과정과 시대별 특성비교분석에 관한 탐색적 연구）」『企業経営研究』15(3)：68-71.
李ジョング・金ホンユ（이종구・김홍유）（2009）「サムスン公開採用の史的展開過程と韓国就業文化寄与度分析に関する探索的研究——就業文化（公開採用文化・進路文化・職業文化）を中心に（삼성 공채의 사적 전개과정과 한국 취업문화 기여도 분석에 관한 탐색적 연구——취업문화（공채문화．진로문화．직업문화）를 중심으로)」『企業経営研究』16(3)：77-104.
Merton, Robert K.（1949）*Social Theory and Social Structure: Toward the Codification of Theory and Research.* Glencoe: Free Press. ＝（1961）森東吾・森好夫・金沢実・中島竜太郎訳『社会理論と社会構造』みすず書房．
大島真夫（2012）『大学就職部にできること』勁草書房．
Spence, A. Michael（1973）"Job Market Signaling," *Quarterly Journal of Economics* 87（3）：355-374.
竹内洋（1995）『日本のメリトクラシー——構造と心性』東京大学出版会．
寺田盛紀編（2004）『キャリア形成・就職メカニズムの国際比較——日独米中の学校から職業への移行過程』晃洋書房．
Thurow, Lester C.（1975）*Generating Inequality: Mechanisms of Distribution in the U.S. Economy.* New York: Basic Books. ＝（1984）小池和男・脇坂明訳『不平等を生み出すもの』同文館出版．
上原克仁（2003）「大手銀行におけるホワイトカラーの昇進構造——キャリアツ

リーによる長期昇進構造の実証分析」『日本労働研究雑誌』519: 58-72.
ウィンエデュプラス・金融経営研究所（윈에듀플러스・금융경영연구소）（2012）『1巻で通じる大企業就業指針書（2012）（한권으로 통하는 대기업 취업지침서（2012））』ソウル：ウィンエデュプラス.
矢野眞和（2011）『習慣病になったニッポンの大学』日本図書センター.
吉本圭一（2001）「大学教育と職業への移行――日欧比較調査結果より」『高等教育研究』4: 113-134.

第 II 部

初期キャリアの格差

第 4 章

正規／非正規雇用の移動障壁と非正規雇用からの脱出可能性

中澤　渉

1. 正規／非正規雇用の格差をめぐる議論の背景

　長期にわたる日本経済の不振と厳しい雇用情勢を反映し，労働市場における格差，特に正規雇用と非正規雇用の格差をめぐる議論は珍しいものではなくなっている．ただし，「正規雇用」と「非正規雇用」の違いは何なのか，漠然としたイメージは共有されているかもしれないが，明確な定義は存在しない．そこでは標準形としての「正規雇用」というイメージが存在し，それに該当しないものが「非正規雇用」として定義づけられることになる[1]が，実際問題として「非正規雇用」の中身や，「非正規雇用」を選択する理由や動機付けは多様である．非正規雇用では，職場での役割期待が限定されている代わりに個人のライフスタイルを優先させることができるため，それを望んで選択する人も存在する．つまり漫然と「正規雇用」と「非正規雇用」の間にある待遇の違いや格差を問題視しても，それは「正規雇用」に対する「非正規雇用」の雇用形態の柔軟性の見返りとして与えられているのだから，格差があることの何が問題なのか，という考えを抱く人もあるだろう．したがって単に両者に横たわる待遇の格差だけに着目するのでは，社会的な問題になり得ない．問題は，職場での待遇が「正規雇用」に対して劣っている「非正規雇用」を，選択肢がないためやむを得ず（自らの意志に反して）選択している人が一定程度存在していること，さらにそうした「非正規雇用」を選択せざるを得ない人々が，社会の中

の特定の層やグループに偏っているのではという疑念があること，さらに一旦「非正規雇用」になった人が「正規雇用」の仕事に就ける機会が，十分保障されていないのではないか，という点に存在する．

　ただし，「非正規雇用」を選択することが，自らの意志か否か，というのは相対的な問題であり，その判定は容易ではない．「非正規雇用」の中で多くみられる例として，既婚女性のパートタイム労働者が挙げられる．女性がパートタイム労働者の多くを占めるのは，男性（夫）の収入の補助的機能を担うのが女性であるという性別役割分業を前提にした家族制度のためである．彼女らが「非正規雇用」を選択するのは，純粋な選好結果というよりも，社会全体が性別役割分業を前提に構成されていて，その社会制度や慣習を受け入れないと世間から冷たい視線を浴びる，あるいは性別役割分業を受け入れた方が（それに抗うより）無難である，といった状況があるためでもある．それ以外に，生活面で窮地に追い込まれた人のことを想像してみよう．彼らはまず収入を得ることが先決で，職業の中身を検討する余地は少なくなる．そのような状況下では，他に選択肢がほとんどなければ，「非正規雇用」を進んで選択することになるだろう．つまり「非正規雇用になるのは自分で選択した結果だから，結果責任は自分で負うべきで，それは社会問題ではない」という見解は，これらのケースを十分考慮すれば，あまりにもナイーブだといわざるを得ない．近年問題となってきたのはいわゆるフリーターの増加と高齢化だが，フリーターの多くは社会保障制度から排除されており，将来にわたって不安定な生活が続く可能性が高くなる．特に1990年代後半以降，選択の余地がなく，やむを得ずフリーターとなった若者は多数存在する（小杉 2003）．さらに彼らは，その生活基盤の不安定さゆえに結婚市場からも排除されており，こうした未婚の非正規雇用層の増加は少子化の一因となっているとされる．既存の年金制度は賦課方式を前提としているが，フリーターの増加はその制度の存立を危うくする上に，彼らは結局生活保護など別の形で社会的に支えなければならなくなり，社会的コストが増すことになる．少子化が進めば，1人当たり負担額も大きくなる．こうして将来設計の見通しは暗くなり，社会不安が増大するという悪循環に陥る．以上の点で，非正規雇用に関する問題は，社会的な問題となり得る．

　非正規雇用の問題は，日本に限られているわけではない．経済活動のグロー

バル化の進んだ現在，どの国であっても，企業は厳しいコスト削減による競争から逃れることはできない．それゆえ企業は，低賃金でフリンジ・ベネフィットへの負担が少ない，もしくは負担を免れる非正規雇用による雇用調整を行おうというインセンティブを持つようになる．したがって非正規雇用の増加は，他の欧米先進諸国でも広く観察される事象である（Kalleberg 2000; Blossfeld *et al.* 2005; Barbieri 2009 など）．ただし労働市場慣行や労働法制は国により異なっているから，当然その特徴を踏まえた議論が必要になる．

　本章では，2007年から行われてきたパネル調査を利用し，以下の点について検討する．労働者全体に占める「非正規雇用」の割合は，一貫して増加していることが知られている（太郎丸 2009）．しかしこの「非正規雇用」の割合とは，一体何を意味しているのだろうか．例えば，「非正規雇用」の割合が30％だとするとき，もちろんそれは調査時点での全回答者のうち，「非正規雇用」の割合が30％という分布を示すのだが，それは誰もが「非正規雇用」となる確率が30％ということなのか，「非正規雇用」となりそうな人が30％程度のところで著しく偏って固定的に存在しており，この中に入るとなかなか抜け出せない，ということを含意しているのかは，学問的な知見としても，実践的・政策的な意味でも区別する必要がある．近年の非正規雇用をめぐる議論は，後者のように「非正規雇用」となるリスクが一部に偏っていて，しかも一旦「非正規雇用」に陥ると抜け出せない，ということを意味していると思われるが，一時点の横断調査だけではその2つの解釈をきちんと区別できない．

　そしてもし，「非正規雇用」に陥った場合，「正規雇用」になるチャンスが限定されているとすれば，その間には移動の障壁が存在することになる．ただし，最近では単に両者の間に存在する障壁を指摘するだけではなく，仮に「非正規雇用」に陥った場合であっても，どんな人がそこから抜け出せる可能性があるか，といった研究も行われるようになっている（玄田 2010）．裏を返せば，どんな人が「非正規雇用」の身分からより一層抜け出せなくなっているか，ということを発見することで，政策的，実践的に焦点を当てるべき人々を，より確実に，かつクリアに明示することが可能になると考えられる．以上が本章における分析の課題である．

2. 若年労働市場の動きと分析課題

2.1 「非正規雇用」の多様性と社会的位置付け

　政府で行う雇用統計の調査における雇用形態のカテゴリー（正規の職員・従業員，パート，アルバイト，派遣社員，契約社員，嘱託）は，派遣社員について注がついている以外は，基本的に曖昧なままである．つまり法制度上の厳密な定義に基づく分類ではなく，本人がそう思っている（周囲からそう呼ばれている）雇用形態を回答している，というのが実態である．学術的な社会調査でも，事情は変わらない．このことが，「非正規雇用」に関する議論を混乱させている原因の1つであると考えられる．とはいえ，多くの回答者（被調査者）は自らの雇用形態について，迷うことなく，正規の職員であるとか，アルバイトであるとか，派遣社員である，というように選択を行っているので，何らかのイメージが社会的に共有されているのも事実であるから，それが法的に正しいかは別として，一定の社会的な意味を持つものと解釈できる．そうした曖昧なカテゴリーに基づく調査の限界を受け入れつつ，仁田道夫は「非正規雇用」の内部に二重構造が存在し，特に労働時間や学歴水準，また生活の基盤が仕事にあるという点で「正規雇用」に近い「フルタイム型非正規雇用」が増加していることが近年の顕著な特徴であると指摘している（仁田 2011）．つまりやっている仕事は「正規雇用」と大差ないながらも，さまざまな処遇の格差があることが不平等感や不満を生み出す大きな原因となっている[2]．

　また「非正規雇用」自体にも，「自分で選択したのか否か」という問題以外に，評価を困難にする原因が存在する．ドイツの労働市場を分析したギーゼッケ（Giesecke, J.）とグロース（Groß, M.）によれば，確かに有期雇用や一時雇用といった非正規雇用の地位に陥るとそこから抜け出しにくくなるが，少なくとも就業していることで次の仕事がみつかりやすくなり，失業という最悪の事態を免れるという側面もあるという（Giesecke and Groß 2003）．またヨーロッパ4ヶ国を比較検討したガッシュ（Gash, V.）によれば，非正規雇用は失業へと向かう罠（trap）というより，正規雇用への移行の橋渡し（bridge）になる可能性の方がずっと高いという（Gash 2008）．実際，職種や働き方によっては，

「非正規雇用」はまったくの末端労働ではなく,そこでの経験や能力開発が正規雇用への登用のチャンスを広げる可能性を持つかもしれない(小杉 2010).以上より,「非正規雇用」を一括りにして単純な議論を展開しないことと,一時点の分布だけではなく前後の地位の変動も考慮する必要があることがわかる.

2.2 使用データと変数の処理について

本章では,「働き方とライフスタイルの変化に関する全国調査」の過去5年分(2007年1〜3月に第1回調査を実施し,その後毎年2011年までに実施したもの)の追跡データを用いる.ここでの関心の対象は,この5年間の労働市場における個人内移動そのものである.したがってサンプルの多くがすでに就学期間を終えている1966年から1982年までに生まれた人,つまり2007年の第1波時点で25歳以上40歳以下を分析対象とする.

本章では「働き方」という質問における,「経営者・役員」「正社員・正職員」「パート・アルバイト・契約・臨時・嘱託」「派遣社員」「請負社員」「自営業主・自由業者」「家族従業者」「内職」「学生」「無職」という選択肢への回答に基づいて「従業上の地位」を分類する.この質問については,実際には回答者の多くが,男性の場合は「正社員・正職員」,女性の場合には「正社員・正職員」「パート・アルバイト・契約・臨時・嘱託」「無職」で回答しており,それ以外のカテゴリーに印をつけた人は少ない.もちろん細かい分類に基づいて分析するのが理想であるが,計量分析では1つの分類の中にある程度のケース数が存在しないと,推定の誤差が大きくなり,意味のある分析ができない.そこでここでは,「経営者・役員」と「正社員・正職員」をあわせて「正規雇用」,「パート・アルバイト・契約・臨時・嘱託」を「パート・アルバイト」,「派遣社員」「請負社員」を「派遣・請負社員」,「自営業主・自由業者」「家族従業者」「内職」を「自営・家族従業」,「学生」「無職」を「無職」と定義しなおして話を進める.

2.3 各類型の特徴について

上述の5類型について,第1波(2007年)の調査をもとに振り返っておきたい.特に非正規雇用である「パート・アルバイト」と「派遣・請負社員」の違

いには注意を払っておく必要がある[3]．

　図表4-1は，従業上の地位による，週当たり所定労働時間の分布を回答に基づき棒グラフに示したものである．このグラフの回答者のサンプルは，男性が1,658人，女性が1,314人で，全就業者から「自営・家族従業」は除外されている．男性は88％が「正規雇用」，8％が「パート・アルバイト」，4％が「派遣・請負社員」となっており，女性についての分布は同様に53％，40％，7％となっている（少数第一位を四捨五入・以下同じ）．細かな違いはあるが，男女とも「派遣・請負社員」の所定労働時間が比較的正規に近く，短い労働時間に回答している人が少ないことがわかる．「正規雇用」においては，分布に男女差はほとんどないが，「パート・アルバイト」では，女性において短時間労働の傾向が顕著である．それは，主婦のパート労働がかなりを占めているためだろう．男性の方は，所定労働時間を知らない，もしくは定まっていないと回答した「派遣・請負社員」がかなり多いが，女性ではそういった傾向は観察されない．

　図表4-1の分布差は，職種と従業上の地位との間にも関連があることを予想させる．それを示したのが図表4-2である．今度は「自営・家族従業」を含めているので，このグラフに含まれるサンプルの数は，男性が1,794人，女

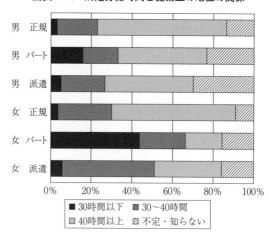

図表4-1　所定労働時間と従業上の地位の関係

注：調査データ第1波より筆者が算出して作成

第4章　正規／非正規雇用の移動障壁と非正規雇用からの脱出可能性

図表4-2　職種と従業上の地位の関係

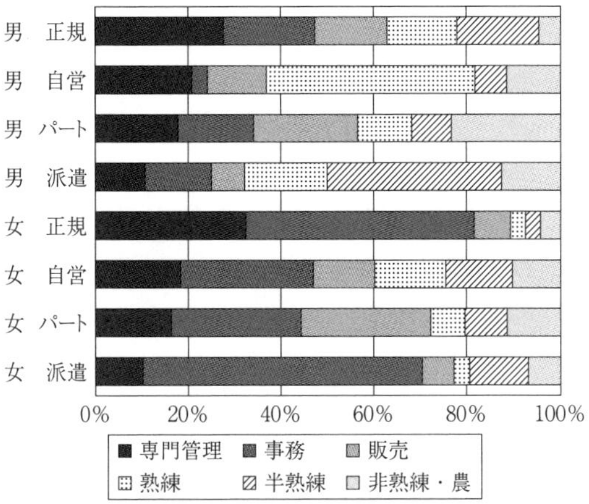

[図表：男女別・従業上の地位別（正規、自営、パート、派遣）の職種構成比（専門管理、事務、販売、熟練、半熟練、非熟練・農）を示す積み上げ棒グラフ]

注：調査データ第1波より筆者が算出して作成

性が1,386人である．「正規雇用」「自営・家族従業」「パート・アルバイト」「派遣・請負社員」の分布は，男性では順に81%，8%，7%，3%で，女性では50%，7%，37%，6%となっている（四捨五入した関係で，男性では合計が100%にならない）．これをみると，従業上の地位により，また男女によって，職種の分布が大きく異なっていることがわかる．男女で共通するのは，専門・管理職の割合が，「正規雇用」「自営・家族従業」「パート・アルバイト」「派遣・請負社員」の順に減っていることだが，これは常識的に理解できるだろう．男性については，「自営・家族従業」で熟練工が顕著に多く，45%を占めている．また非正規雇用内では，「パート・アルバイト」において比較的販売職や非熟練・農業職が多くなっている（それぞれ23%，22%）のに対し，「派遣・請負社員」では38%が半熟練工と大きく偏っている．つまり相対的にみれば，「パート・アルバイト」は，あまり職業訓練の必要のないような単純労働に就いている可能性が高く，「派遣・請負社員」は一定の資格や技術が必要な工場労働者が多くを占めているのだろう．女性については，さらに分布が特徴的である．男性と比較すると，女性では「正規雇用」と「派遣・請負社員」での職種の分布差が小さく，ともに事務職が圧倒的に多い．「正規雇用」の49%とほぼ半分が事務職なのに対し，「派遣・請負社員」では60%が事務職である．「パート・

149

アルバイト」における事務職の割合も小さくはないが，28%で，販売職と同率である．全体として，女性ではブルーカラー労働者が男性より少ないことがわかる．

図表では省略するが，このような職種の分布差は，学歴の違いも反映している．男性の場合，「正規雇用」とそれ以外とでの違いが大きく，「正規雇用」では47%と半分近くが4年制大学以上である．それ以外のカテゴリーでは4年制大学以上の割合はいずれも4割未満で，特に「自営・家族従業」は21%と少ない．ただし「自営・家族従業」は，他のカテゴリーでは2割程度にとどまっている短大・高専・専修学校が3割を上回っているため，高卒以下の学歴については「無職」も含めていずれも40%強で大差ない．女性については，「正規雇用」が最も高学歴の傾向にあるのは男性と一緒で，4年制大学以上は33%となっている．女性は男性に比較して，地位による学歴のばらつきがみられるが，特に注意しておきたいのは，「パート・アルバイト」と「派遣・請負社員」の違いである．これは「派遣・請負社員」に事務職が多いという職種を反映していると思われるが，全体的に「パート・アルバイト」より「派遣・請負社員」のほうが高学歴である．高卒者については，前者は40%だが，後者は31%である．4年制大学以上についてはわずかな差だが，前者は19%，後者は22%となっている．このような働き方の違いは，婚姻状態の分布の違いをも反映している．例えば，女性の無職は9割以上が既婚，すなわち専業主婦であるのに対し，男性は9割近くがシングルである．「正規雇用」に着目すると，男性は4：6で既婚者が多いが，女性は逆で6：4という割合である．特徴的なのは非正規雇用における婚姻状態の男女差であり，男性は「パート・アルバイト」も「派遣・請負社員」ともシングルが多く，7割を超える．しかし女性では「パート・アルバイト」におけるシングルは3割強にすぎないのに対し，「派遣・請負社員」はシングルが7割弱を占める．これは「派遣・請負社員」の働き方が比較的フルタイムに近く，事務職員が多数を占めているといった特徴を反映しているといえるだろう．

2.4 本章での分析の課題

以上を踏まえ，本章においては以下の3つの問いについて検討を進めたい．

第4章　正規／非正規雇用の移動障壁と非正規雇用からの脱出可能性

　第1に，個人内の職の変動パターンを探ることである．すでに述べたように，労働市場の流動化はよく指摘されているが，流動化とは労働者すべてが常に失業や転職のリスクに晒されるようになっていることを指すのか，失業や転職のリスクが特定の層に集中していて，そういった人々の割合が増えていることを指すのか，その両者を区別する必要がある．そこで，パネル調査が始まった2007年からの5年間の追跡調査から，個人内での職の変動のパターンを抽出してみることにする．記述的とはいえ，こうした実態そのものを把握できることがパネル調査を分析する大きなメリットだといえる．

　第2に，個人内の従業上の地位の移動について，移動障壁がどこにあるのかを明らかにすることである．一般には，一旦「非正規雇用」や「無職」になってしまうと「正規雇用」に就くのは格段に難しくなる，とされている．つまりそういった人は仮に職を得られたとしても，多くが「非正規雇用」であるということである．この場合，「非正規雇用」や「無職」の人にとって，「正規雇用」になるために越えるべき壁が存在するように感じるだろう．ただし，「非正規雇用」は一枚岩といえるのか，「パート・アルバイト」と「派遣・請負社員」は移動パターンにおいて同じといえるのか，「無職」は「パート・アルバイト」や「派遣・請負社員」に対して更に不利な立場なのか，というのが関心の対象になる．

　第3に，もし「非正規雇用」に陥った場合，そこから脱出しやすいのはどんな人なのか，という問いである．移動障壁が存在していたとしても，「非正規雇用」の人に「正規雇用」のチャンスがないわけではない．例えば玄田有史は，「非正規雇用」であっても，2～5年程度の期間勤め続けることが企業への定着性向を示すシグナルとなるため，同一企業数年間の継続就業経験が「非正規雇用」からの脱出に寄与すると述べている（玄田 2010）．もっとも企業側からみれば，労働者を「非正規雇用」として雇うのは雇用調整の手段のためでもあり，労働者としては仕事を辞めたくなくとも短期で契約を打ち切られることもあるだろう．「非正規雇用」として一定期間以上の長期にわたって雇用されるような条件の有無も，性や職種によって異なるだろう．具体的にいえば，「派遣・請負社員」は特殊技能や専門性を持つ仕事の可能性が高いので「正規雇用」になりやすいかもしれないし，逆に，リーマンショック後に「派遣切り」

が話題になったように,「派遣・請負社員」は景気の悪化で安易に切り捨てられ,再就職が難しいということがあるかもしれない.そこでここでは,2007年からの5年間を観察期間とし,その間の「非正規雇用」や「無職」の期間をリスクセット[4]と見立てたイベントヒストリー分析を行うことにしたい.

3. パネルデータからみる個人内の地位の変動

3.1 分析と解釈にあたって考慮しておくべき点について

調査が開始された2007年からの5年間で,回答者が「正規雇用」「パート・アルバイト」「派遣・請負社員」「自営・家族従業」「無職」のどの地位にあったかを毎年記録し,5年間にたどった地位のパターンを描き出す.理論上5分類の5乗(3,125)の地位変動パターンが存在し得るが,実際には特定のパターンに人数が集中し,観察されるパターンはずっと少ない.なお,従業上の地位(の変化の有無)は,あくまで毎年の追跡調査実施時点に基づいて判断している.調査は1年サイクルで実施しているが,個人の従業上の地位の変化(離・転職)は1年間に複数回あることも考えられる.しかしここではそういうケースを考慮していない.つまり2007年調査に正規雇用,2008年調査に正規雇用,と回答している人がいたら,前回の調査と次の調査の間には1年のブランクがあるので,その間に無職や非正規雇用の期間がある可能性は否定できない.しかしここでの分析(地位変動のパターンの記述)では,そういったケースすべて,正規雇用を継続してきたと解釈するという意味である.また「従業上の地位の変化」と「転職」は当然同じ概念ではない.正規雇用継続であっても,それは常に同一会社にいるという意味ではなく,転職しているが,その前後とも正社員だった,という人はたくさんいる.ここでは転職が関心の対象なのではなく,従業上の地位が変わっているか否かのみに焦点を当てている.

さらにパネル調査の分析結果をみる上で重要なのが,サンプルの脱落(attrition)の問題である.第1回目の調査は,一定の手続きを経て標本抽出を行っているので,代表性があると考えられる.しかし2年目以降の調査を継続して協力してくれるか否かは,何らかのバイアスがかかっている可能性は否定できない.この調査では,移動があった場合もその対象者を追跡できるようにさま

ざまな工夫をしているが，それにも限界がある．したがって想像できるのは，地域移動（引っ越し）の多い人の調査継続が困難になり，脱落する傾向が高いということである．当然，地域移動の多寡は職業にも依存するので，職業を主変数として扱う階層研究にとっては由々しき問題である．ましてや5年分のデータが揃っているサンプル，となると，残ったサンプル自体に職業その他の何らかの特性があるかもしれず，解釈の際はそうした事情を考慮する必要がある．

ちなみに，5年間調査に協力している回答者の特徴を簡単にまとめると，男性は2007年時点ですでに結婚していた人，あるいは2007年から5年間で結婚にいたった人ほど，調査を継続している傾向がある（1%水準で有意）．逆に，1976～82年生まれの若い世代では脱落する傾向が強い（1%水準で有意）．女性は，結婚状態と出生年代は男性と同傾向（結婚は1%水準で有意，出生年代は10%水準で有意）を示すが，それ以外に初職が非正規雇用，初職が（事務職に対し）販売職，2007年時点で（事務職に対し）専門職もしくは販売職・非熟練工の人ほど脱落している傾向がある（初職の地位は10%水準，2007年時点の職種は5%水準で有意）．

3.2 地位の変動・継続のパターンの観察

男性で5年間通して従業上の地位が把握できるのは992名おり，観察できたのは124パターンである．この中で最も多いのが，5年間正規雇用を継続した人で，約71%（704人）である．つまり観察期間わずか5年ではあるが，男性の場合は7割が安定的とされる正規雇用の地位を継続しているということになる．次に多いのが自営・家族従業を5年継続した人で約5%（46人），パート・アルバイトを5年間継続した人が約3%（25人）となっており，5年間の従業上の地位が変わらなかった人で8割ほどを占める．これは女性にもある程度いえることだが，毎年のように従業上の地位が変化するような移動の激しい人は，決して多くない．もちろん上述のようなパネル調査の特性（脱落によるバイアス）を考慮しておく必要はあるが，男性は従業上の地位の変動が女性より相対的に少なく，また正規雇用の地位にあることが多い点に特徴がある．伝統的に語られてきた日本の労働市場を前提にすれば，常識的な結果だといえよう．

一方，女性については，結婚がその就業のあり方を大きく左右するという実

態があるので，男性よりは複雑である．女性の該当サンプルは1,311名だが，217のパターンが存在し，男性より従業上の地位の変動が多様である．未既婚者を区別せず，多いパターン順に並べると，5年間正規雇用継続が最も多く約25%（324人），次に5年間パート・アルバイトが約15%（200人），5年間無職だった者が約14%（189人），初年度無職で後の4年間はパート・アルバイトの者が約3%（33人），4年間無職を継続した後にパート・アルバイトの者が約2%（28人），などとなっている．上位を占めるのは，基本的に同じ地位を継続している人たちであるが，男性との違いは，男性の多数派が正規雇用なのに対し，女性はパート・アルバイトや無職を5年間継続している人も多く，この3パターンで5割を超える．いうまでもなく，既婚者のパート労働や，専業主婦がここに含まれているためである．

そこで5年間未婚でいる女性に限定して，同様の数をカウントした．ただしここでも注意が必要で，未婚のままで加齢を重ねていく人自体に，何らかの特性がある可能性も否定できない．つまり未婚であり続けているのは，結婚が就業継続の妨げになると考えている人なのか，未婚であるがゆえ収入のため就業継続せざるを得ない，ということなのか，それ以外の理由なのか，いずれにしても5年間未婚のままでいる女性に何らかの強い特性が反映されている可能性があることは念頭に置く必要がある．該当する女性は308人で，79のパターンが存在している．人数との比を考えれば，やはり未婚者に限定しても，女性の地位の変動は男性より多様であるといえよう．最も多いのは5年間正規雇用継続で47%（145人），続いて5年間パート・アルバイト継続が15%（46人），5年間派遣・請負社員継続が3%（8人），初年度のみパート・アルバイトでその後正規就業4年継続と，5年間無職継続が同数でそれぞれ2%（5人）などとなっている．ここから，女性の5年間一貫して無職という189人の多くは既婚者で専業主婦だろうという推測は正しかったことが裏付けられる．5年間パート・アルバイトも，未婚者は200人中46人にすぎないので，大半は既婚者のパート労働者ということであろう．また未婚者に限定した場合に3位にあらわれた5年間派遣・請負社員というパターンは，未既婚問わない場合には17人（9番目に多くみられるパターン）観察されており，17人中8人と約半数が未婚者である．つまり派遣・請負社員は未婚者の間で相対的に広く受け入れられて

いることがわかる．ちなみに，労働者全体に占める派遣・請負社員の比率は少なく，女性に限定すると第1波（2007年）では5％に満たず，自営・家族従業者よりも少ない．

3.3 移動の障壁は存在するのか――移動表による分析

　若年の非正規雇用の問題が，フリーター問題として広く論じられるようになったとき，特に注目されたのはフリーター経験がその後のキャリアにどう影響するのか，という点である．日本の労働市場をみると，ほぼ同年齢の人間が同時に同じ教育を受け，同時に就職活動をし，同時に就職してゆくという年齢規範が極めて強い．特に学校を卒業して労働市場に入る移行期と初期キャリアの重要性は，すでに複数の研究が指摘しており（石田 2005; 太郎丸編 2006 など），初期のフリーター経験が不安定な地位からの脱出を困難にしているという．このことは新規学卒一括採用と，終身雇用制という雇用慣行を抱える日本の労働市場の特性に起因しており，フリーター経験が正当な職務経験として評価されず，むしろ典型的な進路を歩めなかったという悪い意味でのシグナルを発しているためとも考えられる．また，上述のような雇用慣行を前提にすれば，年齢の上昇に伴い再就職のチャンスは減ることが予想される．したがって，非正規雇用や無職に陥った場合，正規雇用の職を得るのは，年齢が上昇するほど不利になると思われる．小杉礼子によれば，一般的に非正規雇用（小杉は非典型雇用という言葉を用いている）から正規雇用への移行には，低学歴と女性に不利に働くが，特に初期キャリア（若い時点で正規雇用であったか否か）によって，30代以降に正規雇用に移行するチャンスの有無に決定的な違いを及ぼすという（小杉 2010: 152-162）．つまり年齢により，非正規雇用から正規雇用への移行の実態が異なることが示唆されている．

　そこでここでは，5年間毎年実施されてきたパネル調査をもとに，各個人内における前年の地位と次年の地位の関係をクロス表にまとめる．用いられる従業上の地位のカテゴリーは，これまでの分析と同じである．個人内の移動構造が年齢の上昇とともに変化しているのではないか，という上記の前提を踏まえて，男女別に，前年度が30歳未満での移動，30〜35歳での移動，36歳以上での移動という3つのクロス表を作成した．その結果が図表4-3である．5

図表 4-3　前年調査と次年調査の従業上の地位の関係

(1) 男性

前年30歳未満	A	B	C	D	E	計
A 正規	473	6	15	8	7	509
B 自営・家族	3	42	1	0	1	47
C パート・バイト	24	1	55	4	3	87
D 派遣・請負	11	0	5	17	2	35
E 無職	14	3	10	0	18	45
計	525	52	86	29	31	723

前年30〜35歳	A	B	C	D	E	計
A 正規	1394	12	22	6	13	1447
B 自営・家族	15	126	1	2	3	147
C パート・バイト	20	4	96	12	7	139
D 派遣・請負	15	1	4	27	4	51
E 無職	21	3	10	2	35	71
計	1465	146	133	49	62	1855

前年36歳以上	A	B	C	D	E	計
A 正規	2312	30	22	8	25	2397
B 自営・家族	36	205	5	5	5	256
C パート・バイト	21	9	89	7	15	141
D 派遣・請負	9	2	12	34	3	60
E 無職	19	3	17	4	41	84
計	2397	249	145	58	89	2938

(2) 女性

前年30歳未満	A	B	C	D	E	計
A 正規	368	2	23	7	27	427
B 自営・家族	0	13	0	0	2	15
C パート・バイト	20	3	152	5	32	212
D 派遣・請負	8	0	7	42	3	60
E 無職	10	0	33	9	115	167
計	406	18	215	63	179	881

前年30〜35歳	A	B	C	D	E	計
A 正規	645	3	26	2	38	714
B 自営・家族	7	51	5	0	14	77
C パート・バイト	28	3	407	11	54	503
D 派遣・請負	6	0	10	57	14	87
E 無職	17	20	78	12	514	641
計	703	77	526	82	634	2022

前年36歳以上	A	B	C	D	E	計
A 正規	758	10	25	2	26	821
B 自営・家族	10	165	21	1	21	218
C パート・バイト	32	14	905	11	66	1028
D 派遣・請負	3	3	18	89	10	123
E 無職	22	26	136	14	690	888
計	825	218	1105	117	813	3078

注：JLPS 5回分のデータより推定．この表中の女性は未・既婚を区別していない．

年間すべての調査に継続して回答している場合，1人につき（2007年と08年，08年と09年…というように）最大4回勘定されているが，このクロス表はその4回分を別々の人数として勘定している[5]．

　図表4-3の読み取り方を，ここで簡単にまとめておく．例として，左側の(1)男性のクロス表の，一番上の「前年30歳未満」とあるもののうち，「A正規」の行（横）と「A」の列（縦）の重なり合ったセルに注目してみよう．ここには「473」という数値が入っている．これは調査前年の地位が正規雇用で，次の年もAの正規雇用だったという人のうち，前年の年齢が30歳未満だった男性が473人だったということである．例えば27歳，28歳，29歳，30歳，31歳とずっと正規雇用を継続していた人がいた場合，27歳→28歳，28歳

→29歳，29歳→30歳の正規雇用継続は，この473人のうちの3人分としてカウントされ，30歳→31歳の正規雇用継続は，調査前年が30歳未満ではなくなるので，その下の「前年30～35歳」の中の「1,394人」の中にカウントされることになる．

社会階層・社会移動研究において，こうしたクロス表は移動表（mobility table）と呼ばれる（Hout 1983）．一般的に移動表は，父職を行，本人職を列に取り，世代間移動の関係をみる際に用いられるが，本章ではそれを個人内移動に適用しただけで基本的な解釈の仕方は同じである．もし，行と列の変数（ここでは前年の地位と次年の地位）の間に特別な関連がみられなければ，クロス表のセルの理論上の値（期待度数）は，周辺度数の割合から求めることができる．周辺度数とは，この行や列の「計」のセルにある度数のことである．ところが図表4-3をみると，実際の観測値はそのようになっていない．これまで検討してきたことからも，また経験的にも容易に想像できることだが，前年の地位と次年の地位はまったく無関係なわけではなく，前年の地位を次年も継承している傾向が強いため，対角線上に並ぶ同じアルファベットの行列の組み合わせのセルの度数が多くなる．

移動表分析の詳細の解説はハウト（Hout, M.），太郎丸，ウォン（Wong, R.S.）らのテキストに譲るが（Hout 1983；太郎丸 2005；Wong 2010），その目的を簡単にまとめるならば，クロス表のi行j列のセルの度数F_{ij}を推定できる最も単純なモデル（式）をみつけることである．通常は前年と次年の地位にまったく関連がない（統計的に独立）という最も単純なモデル（独立モデル）から，周辺度数の分布だけからは推定できないセルに特有のパラメータを入れることでモデルを徐々に複雑化し，そのモデルで推定される期待度数と実測度数の間に大きな差がなくなったとき，そのモデルが適合的と判断される．そういったパラメータとして，図表4-4のようなものを想定することにする．（1）は，前年と次年の地位が不変である人の分布が多いことを示している．（2）は，前年非正規や無職だった人が，翌年も非正規や無職になりやすいことを示す．（3）はパート・アルバイトから派遣・請負，あるいはその逆というように，非正規雇用内部での移動が多いことを示す．（4）は非正規や自営・家族従業から正規への移動を示す．（5）はパート・アルバイトから正規への移動を示す．（6）は正

第Ⅱ部　初期キャリアの格差

図表4-4　前年の地位と次年の地位の連関を示すパラメータのデザイン行列

(1)

	A	B	C	D	E
A 正規	1	0	0	0	0
B 自営・家族	0	2	0	0	0
C パート・バイト	0	0	3	0	0
D 派遣・請負	0	0	0	4	0
E 無職	0	0	0	0	5

(2)

	A	B	C	D	E
A	0	0	0	0	0
B	0	0	0	0	0
C	0	0	0	1	1
D	0	0	1	0	0
E	0	0	1	0	0

(3)

	A	B	C	D	E
A	0	0	0	0	0
B	0	0	0	0	0
C	0	0	0	1	0
D	0	0	1	0	0
E	0	0	0	0	0

(4)

	A	B	C	D	E
A	0	0	0	0	0
B	1	0	0	0	0
C	2	0	0	0	0
D	1	0	0	0	0
E	0	0	0	0	0

(5)

	A	B	C	D	E
A 正規	0	0	0	0	0
B 自営・家族	0	0	0	0	0
C パート・バイト	1	0	0	0	0
D 派遣・請負	0	0	0	0	0
E 無職	0	0	0	0	0

(6)

	A	B	C	D	E
A	0	0	0	1	0
B	0	0	0	0	0
C	0	0	0	0	0
D	0	0	0	0	0
E	0	0	0	0	0

(7)

	A	B	C	D	E
A	0	0	0	0	0
B	0	0	0	0	0
C	0	0	0	0	0
D	0	0	0	0	0
E	0	1	0	0	0

注：0の数値は，その組み合わせの連関パラメータが0であることを示す．その他の数値はあくまで名義的な意味を持ち，数字の大小は関係ない．

規から派遣・請負への移動を示す．(7)は無職から自営・家族従業への移動を示す．デザイン行列の数値は単なる標識（記号）のようなもので，同一の数値の場合は，同じ程度のパラメータの大きさが想定されることを示す．例えば(1)は1から5の数値が割り振られているが，これはそれぞれのパラメータ推定値が異なることを想定している．(4)の場合，1が割り振られている自営・家族従業→正規と，派遣・請負→正規のパラメータ推定値はほぼ同じ程度であり，2の割り振られたパート・アルバイト→正規のパラメータとは推定値が異なることを示している．

紙幅の問題もあり，詳細の検討過程は省略するが，最終的に男性，女性それぞれについて適合的と判断されたモデルの式は以下のように表される．

$$F_{ij} = \eta \tau_i^R \tau_j^C \tau_{ij}^{(1)} \tau_{ij}^{(2)} \tau_{ij}^{(5)} \tag{4-1}$$

$$F_{ij} = \eta \tau_i^R \tau_j^C \tau_{ij}^{(1)} \tau_{ij}^{(3)} \tau_{ij}^{(4)} \tau_{ij}^{(6)} \tau_{ij}^{(7)} \tag{4-2}$$

F_{ij} は求めたい i 行 j 列の度数を示す．ここで η は各セルに入る観測度数の平均値を示し，τ_i^R と τ_j^C はそれぞれ行と列の周辺度数が，平均からどれだけ偏っ

ているかを示す．この τ の値は，平均値より多ければ正，平均値より少なければ負を示し，行・列それぞれの数値の和は 0 になる．また $\tau_{ij}^{(n)}$ は周辺度数からは導かれない特殊なパラメータで，右上の添え字の数値は図表 4-4 の対応するデザイン行列を示す．(4-1) は男性，(4-2) は女性のモデルを想定しているが，この式は掛け算で，計算プロセスが煩雑である．そこで両辺の自然対数をとると，それぞれ，

$$ln(F_{ij}) = a + \lambda_i^R + \lambda_j^C + \lambda_{ij}^{(1)} + \lambda_{ij}^{(2)} + \lambda_{ij}^{(5)} \quad (4\text{-}3)$$

$$ln(F_{ij}) = a + \lambda_i^R + \lambda_j^C + \lambda_{ij}^{(1)} + \lambda_{ij}^{(3)} + \lambda_{ij}^{(4)} + \lambda_{ij}^{(6)} + \lambda_{ij}^{(7)} \quad (4\text{-}4)$$

というシンプルな線形関係の式に置き換えられる．それゆえ，この式を対数線形モデル，もしくはログリニア・モデル（log-linear model）と呼ぶ[6]．シンプルにいえば，このデザイン行列で示されたパラメータは，前年と次年の従業上の地位の連関の強さを示している．この値の絶対値が大きければ，それだけ前年と次年の間でその地位を継続したり，あるいは相互に移動する傾向が極端に多いか少ないことを示している．ここでの関心はその連関の強さの程度そのものと，その強さが年齢層によって変化するかどうかである．

ここでは男性は (4-3)，女性は (4-4) 式を基本に，3 つの年齢段階においてパラメータ推定値が同じであるという単純なモデルから始めて，それぞれの連関パラメータが年齢段階に応じて変化するという徐々に複雑なモデルを推定して，モデルの適合度をみた．年齢段階ごとに異なるパラメータを割り当てればその分自由度が減るが，減った分の自由度に対し，尤度比カイ二乗値が有意に小さくなっていれば，モデルは改善されたとみなせる[7]．このようにしてたどりついたモデルの連関パラメータの推定値が図表 4-5 である．

まず男性をみてみよう．男性の $\lambda_{CC}^{(1)}$，$\lambda_{DD}^{(1)}$，$\lambda_{EE}^{(1)}$ は年齢にかかわらず不変である．また $\lambda_{CC}^{(1)}$，$\lambda_{DD}^{(1)}$ の値に大差はないので，パート・アルバイトであれ，派遣・請負であれ，その地位の継続傾向は年齢によらず不変で，パラメータ推定値から，30 歳以上の正規雇用の継続傾向と同じ程度である．無職継続傾向は，それらの推定値より若干小さい．また正規の継続傾向を示すパラメー

第Ⅱ部　初期キャリアの格差

図表 4-5　連関パラメータの推定値

男性	30歳未満	30～34歳	35歳以上	女性	30歳未満	30～34歳	35歳以上
$\lambda_{AA}^{(1)}$	2.190	2.904	2.904	$\lambda_{AA}^{(1)}$	4.549	5.003	5.003
$\lambda_{BB}^{(1)}$	3.958	3.958	3.483	$\lambda_{BB}^{(1)}$	3.774	3.774	3.774
$\lambda_{CC}^{(1)}$	2.981	2.981	2.981	$\lambda_{CC}^{(1)}$	1.877	2.392	2.943
$\lambda_{DD}^{(1)}$	3.056	3.056	3.056	$\lambda_{DD}^{(1)}$	4.392	4.392	4.392
$\lambda_{EE}^{(1)}$	2.311	2.311	2.311	$\lambda_{EE}^{(1)}$	0.741	1.402	1.402
$\lambda_{ij}^{(2)}$	0.958	0.958	1.312	$\lambda_{ij}^{(3)}$	0.658	0.658	0.658
$\lambda_{CA}^{(5)}$	0.675	0.000	0.000	$\lambda_{iA}^{(4)}, i=B\ or\ D$	2.099	1.716	0.912
				$\lambda_{CA}^{(4)}$	1.336	1.336	1.336
				$\lambda_{AD}^{(6)}$	1.024	0.000	0.000
				$\lambda_{EB}^{(7)}$	-4.398	0.000	0.000

注：JLPSの第5波のデータから推定．パラメータ推定値はすべて5％水準で有意．パラメータ推定値が年齢層間で異なっている場合，その差はすべて有意な変化を示す．

タ $\lambda_{AA}^{(1)}$ は，30歳未満から30歳以上で有意な変化があり，値が増えていることから，30歳以上での正規雇用継続傾向が強まるというほぼ常識に見合った結果が導かれる．ポイントは残り2つのパラメータである．$\lambda_{ij}^{(2)}$ は図表4-4の(2)の，非正規もしくは無職間の移動を示しているが，35歳以上で有意にパラメータが増加している．また $\lambda_{CA}^{(5)}$ は30歳以上でパラメータがゼロ（実質的に関連がなくなる）となっており，このことは20代のうちにはパート・アルバイトから正規へ，という移動が一定以上程度あったが，30歳以上にはその移動の効果が消えることを示している．つまり30歳以上で，（非正規雇用・無職の）正規雇用採用のチャンスが減ることになる．

　女性はもう少し複雑だが，顕著な違いは非正規の継続でも，パート・アルバイトの $\lambda_{CC}^{(1)}$ と $\lambda_{DD}^{(1)}$ とで値がまったく異なっており，派遣・請負の継続傾向がずっと強い．パート・アルバイトについては年齢とともに値が増加しているが，育児に一段落し，パートの職を得て，それを継続しているという傾向があらわれているものと推察できる．女性のパート・アルバイトと派遣・請負の違いは，図表4-4における(4)の行列のパラメータの違いにも示されている．$\lambda_{iA}^{(4)} \cdot i=B$ or D は行列(4)の1のパラメータのことだが，若いころは派遣・請負や自営・家族従業から正規への移動がそれなりに多くみられたが，その傾向は年齢とともに減っていることを示している．一方，パート・アルバイトから正規，という移動は一定程度観察され，それは年齢によらず不変である．逆に $\lambda_{AD}^{(6)}$

のように，正規雇用だった人が派遣・請負に移る例も20代には多く観察される．しかし30代以降このパラメータの効果は消える．女性にとっての派遣・請負は，仕事の内容が正規雇用に似ていることをすでに指摘したが，20代のうちは正規雇用との移動が多くみられるものの，30代以降その移動は減少することを示している．$\lambda_{EB}^{(7)}$については，無職でいた者が自営・家族従業になるという例が20代ではほとんどないことを示している．女性の無職は専業主婦であることがほとんどなので，20代にそもそもケース数が少ないこと，さらにそこから自営・家族従業という移動がレアであることが反映されているといえる．

4. 不安定な地位からの脱出

4.1 年齢による不安定雇用からの脱出傾向の変化

確かに日本の労働市場の状況を鑑みれば，一旦不安定な地位（非正規雇用や無職）に陥ったあと，そこから脱出するのは困難である．しかしすでに述べたが，玄田（2010）は一定の勤続年数勤め上げることが，非正規雇用からの脱出を促すことを指摘している．小杉（2010）は，非正規雇用からの脱出は若い人に有利で，女性より男性，アルバイトより嘱託や契約社員に多いと述べている．つまり，不安定な地位からの脱出がどういう人に有利か不利かを見極めるのも，政策的・実践的に重要な課題である．

まず詳細に脱出要因を探る前に，不安定な地位から正規雇用に脱出できるか否かの確率が年齢によって変わるかを確認したい．ここではカプラン＝マイヤー法（Kaplan and Meier 1958）という生存分析の手法を用いる．不安定な地位を非正規雇用や無職の状態だと仮定すると，正規雇用の職を獲得したときが脱出した状態，と考えることができる[8]．例えばこの該当サンプルにおいて，25歳で不安定な地位だった男性は36名である．この年のうちに不安定な地位から脱出したのは1名で，5名が観察打ち切り（次年度の状態が不明もしくは自営・家族従業）である．したがって生存率は35÷36で97.2%となる．パネル調査だから，次の年度に全サンプルの年齢が1つずつ増えるので，25歳のサンプルは第1波にしか存在しない．次に26歳で不安定な地位だった男性は，第

第Ⅱ部　初期キャリアの格差

図表 4-6　カプラン＝マイヤー法による不安定雇用生存率

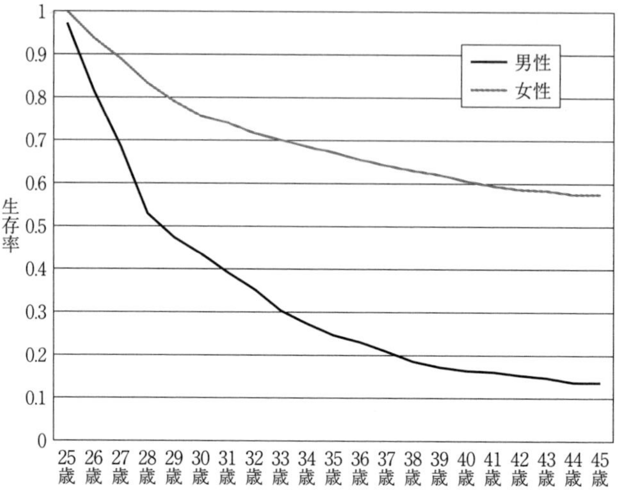

注：JLPS 第5波のデータより，筆者が算出

1波で38名いる．そして第1波の25歳だったサンプルは第2波で26歳になっており，彼らは36人中6名が脱出したり観察打ち切りだったりして第2波に残っていないので，残りは30名と考える．したがって合計68名が26歳におけるリスクセットに置かれた男性である．結局彼らのうち11名が不安定な地位から脱出し，10名が観察打ち切りとなる．そこで26歳における生存率は，$(68-11)÷68$ に，その前の年齢である25歳の生存確率0.972をかけた81.5%となる[9]．これと同じ作業を繰り返して，算出された数値をグラフに曲線として描いたのが，図表4-6のカプラン＝マイヤー曲線であり，このカーブが急であるほど生存率が低い，つまり不安定な地位から脱出しやすいことを示している．

　男女別に曲線を描くと，女性の方が上に描かれるが，これは女性の方が一旦不安定な地位になると脱出しにくくなることを意味している．もっとも，ここでは，既婚者のパート・アルバイトや専業主婦の無職をすべて「不安定な地位」として扱っており，社会通念として彼女らを一括して「不安定な地位」と呼ぶことに問題はあるかもしれない．ただ背景は何であれ，女性は非正規雇用

や無職となると，正規雇用に再雇用されることは男性より少ない．また，男女とも，どの年齢からとはっきりいうことはできないが，生存率は単調減少ではなく，年齢が上昇するほどカーブが緩やかになる．一般的に，年齢が上昇するほど正規雇用に採用されにくくなること，女性の場合にはさらに結婚による退職，再就職もパートが多いなどの影響がここにあらわれているものと思われる．

4.2　離散時間ロジット・モデルによる推定

　もう少し多角的な視点から，どういった人が不安定な地位から脱出する傾向があるかをみいだすため，離散時間ロジット・モデルを推定する．観察期間は2007年からの5年間で，リスクセットに含まれているのは「パート・アルバイト」「派遣・請負社員」「無職」の地位にあるときである．そして「正規雇用」の職を得られた時がイベントの発生とみなされる[10]．

　これまでの研究から，ここでは以下の点を検証する．①年齢が上昇するほど，不安定な地位から脱出しにくくなるか．②先行研究でみられたように，一定程度の同一の勤務先での勤続は脱出を促すか．③高学歴は非正規からの脱出に有利か．④男性既婚者は正規雇用へのインセンティブが強く働くので，正規雇用になりやすいが，女性既婚者は専業主婦やパートのままでよい，というような，婚姻状態によるまったく逆の効果があらわれるか．⑤「パート・アルバイト」「派遣・請負社員」「無職」の間に，脱出のしやすさに差があるか．フルタイムに近い，あるいは一定程度の専門的技能が要求されることが多いと思われる「派遣・請負社員」は正規雇用への脱出に有利か．⑥従業上の地位との関連も深いが，特定の職種は非正規雇用からの脱出を早めるか．具体的にいえば，専門職は脱出に有利で，相対的に要求される技術の程度が高くなく，アルバイト比率が高いと思われる販売職や非熟練工は脱出しにくいか．

　統制変数として，各ウェーブ（時代効果）を示すダミー変数と，出生コーホート（世代効果）を示すダミー変数を同時に投入している．図表4-7がその結果である．男女とも従業上の地位と職種の地位，それぞれのみを考慮したモデルを推定した．また女性については，婚姻状態によって非正規雇用や無職の意味が異なることから，全員を分析対象としたものと，未婚者のみを対象としたものの2つを推定した[11]．

図表4-7　離散時間ロジット・モデルの推定値

	男性				全女性				未婚女性			
	Coef	S.E.[注2]	Coef	S.E.[注2]	Coef	S.E.[注2]	Coef	S.E.[注2]	Coef	S.E.[注2]	Coef	S.E.[注2]
年齢 基準 ～29歳												
30～34歳	-0.529†	0.285	-0.494†	0.285	-0.044	0.254	-0.108	0.263	-0.574	0.351	-0.598	0.365
35～39歳	-0.813†	0.489	-0.654	0.470	-0.034	0.423	-0.074	0.424	-0.070	0.702	-0.119	0.714
40歳以上	-2.045*	0.815	-1.607*	0.798	-0.155	0.669	-0.196	0.659	1.869*	0.948	1.599	0.985
勤続年数 基準 1年未満												
1年	0.270	0.430	0.235	0.441	-0.468	0.363	-0.551	0.353	-1.309*	0.506	-1.234*	0.506
2～3年	0.932**	0.384	0.866*	0.381	-0.886**	0.339	-1.039**	0.324	-1.644**	0.485	-1.626**	0.491
4～5年	0.368	0.475	0.323	0.473	-1.029*	0.417	-1.196**	0.404	-0.909†	0.480	-0.856†	0.502
6年以上	0.623	0.404	0.612	0.415	-0.339	0.345	-0.471	0.318	-0.683	0.451	-0.729	0.454
学歴 基準 高卒以下												
短大・高専・専修学校	0.257	0.330	0.136	0.345	0.626*	0.251	0.359	0.265	1.332**	0.500	1.213*	0.512
四年制大学・大学院	0.172	0.290	0.110	0.324	0.384	0.287	-0.052	0.307	1.200*	0.552	0.896	0.575
婚姻状態 基準 未婚												
既婚	0.924**	0.295	0.805**	0.308	-0.803**	0.248	-0.721**	0.250				
離・死別	注3	—	注3	—	-0.012	0.396	0.212	0.406				
従業上の地位 基準 パート・アルバイト												
派遣・請負	0.509†	0.281			-0.058	0.303			0.013	0.362		
無職	1.933***	0.421			0.129	0.357			-0.090	0.645		
職種 基準 事務職												
専門・管理職			-0.423	0.470			0.513+	0.285			0.634	0.416
販売職			-0.499	0.487			-0.806*	0.345			-0.287	0.438
熟練工			0.165	0.453			-0.472	0.492			-1.420	0.998
半熟練工			-0.269	0.420			-2.358**	1.013			-0.937	0.990
非熟練工			-0.747	0.542			-0.553	0.463			-0.162	0.653
無職			1.212*	0.537			-0.344	0.365			-0.098	0.660
定数項	-1.920*	0.739	-1.585*	0.757	-2.591***	0.709	-2.063**	0.710	-4.616***	1.020	-4.183***	1.028
観察された時点数	563		541		2207		2161		678		666	
観察された人数	350		341		1005		996		330		326	
-2 Log Pseudolikelihood	466.20		462.1		825.2		791.3		339.7		325.1	

注1：*** $p<0.001$，** $p<0.01$，* $p<0.05$，† $p<0.10$
注2：標準誤差（S.E.）は，データが入れ子構造になっていることを考慮したロバスト標準誤差．
注3：該当ケース数が少なく，除外されている．
注4：これ以外に統制変数として，調査年度（基準2007年）と出生コーホート（基準1970以前生・71～75生と76以降生の2変数）を投入．JLPS5回分のデータより推定．

男性に注目すると，年齢と勤続年数[12]は概ね先行研究や仮説のとおりで，年齢上昇とともに脱出可能性は減っており，特に40歳以上は極端に難しくなっている．また勤続年数も2～3年が正社員採用チャンスのピークであり，それ以上になるとチャンスは拡大するわけではない．学歴と職種では有意な差がないが，既婚者や無職ほど正規雇用に脱出しやすいのは，男性が家計を維持する役割を担っていることが多いからだろう．従業上の地位に着目すると，10％水準だが派遣・請負社員が正に有意で，パート・アルバイトより脱出しやすい．

一方女性は，全サンプルと未婚者に限定したものを分けて考える必要があるが，全員の場合には（既婚者の専業主婦やパート労働者を含むためか）男性のような年齢の効果はない．結婚や勤続年数は，男性と逆で正規雇用のチャンスを低下させている．これらも女性が子育てや家事に専念するため，専業主婦やパート労働者になりがちだという日本の性別役割分業が強固に残存していることを反映しているためだろう．ただし勤続年数の負の効果は，未婚女性でも有意であり，男性と異なるメカニズムが働いていると考えられる．また学歴に有意な効果があるのも男性と異なっており，これは未婚者のサンプルに限定すると明瞭となる．つまり高卒より高い学歴であるほど，非正規雇用からの脱出に有利になる．職種は全女性サンプルの際には，（事務職に対し）販売職と半熟練工が負に有意（脱出しにくい）のに対し，専門職は（10％水準だが）正に有意（脱出しやすい）となっている．これは既婚女性のパート労働者が就きやすい職業を反映していると思われる．また職種を入れたモデルでは学歴の効果が消えたが，代わって専門職の効果があらわれたと考えられる．ただし未婚女性のサンプルでは，学歴（短大レベル）の効果が残り，職種の効果はあらわれない．

なお，ここではリスクセットに無職を入れたが，念のため，リスクセットを非正規雇用のみにした分析も行った．結果は省略するが，基本的に本章の分析結果と矛盾する結果はあらわれなかった．

5. まとめ

本章の分析結果は，以下のようにまとめられる．2007年からの5年間の追

跡調査をみる限り，従業上の地位が大きく変動する人は多くなく，男性は5年間正規雇用が圧倒的多数派，女性は5年間正規雇用，パート・アルバイト，無職に分けられるが，未婚女性に限定すると，非正規雇用の中に占める派遣・請負社員の割合が高まる．前年と従業上の地位が変わらない傾向も，加齢とともに強まる．男性は，非正規雇用内部や無職との間での行き来が35歳以上で強まる．逆にパート・アルバイトから正規への登用は，30代以上で観察されにくくなる．多変量解析からも，加齢が脱出を困難にすること，先行研究と同様に数年程度の就業継続が正規雇用への登用可能性を高めることが示された．年齢，婚姻状態，学歴などを統制すると，男性の場合は派遣・請負の方がパート・アルバイトに対して脱出可能性が高まる傾向があることもわかった．

一方女性の場合，非正規雇用でもパート・アルバイトと派遣・請負社員では継承傾向の強さが異なっており，後者で強い．このことは女性の派遣・請負社員がフルタイムに近い事務職の未婚者に偏っていることと関連していると思われる．多変量解析ではパート・アルバイトと派遣・請負の違いがあらわれていないが，同時に投入している学歴が（事実上従業上の地位と関連があるため）その効果を吸収しているのだろうと思われる．女性では，就業継続期間と婚姻状態が男性と逆であった．特に就業継続期間の長さが負の効果を持つ理由は明らかではないが，男性にみられたシグナリングの効果が女性には適用できないことは，日本の労働市場において男女間に異なる雇用慣行が依然残存していることを示唆している．一方で女性の場合，学歴や職種が正に有意な効果を持つこともあり，教育などで蓄えられた知識・技能が，正規雇用への脱出に有効に機能している可能性もある．以上から政策的には，男性の場合は比較的高齢で，パート・アルバイトとして就業している人（高齢フリーター）に何らかのサポートが必要とされる．女性の場合，労働市場において男性より不利な立場に晒されることが多いが，特に未婚女性の就業経験を評価するシステムや制度づくり，高卒以下の女性への特別なサポートが必要とされているといえよう．

最後に，今後の課題について述べておきたい．近年，日本の雇用慣行の問題点が指摘されるようになっているが，依然新規学卒一括採用のような日本独特の労働市場への移行システムは強固に残っている．こうした制度が強固に残っている社会では，標準的なルートをたどれなかった人に対する負のレッテルは

目立つことになる．新規学卒一括採用の枠で学校から労働市場に正規雇用として移行できなかった人々は確実に増えているが，こうした初期キャリアにおける失敗がその後の職歴に及ぼす負の影響（石田 2005；Luijkx and Wolbers 2009；小杉 2010）については，紙幅の関係で検討できなかった．初期キャリアの失敗は必ずしも自己責任を問えるとは限らず，景気変動で採用数が減るなど，個人ではどうしようもない要因によって妥協を迫られるケースが多く存在する．それに対してリターンマッチのチャンスが与えられない社会は活力を失い，不公平感を助長するだろう．それゆえ，日本の硬直的な新規学卒一括採用の限界が指摘される（本田 2009, 2014）ことにもなるが，こうした制度は教育制度と（福祉制度を含む）労働市場全体の慣行が補完的に絡み合っているため，教育か労働のいずれか一方に責任を押しつけても問題は解決しない．さまざまな分野，観点から国際比較の視点を取り入れるなどして，今後の日本の労働市場のあり方を広く俯瞰的に模索する姿勢が求められている．

注

1）カレバーグ（Kalleberg, A.L.）は，フルタイムで，雇用契約期間の定めがなく，雇用者の直接の指示のもとで，雇用者の雇用する場で行われる労働行為を「標準的雇用関係（standard employment relations）」とみなしており，それ以外を「非標準的（nonstandard）雇用関係」としてまとめている．したがって「非標準的」の中身は多様にならざるを得ず，論者によって取り上げられ方が大きく異なることになる（Kalleberg 2000）．
2）こうした複雑な非正規雇用の実態について，鶴光太郎は「労働時間の軸（フルタイムか否か）」「契約期間の軸（期間の定めのない契約か否か）」「雇用関係の軸（雇用主と勤め先が同じか否か）」「指揮命令の軸（指揮命令を行う主体が勤め先と同じか否か）」という4つの軸で分類することを提唱した（鶴 2011）．このうち，いずれの「非正規雇用」とも関連するのが「契約期間の軸」，すなわち有期雇用である，という点であり，有期であるがゆえに地位が不安定で，本人の幸福感といった意識にも一定の規定力を与えると考えられる．
3）総務省の『平成 19 年就業構造基本調査』（2007 年）に基づき，20 ～ 39 歳の就業形態の分布を確認した．その結果，雇用者の分布は，「正規雇用」「パート・アルバイト」「派遣・請負社員」の順に，男性で 83%，6%，7%，女性で 54%，29%，14% であった．就業者の分布は，「正規雇用」「自営・家族従業」「パート・アルバイト」「派遣・請負社員」の順に，男性が 78%，5%，6%，6%，女性が 52%，4%，28%，13% である．やや女性の「パート・アルバイト」「派

4）イベントヒストリー分析において重要なリスクセットの考え方は，石田（2008）を参照．なお，有期労働契約が連続5年を超えて無期労働契約に転換できる改正労働契約法は，2013年4月1日より施行されたもので本章の分析には影響しない．

5）もちろんこうした数え方は，継続して調査に協力している回答者に特有の性格があれば，その回答者の傾向が多くカウントされることに注意が必要なのは，先の地位の変動・継続パターンの分析と共通するところである．

6）対数線形モデルの推定において，観測度数がゼロのものは都合が悪いため（Agresti 2002: 70-71），そのセルには便宜的に0.5を入れて計算している．

7）カイ二乗分布表を確認すれば良いが，例えば自由度が1減少したとき，カイ二乗値が約3.84以上減れば，5％水準で有意にモデルが改善されたといえる．

8）ちなみに自営や家族従業へと移行した場合だが，非正規雇用や無職の状態から事業を起こす（自営）というのは一般的に安定しているとはみなせないだろう．また家族従業に移行するのも，不安定な職や無職でいるよりは家業の手伝いをすることを選択する，ということだろうから，これを安定的な地位への移行とみなすのは無理があると思われる．したがってこれらはイベントの発生とみなさず，観察打ち切り（right-censored）の状態と解釈した．

9）ここで前年の生存確率をかけているのは，ある当該年齢における不安定雇用に置かれた人には，その年齢になって初めて不安定雇用となった人と，前年（以前）から不安定雇用にあった人とがいて，後者の生存率を考慮する必要があるからである．

10）データはいわゆるパーソンイヤー形式という，各ウェーブ（年）のデータが積み重ねられた形になっており，ID番号によって個人の識別が可能である．正規雇用の状態にある年のデータはリスクセットから外されているので，正確には正規雇用となったウェーブの前の年にイベントの発生を示す変数（=1，それ以外の年は0）が入っており，これが従属変数となる．こうすることで，どういった属性を持っていると翌年関心のあるイベントが発生しやすいかが推定可能となる．

11）同一人物が，一旦リスクセットから抜け（正規雇用を得），その正規雇用を辞めて再度リスクセットに入る場合もある．その場合，図表4-7でいう「観察された人数」は別個にカウントしている．つまり異なる入れ子として扱って，標準誤差の推定を行っている．

12）ここには無職のサンプルも含まれているので，勤続年数において無職期間は0が入力されている．

文献

Agresti, A. (2002) *Categorical Data Analysis: Second Edition.* Hoboken: John Wiley & Sons, Inc.

Barbieri, P. (2009) "Flexible Employment and Inequality in Europe," *European Sociological Review* 25(6): 621-628.

Blossfeld, H., E. Klijzing, M. Mills, and K. Kurz (2005) *Globalization, Uncertainty and Youth in Society.* London and New York: Routledge.

玄田有史 (2010)『人間に格はない——石川経夫と2000年代の労働市場』ミネルヴァ書房.

Gash, V. (2008) "Bridge or Trap? Temporary Workers' Transitions to Unemployment and to the Standard Employment Contract," *European Sociological Review* 24(5): 651-668.

Giesecke, J. and M. Groß (2003) "Temporary Employment: Chance or Risk?" *European Sociological Review* 19(2): 161-177.

本田由紀 (2009)『教育の職業的意義——若者、学校、社会をつなぐ』ちくま新書.

本田由紀 (2014)『もじれる社会——戦後日本型循環モデルを超えて』ちくま新書.

Hout, M. (1983) *Mobility Tables.* Newbury Park, Sage.

石田浩 (2005)「後期青年期と階層・労働市場」『教育社会学研究』76: 41-57.

石田浩 (2008)「世代間階層継承の趨勢——生存分析によるアプローチ」『理論と方法』23(2): 41-63.

Kalleberg, A. L. (2000) "Nonstandard Employment Relations: Part-time, Temporary, and Contract Work," *Annual Review of Sociology* 26: 341-365.

Kaplan, E.L. and P. Meier (1958) "Nonparametric Estimation from Incomplete Observation," *Journal of the American Statistical Association* 53(282): 457-481.

小杉礼子 (2003)『フリーターという生き方』勁草書房.

小杉礼子 (2010)『若者と初期キャリア——「非典型」からの出発のために』勁草書房.

Luijkx, R. and M.H.J. Wolbers (2009) "The Effects of Non-Employment in Early Work-Life on Subsequent Employment Chances of Individuals in the Netherlands," *European Sociological Review* 25(6): 647-660.

仁田道夫 (2011)「非正規雇用の二重構造」『社会科学研究——東京大学社会科学研究所紀要』62(3・4): 3-23.

太郎丸博 (2005)『人文・社会科学のためのカテゴリカル・データ解析入門』ナカニシヤ出版.

太郎丸博編 (2006)『フリーターとニートの社会学』世界思想社.

太郎丸博（2009）『若年非正規雇用の社会学——階層・ジェンダー・グローバル化』大阪大学出版会.

鶴光太郎（2011）「有期雇用改革 – 格差問題対応の視点から」『社会科学研究——東京大学社会科学研究所紀要』62(3・4)：99-123.

Wong, R.S., (2010) *Association Models*. Thousand Oaks, Sage.

第 5 章

現代日本の若年層の貧困
―― その動態と階層・ライフイベントとの関連

林　雄亮

1. はじめに

1.1 若年層にのしかかる不利とその連鎖

　バブル経済崩壊後の「失われた10年」は，すでに「失われた20年」にまで拡大し，ある世代が誕生してから成人するまでの期間がそのまま不況で覆われてしまった．日本の経済が低迷する中で，特に若年層の雇用環境の悪化は激しい．学校を卒業し初めて職業生活に入っていく過程で，多くの若者が正規雇用以外の，パートタイム労働やアルバイト，派遣社員などといった非正規雇用に就かざるを得ない状況が続いている．

　このような若年層の非正規雇用の拡大については，すでに多くの研究の蓄積がある．例えば玄田（2001）によれば，1990年代以降の非正規雇用拡大の背景で最も強い影響を受けたのは，新卒採用を大幅に抑制され，正規雇用への就職チャンスを制限された若年層だという．さらに石田（2005）や小杉（2010）でも，こうして非正規雇用として労働市場に参入していくことを余儀なくされた若年層は，その後の職業キャリアにおいても正規雇用への移動が困難であることが指摘されている．

　労働市場における立場の弱さや低さは，不安定な雇用や低い賃金，厳しい労働条件といった働くことにおける不利だけにとどまらない．若年期とは，学校を卒業して職業生活へと入り，職業キャリアを歩んでいくと同時に，家族に関

する側面でも多くの変化を経験する時期であり，親もとを離れて1人暮らしをはじめたり，パートナーをみつけて結婚や出産，子育てを経験したりと，人生における主要なライフイベントが連続する．そして，働くことにおける不利がこれらのライフイベントにも強い影響をもたらすことが知られている．永瀬 (2002) によれば男女ともに非正規雇用で働いていることは結婚を遅らせ，酒井・樋口 (2005) によればフリーター経験者は結婚だけでなく出産の時期も遅くなるという．

　初職に就くタイミングで正規雇用として労働市場に参入できなければ，その後の職業キャリアの不利が規定され，さらには結婚や出産を経験することも困難になりつつある．これは若年期に起こるべきライフイベントに，不利の連鎖が存在することを示唆している．さらに，この若年期にどのような経験をするかしないか，またはできるかできないかといった分岐は，その後の壮年期，高齢期にまで何らかの影響をもたらすに違いない．

1.2　経済的不利としての貧困状態

　本章では，貧困をキーワードにして若年期の経済的な不利に焦点を合わせる．貧困に着目する理由は，働き方や仕事の内容はどうであれ，文化的で最低限の生活を送っていくことができるかどうかを問題にするためである．後に述べるように，もちろん非正規雇用をはじめとする不安定な雇用形態は貧困と結びつきやすいのは事実だが，諸々の要因が重なった結果として立ちあらわれている貧困という現状を，1つの社会的属性として捉えようという試みである．

　ここで日本の貧困の現状について簡単なレビューをしておこう．貧困を捉える際，通常は世帯を単位として考える．それは人々の実質的な生活水準が，主として個人の労働から得られる報酬による個人所得よりも，生計をともにする家族を中心とした世帯構成員の総所得に強く依存するためである[1]．そして世帯の所得をもとに貧困の測定する最も一般的な方法は，相対的貧困と呼ばれる方式である．これは OECD や厚生労働省が採用している方式であり，等価可処分所得（世帯の可処分所得を世帯人員の平方根で割った値）の中央値の半分以下（これを貧困線という）の世帯割合を貧困率として定義するものである．厚生労働省が 2009 年に公表した 2007 年「国民生活基礎調査」に基づく日本の貧

困線は112万円,そしてそれを下回る世帯の割合である相対的貧困率は15.7%であり(厚生労働省編2010),OECD(2008=2010)による国際比較を通じて,日本の相対的貧困率がOECD諸国の中でも高い値を示したことから注目を集めた.特に貧困に陥りやすい世帯類型には,高齢者世帯やひとり親世帯が含まれ,それぞれが抱える問題に見合った貧困対策が求められている[2].

このように,ある時点における貧困の現状に焦点を合わせた研究が多い中で,貧困の動態を考察するというアプローチも存在する.これは貧困ダイナミクス研究と呼ばれるもので,横断的調査ではなくパネル調査を活用し,同一世帯の貧困・非貧困状態を繰り返し観測していくものである.日本では家計経済研究所の「消費生活に関するパネル調査」データを用いた岩田(1999)や濱本(2005)が先駆的な成果であり,濱本によれば貧困ダイナミクス研究の意義は,「貧困は継続して起こるのか,貧困が一時的なものか,貧困が限られた人に継続して起こるのか,貧困に落ち込む要因は何かを捉えること」(濱本2005: 71)が可能な点にあると述べられている.

前述のように貧困は世帯を単位として捉えるのが一般的であるのに対し,本章では個人を単位とした貧困に着目する.この理由は2点ある.ここからは混乱を避けるため,個人を単位とした貧困を「低所得状態」と呼び,世帯を単位とした貧困をそのまま「貧困」と呼ぶことにしよう.

第1の理由は,低所得状態を個人の地位達成過程における1つの属性として捉えるためである.社会学ではブラウとダンカン(Blau and Duncan 1967)をはじめとして,個人の出身階層から学歴,職業的地位へといたる地位達成過程において,以前の属性がその後の属性に対して連鎖的に影響する様子を描いてきた.この理論的枠組みを援用するには,学歴や職業的地位と同様に,経済的地位についても個人を単位として整合性を高めた方が都合が良い.個人の属性の連関の中で,経済的地位が低いことが何に起因し,何に影響するのかという問題について直接的な議論が可能になるためである.

第2の理由は,研究対象となる集団が日本社会全体ではなく,若年層という限られた集団だということだ.本章では,東京大学社会科学研究所が実施している「働き方とライフスタイルの変化に関する全国調査」(JLPS)の若年・壮年パネルデータを用いるが[3],そのサンプルに含まれる調査対象者の学校卒業

時の状況，労働市場への参入時の状況，そして現在の状況を詳しくみていくならば，彼らの世帯の情報ではなく，彼ら自身のさまざまな状態の変化に着目すべきである．そこで本章では，JLPSの毎年の情報とそれに含まれる回顧データをもとに，個人のライフイベントと低所得状態との関連を考察していく．

1.3 低所得状態の定義

本章では，個人所得が150万円未満であることを低所得状態と定義する．この基準は，前述の厚生労働省の基準（貧困線＝112万円）にできるだけ近くなるように設定したものである．150万円という額は，単純に12ヶ月で割れば1ヶ月当たり12万5,000円になる．意外と高く感じられるかもしれないが，ここから本人自身にかかる生活費をすべて支払うとすると，家賃，光熱費，通信費，食費などがかかり，それらを差し引くと自由に使える金額というのは微々たるものにすぎず，何らかの経済的困難を抱えていると見ることができる．

もちろん低所得状態とは，あくまでも個人所得によって判断されるものであり，生活の実質的な豊かさを直接的に反映するものではない．例えば山田（1999）によって提唱された，親と同居し，生活費を親に依存して暮らしている若者「パラサイト・シングル」がかつて問題視されたが，彼らの行いの善し悪しは別にすると，彼らは仮に低所得状態であったとしても，生活に困窮することはない．しかし別の見方をすれば，この状態にある若者は家族や親類をはじめ，友人・知人などを含めた他者からの経済的・物的サポートがなければ，生活に困窮する潜在的な社会的弱者であることは明らかである．

1.4 本章の目的と方法

ここで，本章の流れについて整理しておこう．以降ではまず，そもそも低所得状態とはいかなる状態かを確認する．世帯の貧困との関係や，どういった人が現在，低所得状態にあるのかを把握しておくのである．その後，パネル調査の特性を活かして，JLPSの第1波から第8波のデータをもとに，低所得状態がどのくらい固定的か，その持続性はどの程度なのか，低所得状態からの脱出や低所得状態への突入の頻度はどれくらいかを明らかにする．次に，JLPSに含まれる回顧データを用いて，労働市場への参入時の状況，すなわち初職入職

時の不利が現在の低所得状態に与える影響を考察する．最後に，低所得状態がその後のライフイベントに及ぼす影響として，結婚の可能性や結婚相手の属性，結婚後の世帯所得の格差を取り上げ，最後に本章の知見の要約と議論を行う．なお，分析にあたって追加サンプルは用いていない．

2.「低所得」とはいかなる状態か

2.1 世帯の貧困と個人の低所得状態

世帯の貧困と個人の低所得状態とは，どのような関係にあるのだろうか．単身世帯の場合は個人の状態と世帯の状態が一致するが，2人以上の世帯になれば，「世帯は貧困だが個人は低所得ではない」とか，その逆のパターンなども存在するだろう．そこで図表5－1に，性別，婚姻状況の別に[4]，第1波時点で，世帯が貧困であるか否かと調査対象者個人が低所得状態であるか否かを組み合わせた集計結果を示す[5]．

図表5－1 第1波時点における世帯の貧困と個人の低所得状態（％）

	未婚		既婚	
	男性	女性	男性	女性
低所得・貧困	12.1	9.8	0.8	10.3
低所得・非貧困	17.2	23.7	0.9	60.3
非低所得・貧困	2.7	2.4	6.8	0.4
非低所得・非貧困	68.0	64.1	91.4	29.0
合計	100.0	100.0	100.0	100.0
（実数）	(750)	(579)	(863)	(942)

まず低所得状態であるか否か，貧困世帯であるか否かで分類された4群のそれぞれの意味について確認しよう．低所得・貧困群は，単身世帯の場合は個人所得が150万円未満の者となる．2人以上の世帯の場合は，本人に加え，生計を同じくしている人も経済的地位が低い状態にあることになる．低所得・非貧困群は，本人の所得は150万円未満で低所得状態にあるが，その他の家族構成員の所得によって貧困線を上回る経済的水準を維持しているケースである．単身世帯は矛盾した類型となるためここには含まれない．非低所得・貧困群にも

低所得・非貧困群の場合と同様の理由で単身世帯は含まれていない．この群は2人以上の世帯で，本人は150万円以上の所得があるが，世帯でみると貧困線を下回っており，世帯人数の多さや本人以外の所得が低いことが原因となっているケースである．非低所得・非貧困群は，単身世帯の場合，本人が150万円以上の所得を得ており，2人以上世帯の場合，本人の150万円以上の所得に加えて世帯全体でも貧困線を上回る状態にあり，今回の基準だけで考えれば経済的な困難を抱えていないケースである．

4群の分布に着目すると，既婚男性は非低所得・非貧困群の割合が91％と大きく分布が偏っているが，未婚の男女では非低所得・非貧困群が60％台，既婚女性では低所得・非貧困群が約60％と，既婚男性のように1つの分類に集中する様子はない．つまり個人の低所得状態は，世帯の貧困とまったく無関係ではないけれども，世帯の貧困とは別の経済的低地位の状態であり，既存の貧困研究とは別の視角といえるだろう．

2.2 婚姻状況と低所得状態

さらに図表5-1をみると，低所得状態にある未婚男性の割合は29％であるのに対し，既婚男性は2％に満たない．これは婚姻状態と個人所得には強い関連があることを示しており，低所得状態にあっては結婚生活が困難であることも示唆している．女性について同じ見方をしてみると，未婚女性では34％，既婚女性では71％となる．男性の場合とは異なり，後者の方が高い割合となるのは，既婚女性の低所得状態が専業主婦であることやパートタイム労働などによる所得によって生じているためである．

既婚者については，家計の大部分を夫の所得で担い，妻の所得は家計に対する補助的な役割として位置付ける男性稼ぎ主モデルがはっきりとあらわれている結果である．そのため特に既婚女性を対象とする際には，世帯を基準として考える必要があるが，本章の以降の部分では，第1波時点での未婚者を対象に，個人の低所得状態と初職入職から結婚までのライフコースにおける格差に焦点を合わせることにする．

2.3 誰が低所得状態に陥っているのか

どのような人が低所得状態に陥っているのだろうか．第1波時点の情報を用いて，未婚者に限定し，若年層のどのような属性が低所得状態と結びついているかを考察しよう[6]．

ここで用いるのは多項ロジットモデルである．従属変数は，図表5-1で用いた世帯の貧困と個人の低所得状態の組み合わせによって作られた変数だが，そのうち非低所得・貧困群はケース数が少ないため，ここでは分析には含めない．そこで，参照カテゴリーを非低所得・非貧困群とし，低所得状態を低所得・貧困群と低所得・非貧困群に区別した従属変数を用いる．低所得状態を世帯の貧困状態によって区別する理由は，低所得・貧困群と低所得・非貧困群が異質な集団である可能性を検証するためである．特に未婚女性の低所得・非貧困群については，既婚者のそれと類似した性質を持っている可能性がある．

図表5-2，図表5-3はそれぞれ男女別に分析を行った結果である．独立変数は以下のとおりである．まずモデル1では，出生コーホート，学歴（これまでに通った中での最高学歴で，在学中も含む）を投入する．次いでモデル2では，現職（正規雇用・非正規雇用・自営または家族従業者・無職・学生の5分類）と親との同居の有無（両親と別居・父親のみ同居・母親のみ同居・両親と同居の4分類）もモデルに含めている．

図表5-2の男性の結果からみていこう．モデル1では，低所得・非貧困群と低所得・貧困群の両方で1981～86年出生コーホートの効果が有意であり，第1波時点での20代前半の未婚男性は30代後半の未婚男性よりも，低所得状態である確率が高いことがわかる．学歴の効果については低学歴であるほど低所得状態になりやすいことも予想できるが，実際には係数の符号は負で統計的には有意なものがない．したがって，どのレベルの教育を受けた，または現在受けているかは低所得状態には影響していない．この背景には，調査時現在も在学中である者が高等教育で多いことも影響していると考えられるが，卒業から少なくとも2年が経過している中学校・高校卒の正の有意な効果がみられないことから，これだけでは十分な説明とはいえない．

モデル2では，モデル1に加えて現職と親との同居の有無に関する変数を独立変数に含めている．低所得・非貧困群，低所得・貧困群の両方に共通して，

図表 5-2　第1波時点の低所得状態に関する多項ロジットモデルの結果 (男性)

	モデル1		モデル2	
	低所得・非貧困 (n=126)	低所得・貧困 (n=90)	低所得・非貧困 (n=126)	低所得・貧困 (n=90)
出生コーホート (ref. 1966〜70年)				
1971〜75年	0.03	−0.04	0.32	0.26
1976〜80年	0.12	0.21	0.11	0.35
1981〜86年	2.17 ***	1.42 **	1.29 *	0.38
学歴 (ref. 大学・大学院)				
中学校・高校	−0.22	−0.33	0.42	0.22
専修学校	−0.50	−0.39	0.41	0.06
短大・高専	−0.59	−0.88	0.56	0.60
現職 (ref. 正規雇用)				
非正規雇用			1.78 ***	2.73 ***
自営・家族従業者			1.58 **	2.75 ***
無職			3.87 ***	4.72 ***
学生			5.52 ***	5.77 ***
親との同居の有無 (ref. 両親と別居)				
両親のうち父親とのみ同居			1.38	−0.15
両親のうち母親とのみ同居			1.45 **	−0.38
両親と同居			2.55 ***	−0.44
−2Log-likelihood	135.49		347.19	
d.f.	12		26	
n	719		719	

注：値は多項ロジット係数．*** $p<0.001$，** $p<0.01$，* $p<0.05$，† $p<0.10$．定数は略．

　出生コーホートの効果はモデル1に比べて弱くなっているか，有意ではなくなっている．学歴の効果は，学生の効果を追加することで符号が正へと変わっているが，依然として統計的には有意ではないことから，男性の低所得状態に対する学歴の直接効果はほとんどないといえるだろう．現職の効果は非常に強く，正規雇用に比べると，非正規雇用や自営または家族従業者として働いている場合や無職や学生である場合は，低所得状態に陥っている確率が高い．両親との同居については，低所得・非貧困群でのみ母親または両親と同居している場合に，両親と別居の場合と比べて本人が低所得状態である確率が有意に高いことが示されている．

　次に図表5-3の女性の結果をみると，モデル1では低所得・非貧困群に対

第5章　現代日本の若年層の貧困

図表 5-3　第1波時点の低所得状態に関する多項ロジットモデルの結果（女性）

	モデル1		モデル2	
	低所得・非貧困 (n=137)	低所得・貧困 (n=56)	低所得・非貧困 (n=137)	低所得・貧困 (n=56)
出生コーホート (ref. 1966～70年)				
1971～75年	0.21	−0.40	−0.01	−0.31
1976～80年	1.00	−0.28	1.03	0.16
1981～86年	2.37 ***	0.43	1.51 *	0.67
学歴 (ref. 大学・大学院)				
中学校・高校	−0.13	1.02 **	0.78 †	1.85 ***
専修学校	−0.14	0.31	0.75 †	1.13 *
短大・高専	−0.16	0.05	1.04 *	0.91
現職 (ref. 正規雇用)				
非正規雇用			2.58 ***	2.14 ***
自営・家族従業者			2.92 ***	1.78
無職			3.74 ***	2.90 ***
学生			6.72 ***	5.33 ***
親との同居の有無 (ref. 両親と別居)				
両親のうち父親とのみ同居			3.47 **	0.50
両親のうち母親とのみ同居			1.62 *	0.23
両親と同居			2.89 ***	−0.42
−2Log-likelihood	124.46		297.87	
d.f.	12		26	
n	561		561	

注：値は多項ロジット係数．***$p<0.001$，**$p<0.01$，*$p<0.05$，†$p<0.10$．定数は略．

して1981～86年出生コーホートが正で有意な効果を示しており，低所得・貧困群では有意ではない．一方，学歴の効果は低所得・貧困群でのみ中学校・高校の正の効果が確認できる．

　モデル2で現職と両親との同居の有無に関する変数を投入すると，出生コーホートの効果は弱くなるが，低所得・非貧困群では依然として有意である．したがって，世帯が貧困であるか否かで区別される2つの低所得状態は，男女ともに世代（または年齢）的特徴が異なり，より若い人々が低所得・非貧困群に入りやすい傾向が示されている．学歴の効果は男性とは異なり，多くの有意な効果が確認でき，いずれも大学・大学院に比べて，より低い学歴を持つ場合に低所得状態に陥りやすい．現職をコントロールした後に学歴の有意な効果が確

認できるということは，すでに獲得された学歴が現職とは別のルートで現在の低所得状態に影響していることを意味している．現職の効果は男性と同様に非常に強いが，低所得・貧困群に対する自営・家族従業者の効果は有意ではない．これは該当するケース数が少なく，標準誤差が大きいためである．低所得・非貧困群と低所得・貧困群の異質性は，両親との同居の有無についても確認でき，低所得・非貧困群でのみ親との同居に関する正の有意な効果がみられる．

未婚の男女にとって，若い世代ほど低所得状態に陥りやすいことや，無職や学生はもちろんのこと，非正規雇用や自営または家族従業者として働いている場合も，正規雇用に比べれば低所得状態である確率が高いことは想像にかたくない．また両親との同居に関して，大石（2004）は，非正規雇用や無職である未婚男女が親と同居する傾向があり，1990年代後半の親との同居率上昇の背景には，若年の雇用環境の悪化があると述べている．この議論とあわせて考えれば，職業的不利と低所得状態，そして親との同居が相互に結びついている様子が浮かび上がってくる[7]．

3. 低所得状態の持続性と変化

3.1 低所得状態の経験回数

貧困のダイナミクス研究において繰り返し指摘されてきたのは，貧困が一時的なものなのか，それとも持続的なものなのかということによって，貧困の深刻さに違いがあり，さらに施されるべき貧困対策や政策提言が異なってくるということである．そこで，低所得状態がいかに持続的であるかをパネル調査の特徴を活かして分析しよう．ここで分析対象となるのは，第1波時点で未婚者かつ学生ではなく，その後の第8波までのすべての調査に回答している者である．

図表5-4は第1波時点で未婚であった者について，第1波から第8波までの個人所得から，それぞれの時点で低所得状態であるか否かを判断し，低所得状態の経験回数の分布を示したものである[8]．ここで，男性については1種類の結果のみを示しているが，女性については2種類の結果を示した．女性①は男性と同じ方法で，単純に低所得状態の回数をカウントしたものである．女性

図表 5-4　低所得状態の経験 (%)

	男性		女性①		女性②	
	1966～75年出生	1976～86年出生	1966～75年出生	1976～86年出生	1966～75年出生	1976～86年出生
0回	74.7	70.7	55.9	39.5	66.2	59.3
1回	7.5	8.4	9.6	12.6	11.0	11.9
2回	4.1	5.4	3.7	6.3	2.9	6.7
3回	4.8	2.4	5.1	10.7	3.7	5.5
4回	2.7	1.8	6.6	6.3	3.7	1.2
5回	1.4	3.0	3.7	5.5	2.2	3.6
6回	1.4	1.2	5.9	4.3	2.2	2.8
7回	1.4	2.4	2.9	3.6	1.5	1.6
8回	2.1	4.8	6.6	11.1	6.6	7.5
合計	100.0	100.0	100.0	100.0	100.0	100.0
(実数)	(146)	(167)	(136)	(253)	(136)	(253)

②は，第2波以降のある調査時点で既婚である場合は，もしそのときの個人所得が150万円未満で低所得状態だったとしても，それは1回としてカウントせずに計算した結果である．図表5-1でみたように，既婚女性は低所得状態にある割合が非常に高いけれども，その理由は専業主婦やパートタイム労働に代表されるように，夫に経済的に依存できる家庭であるか，妻の労働が家計に対するあくまでも補助的役割で済む場合が多いためであり，それを考慮したものが女性②ということになる．

図表5-4の数値を詳しくみていくと，1966～75年出生コーホートの男性のうち，少なくとも1度以上，低所得状態を経験しているのは25%，1976～86年出生コーホートの男性では29%である．第1波時点で未婚の男性の7割以上は調査期間中に低所得状態の経験はないが，約4人に1人は低所得状態を経験したことがあるという結果である．女性①では低所得状態を経験したことがある者の割合はさらに高く，1966～75年出生コーホートでは44%，1976～86年出生コーホートにいたっては60%と過半数に達している．「既婚女性は低所得状態にはない」と仮定した女性②の計算結果でも，1966～75年出生コーホートの34%，1976～86年出生コーホートの41%が低所得状態の経験があることから，低所得状態とはごく一部に限られた経済的低地位ではなく，広範囲にわたって身近に存在する不利だといえるだろう．

次に低所得状態の持続性ないしは深刻性をみるために，低所得状態の経験回数に着目しよう．いずれの群においても，1回，2回，3回と低所得状態の経験回数の順にその割合を追っていくと，たとえば男性1976～86年出生コーホートでは8.4%→5.4%→2.4%といったように割合も小さくなっていく．しかしそのまま下げ止まるわけではなく，割合が上昇に転じている結果もみられることから，一部で低所得状態の固定化が起こっていることがわかる．

その他には，若いコーホートの方が低所得状態の経験が多いことも明らかである．この背景には2つの仮説が考えられる．第1は，2つの出生コーホート間で学校を卒業してからの経過年数が大きく異なるためであり，加齢効果によって生じた差だというものである．1976～86年出生コーホートでは学卒後間もないこともしばしばで，安定した職にまだ就けてない状況を反映した結果かもしれない．一方，1966～75年出生コーホートについては，学卒後の経過年数も長いことから，学卒後間もない頃にはまだ経済的に不安定だったとしても，その後の人生においてしだいに安定した所得を得られるようになったのかもしれない．

第2は，この2つのコーホートでは学卒後の就職環境が異なり，若いコーホートでは経済不況の影響をより強く受けているため，正規雇用への入職チャンスが制限され，低所得状態を経験しやすいというものである．この仮説が正しいならば，いくら年月が経過したとしても初期キャリアにおける不利を克服していくことは難しいだろう．

3.2 低所得層の固定性と入れ替わり

図表5-4でみたように，低所得状態とは若年層のごく限られた部分に存在するのではなく，男性でも2割以上，女性にいたっては4～6割もの人々が経験したことのある身近な経済的不利なのである．ではこの不利な状態は，特定の若年層に集中しているのだろうか．それとも低所得状態にある人々は時点によって大きく変化し，低所得層の入れ替わりが頻繁に起こっているのだろうか．この結果は，低所得状態やそれに付随する社会問題に対する処方箋のあり方にも影響してくる．

ここでは第1波から第8波までの調査から，連続する2時点間で低所得状態

第5章　現代日本の若年層の貧困

とそうでない状態との間を人々がどの程度移動するかをみてみよう．2時点間での変化なので，ある年を「t時点」，その翌年を「t+1時点」と表すと，まずt時点を低所得状態であるか否かで区別し，その状態にt+1時点もとどまるのか，それとも低所得状態へ突入または低所得状態から脱出するのかを算出する．図表5-5と図表5-6はその結果をそれぞれ性別，出生コーホート別に示したものである[9]．

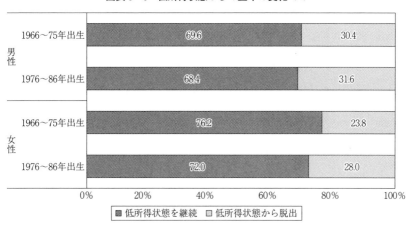

図表5-5　低所得状態からの翌年の変化（%）

まず図表5-5からある時点で低所得状態である者のうち，どの程度，翌年に低所得状態を脱出できているかをみてみよう．男性ではどちらの出生コーホートでも7割程度が低所得状態を継続し，残りの3割程度が低所得状態から脱出することができている．つまり，低所得状態を継続している方が過半数であるから，低所得状態はある程度固定的であり，一部の人々に不利が蓄積している様子がうかがえる．女性は男性を上回っており，未婚女性の低所得状態はより深刻なものであることがわかる．

では次に，非低所得状態からの変化について図表5-6をみてみよう．ある時点で低所得状態にない場合，翌年に低所得状態へ突入する割合は，男女ともに5％前後と低く，図表5-5でみた低所得状態の固定性と比べると，低所得状態へ突入は稀な出来事だといえる．しかし，低所得状態へ突入する割合はゼ

183

ロではない．前年にはたまたま150万円を超える所得があっても，慢性的な低賃金により150万円のラインを行ったり来たりする人々や，たとえば休業や失業によって大幅な所得の低下を経験する人々も少なからずいることを，図表5-6は示しているのである．

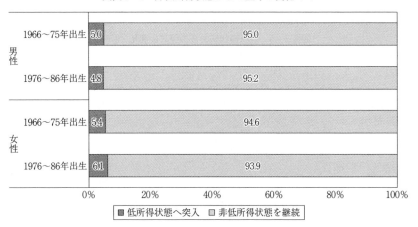

図表5-6 非低所得状態からの翌年の変化（%）

いつも決まった人々が低所得状態にあり，それ以外の人々は低所得状態とはほぼ無縁な生活を送っているということになると，若年層の階層分化が進むことになる．もしそうなれば，大渕（2008）も指摘するように，若年層の貧困問題も公共性を失い，若年層の多様性の中に埋没してしまうかもしれない．このような状況を回避するためには，低所得状態からの脱出率をいかに上昇させるかが課題となるだろう．

4. 不利の連鎖は存在するか

4.1 労働市場への参入プロセスの影響

ここまで，パネルデータによって毎年の情報からみえてくる低所得状態の現状と持続性について考察してきた．さらに図表5-2，図表5-3でみたように，現在，非正規雇用として働いていることや何らかの理由により無職であること

は，低所得状態と深い結びつきがあることがわかっている．

そこで，ここではJLPSの特徴でもある個人の履歴の情報を用いて，どのような経歴の人々が低所得状態に陥っているのかを検討しよう．過去の何らかの出来事や過程が現在の低所得状態に結びついているとすれば，問題となる現象がその後のライフコースに持続的に負の影響を与え続けていると考えることができる．そこで具体的には，労働市場への参入時の状況や地位が，調査時点における低所得状態にいかなる影響を与えているかという問いについて考察する．

この分析では，第1波時点ですでに学校を卒業しており，何らかの職業経験がある者を対象とする．用いる独立変数は，モデル1では出生コーホート，学歴（短大・高専・大学・大学院の場合は1，それ以外は0をとるダミー変数），初職入職からの経過年数と，労働市場への参入時の状況として，学校を卒業後に初職入職するまでに間断があったか否かを示すダミー変数を投入する．モデル2ではそれらに加えて初職（正規雇用・非正規雇用・自営または家族従業者の3分類）を投入し，モデル1と比較する．モデル3では現職（正規雇用・非正規雇用・自営または家族従業者・無職の4分類）と初職が非正規雇用で現職が正規雇用である場合に1をとるダミー変数を投入する．

初職非正規雇用と現職正規雇用の交互作用効果をモデルに追加する理由は，初職が非正規雇用という不利な状況にあっても，現職で正規雇用として働くことができれば，労働市場への参入時の不利を挽回できるかどうかを確かめるためである．この変数の効果が負で有意になれば，職業キャリアの途中でも初職入職時の不利を挽回することができるということになる．

推定方法は個人間の異質性を考慮することが適切であると確認されているため，プールされたデータに対するロジットモデルではなく，ランダム効果ロジットモデルを用いる[10]．

図表5-7の男性のモデル1の結果からみていこう．出生コーホートの効果はいずれも有意ではない．学歴については，低学歴者の方が低所得状態に陥りやすいことがはっきりと確認できる．初職入職からの経過年は有意ではないが，初職入職時の間断についてのダミー変数は正で有意であり，学卒から労働市場参入までの間に間断があると低所得状態に陥る確率は高くなる．

次にモデル2をみてみよう．初職の効果を追加すると，初職入職時の間断あ

りの効果は有意ではなくなっている．これは，初職入職時に間断のある者は正規雇用以外の職に就く傾向があることによる．初職の効果からは，初職が非正規雇用や自営または家族従業者であることは，正規雇用に比べて低所得状態に陥りやすいことがわかる．

モデル3では，初職自営または家族従業者の効果は有意ではなくなっている．その代わりに，現在の低所得状態に強い影響をもたらしているのは現職である．現職の効果のあらわれ方は図表5-2，図表5-3とほぼ同じであり，初職の効果と比較しても現職の効果がはるかに強いことがわかる．地位達成過程の枠組みで考えれば，初職から現職までの職業経歴の連関は強いため，初職が現職を規定し，現職が現在の低所得状態であるか否かを規定するというメカニズムが成り立っていると考えられる．初職が非正規雇用かつ現職が正規雇用という交互作用の効果は統計的に有意ではないことから，いったん職業キャリアを歩み始めると，その後に不利を挽回することが困難であることがうかがえる．

図表5-7　調査時点の低所得状態に関するランダム効果ロジットモデルの結果（男性）

	モデル1	モデル2	モデル3
出生コーホート（ref. 1966～70年）			
1971～75年	-0.73	-0.77†	-0.64
1976～80年	-0.01	-0.16	-0.14
1981～86年	0.61	0.51	0.50
学歴（短大・高専以上ダミー）	-1.90***	-1.60***	-1.14***
初職入職からの経過年	0.02	0.05	0.01
初職入職時の間断ありダミー	1.42***	0.57	0.20
初職（ref. 正規雇用）			
非正規雇用		2.94***	1.08**
自営・家族従業者		2.32**	0.84
現職（ref. 正規雇用）			
非正規雇用			3.11***
自営・家族従業者			2.79***
無職			4.95***
初職非正規×現職正規ダミー			0.60
-2Log-likelihood	1869.18	1818.41	1553.14
number of obs	3165	3165	3165
number of groups	628	628	628

注：***$p<0.001$，**$p<0.01$，*$p<0.05$，†$p<0.10$．定数は略．

第5章　現代日本の若年層の貧困

　図表5-8の女性の結果をみてみよう．モデル1では，すべての独立変数の効果が有意である．出生コーホートの効果は若い世代ほど低所得状態に陥りやすく，学歴の効果は男性と同様に高卒以下の者は低所得状態に陥りやすいことを示している．初職入職からの経過年と初職入職時の間断の有無の効果についても，初職入職から年数がより経過しているほど，そして入職の際に間断がある者は低所得状態に陥りやすいことを意味している．すでに述べたように，初職入職からの経過年の負の効果は，働き始めて間もない頃に仮に低所得状態であったとしても，年月が経つにつれてそこから脱出する確率が高くなることを表していると解釈できる．

　モデル2では初職を追加している．初職の効果は非正規雇用のみ正の強い効果が確認でき，女性でも初職が非正規雇用であることは，現在の低所得状態に影響している．

　モデル3は現職と，初職が非正規雇用で現職が正規雇用の交互作用を加えた

図表5-8　調査時点の低所得状態に関するランダム効果ロジットモデルの結果（女性）

	モデル1	モデル2	モデル3
出生コーホート（ref. 1966～70年）			
1971～75年	1.14†	1.15†	1.03†
1976～80年	1.87*	1.82†	1.54†
1981～86年	3.28**	3.27**	2.87**
学歴（短大・高専以上ダミー）	-1.26***	-1.20***	-0.91***
初職入職からの経過年	0.15*	0.17*	0.11†
初職入職時の間断ありダミー	1.73***	0.97*	0.58†
初職（ref. 正規雇用）			
非正規雇用		1.92***	0.71*
自営・家族従業者		-0.04	-1.01
現職（ref. 正規雇用）			
非正規雇用			2.65***
自営・家族従業者			1.52**
無職			4.08***
初職非正規×現職正規ダミー			0.36
-2Log-likelihood	2210.107	2186.048	1984.35
number of obs	3219	3219	3219
number of groups	637	637	637

注：*** $p<0.001$, ** $p<0.01$, * $p<0.05$, † $p<0.10$．定数は略．

ものである.現職の効果は男性の場合と同じ解釈が可能であり,初職非正規雇用と現職正規雇用の交互作用効果は有意ではない.

以上の結果をまとめると,男女ともに学卒から初職へ入職する際に間断があることや,初職が非正規雇用であるといった労働市場への参入時の不利は,現職を経由して現在の低所得状態を規定するという不利の連鎖がみられた.この結果は,学校を卒業してから間断なく労働市場へ参入していくこと,初職で正規雇用の職を得ることが,その後の安定した職業キャリアやライフコースを形成していく上でいかに重要であるかを示している.学卒後数年から十数年後に経済的に不利な生活を送っているかどうかは,労働市場へ参入する時点に大きな分かれ道があるといえよう.

4.2 結婚への影響

最後に,低所得状態がその後のライフイベントに与える影響について,結婚を取り上げて考察しよう.ある年に未婚で,かつ学生ではない者が翌年に結婚する確率を,低所得状態とそうでない状態で比較する.具体的には,「t時点で未婚でt+1時点で既婚である人数／t時点,t+1時点とも未婚である人数」として計算したオッズを,t時点に低所得状態であったか否かの両方の場合で計算し,そのオッズ比「非低所得状態／低所得状態」をとる.計算の結果,1966〜75年出生コーホートの男性では11.92,女性では3.06,1976〜86年出生コーホートの男性では2.78,女性では1.56となった.オッズ比はすべて1より大きいことから,低所得状態にある人々は結婚しにくいことがわかる.

では仮に低所得状態から結婚できたとして,この未婚時の経済的不利を結婚後に克服することはできるのだろうか.結婚後の世帯所得とそれを世帯人員数で調整した等価所得を,低所得状態から結婚した人と非所得状態から結婚した人で比較しよう.

t時点で非低所得状態であり,t+1時点で既婚である男性のt+1時点の世帯所得の平均は712万円,等価所得の平均は511万円である.一方,t時点で低所得状態であった場合は,それぞれ568万円,353万円となっている.こうみると金額の差は明確だが,そもそも低所得状態から結婚イベントが起こりにくいことから,世帯所得の平均値に統計的な有意差はない[11].しかし女性では,

明確な格差があらわれてくる．t時点で非低所得状態であり，t+1時点で結婚した女性のt+1時点の世帯所得，等価所得の平均はそれぞれ721万円，552万円であったのに対し，t時点で低所得状態であり，t+1時点で結婚した女性の世帯所得，等価所得の平均は516万円，383万円である．この差は世帯所得，等価所得ともに1％水準で統計的に有意であり，結婚前の低所得状態との関連が少なからず存在していることがわかる．

さらに図表5-9から女性に限って配偶者（夫）の学歴の違いをみてみると，低所得状態から結婚した女性の夫の学歴は短大以上が44％であるのに対し，非低所得状態から結婚した女性の夫の学歴は短大以上が65％であり，高等教育経験率に大きな差があることがわかる[12]．太郎丸（2011）では，非正規雇用の男性の結婚相手となるのは，やはり非正規雇用の女性が多いことが明らかにされており，経済的，社会的に不利な立場にある者同士が結婚しやすく，これが結婚後の世帯の格差に反映されているのだろう．

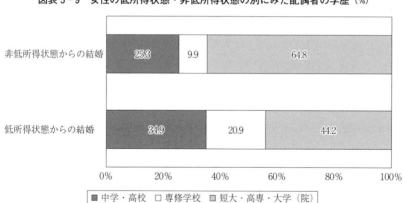

図表5-9　女性の低所得状態・非低所得状態の別にみた配偶者の学歴 (%)

5. まとめ

　本章ではまず，個人所得が150万円を下回る状態を低所得状態と定義し，若年層内部に広がる経済的不利の現状を確認した．その結果，若年未婚者の約3割は低所得状態にあり，学生や無職に加えて，正規雇用以外の雇用形態が低所得状態に陥りやすいことが明らかになった．

　JLPSの8回にわたる追跡調査をもとに，低所得状態の経験回数を調べたところ，男性で2～3割，女性で半数近い人々が少なくとも1度は低所得状態を経験していることから，これは稀な現象ではなく身近な不利だといえるだろう．さらに少数ではあるが，8回の調査のすべてにおいて低所得状態である者もおり，一部で慢性化している状況である．一度，低所得状態に陥ると，次の年も低所得状態である確率は約7割と高く，経済的不利が蓄積していく様子もうかがえた．学校を卒業し，自立のプロセスを歩んでいるはずのライフステージにおいて，この現状は決して楽観視できるものではない．

　次に，労働市場への参入時の状況が調査時現在の低所得状態に影響を与えるプロセスを考察したところ，学校から職業への移行において間断があることは初職が正規雇用以外であることに影響し，初職は職業キャリアを通して現職を規定し，現職が正規雇用以外であると低所得状態に陥りやすくなるという不利の連鎖が明らかになった．初職が非正規雇用であっても現職で正規雇用になることができれば，現在，低所得状態に陥っている可能性が低いと予想したが，そのような挽回のチャンスも少ないようである．つまり学卒から初職，現職，現在の低所得状態にいたるライフコースを通じた不利の連鎖を断ち切るには，より前の段階で不利な状態から抜け出すことが重要なのである．

　最後に，ある時点の低所得状態がその後のライフコースに与える影響について，結婚を取り上げて検証したところ，そもそも低所得状態からは結婚が困難であること，結婚できたとしても結婚後の世帯の経済的水準は低いことなどから，低所得状態がその後のライフコースにも負の影響を与えていることが確認された．

　学歴が低いと正規雇用として働くのが困難で，非正規雇用などの不安定な働

き方を選択しなければならず，非正規雇用は低所得状態に陥りやすい．そして低所得状態であれば結婚することは難しいばかりか，親もとを離れたくてもそれができない．これまでの分析結果を並べると，このようなストーリーが描かれてしまう．では，不利の連鎖が蓄積しないようにするためには何が必要だろうか．2つの可能性が考えられる．

第1は，たとえ不利の連鎖に埋め込まれてしまっても，それを断ち切るチャンスが用意されていることである．本章ではこの点についてはっきりとした知見をみいだすことはできなかったが，不利の連鎖を断ち切るチャンスがまったくないとはいい切れない．しかし，そのチャンスを得ること自体が困難を伴うかもしれず，その場合には若者自身の努力だけではなく，社会がチャンスを獲得する手助けをする必要があるだろう．

第2は，不利の連鎖が発生しやすい状況を未然に防ぐことである．これには若者，学校，企業のそれぞれの努力が必要になってくる．若者にとっては学校卒業後の職業生活を学校に在籍しているうちにどれだけ具体的にイメージできるか，学校にとっては学生の職業世界への意識をいかに高めることができるか，企業にとっては若年層の安定した雇用をいかに拡大させられるかが焦点となるだろう．

付記

本章の内容は，次の報告書論文の内容に対してデータセットを新しいものにして再分析をし，本文を加筆・修正したものである．

林雄亮（2015）「若年層の貧困と職業キャリア・ライフイベントに関するパネルデータ分析」平成22～26年度科学研究費補助金基盤研究（S）研究成果報告書（課題番号 22223005）『現代日本における若年層のライフコース変容と格差の連鎖・蓄積に関する総合的研究』: 175-194.

謝辞

本研究は，科学研究費補助金基盤研究（S）（18103003, 22223005）の助成を受けたものである．東京大学社会科学研究所パネル調査の実施にあたっては，社会科学研究所研究資金，株式会社アウトソーシングからの奨学寄付金を受けた．パネル調査データの使用にあたっては社会科学研究所パネル調査企画委員会の許可を受けた．

注

1) その典型的な例として，専業主婦を考えると良いだろう．
2) 近年の貧困研究の総括的な取り組みとしては橘木・浦川（2005）が挙げられる．
3) 本章では，この調査対象者を一括して若年層と呼ぶことにする．なおこのサンプルのうち，最も生まれの早い者は1966年1月生まれである．順調にいけば高校を卒業するのは1984年3月，JLPS第1波が行われた2007年には40歳（誕生日と調査日によっては41歳）になっている．反対に最も若い者は1986年12月生まれであり，高校卒業は2005年3月，第1波のときには20歳になっている．
4) 離別・死別は分析から除外している．
5) JLPSの所得の回答は，最小「なし」から最大「2,250万円以上」の13カテゴリーから選択する方式である．そのため個人所得は，最小「なし」を0万円，最大「2,250万円以上」を2,250万円とし，その他のカテゴリーについてはそれぞれの中央値を与える方法で推計した．なお貧困世帯の基準は，推計した世帯所得を用いて前述の厚生労働省の基準（貧困線＝112万円）にできるだけ近くなるように設定した．具体的には，貧困線を等価所得150万円として定義し，それを下回る世帯を貧困とした．この基準は厚生労働省の基準と比較すると若干高いものとなっているが，JLPSでは収入総額をたずねているため，可処分所得（収入から直接税・社会保険料を除いた額）を考えればこの差は縮まる．
6) ここでは，所得の高低がパネルの脱落に与える影響がある可能性を考慮し，第1波の情報のみを用いている．JLPSデータの標本脱落について分析した田辺（2012）でも，部分的ではあるが，世帯所得が低いほど有意にパネルから脱落していく確率が高いことが明らかになっている．
7) しかしここでは，親と同居しているから本人は低所得でも構わないということなのか，それとも本人が低所得ゆえに親もとを離れられず同居しているのかは区別できない．
8) 第1波から第8波まですべてに回答している者のみを分析対象としているので，調査に継続して協力できるという点で若年層の中でも比較的安定した層に偏っている可能性もある．その場合は，図表5-4に示した数値は真の姿を過小評価してしまう危険がある．
9) 男女ともに連続する2時点の前の時点で未婚であり，かつ学生でないものを対象とし，連続する2時点間の状態変化はすべてプールして算出した結果を示している．
10) ランダム効果モデルでは，観察されない異質性（個体効果ともいう）と独立変数との間に相関がないことを仮定した上で推定している．
11) 等価所得の平均値の差は10％水準で有意である．
12) この差は統計的にも有意である（n=276, χ^2=7.57, d.f.=2, p<.05）．

文献

Blau, P. M. and O. D. Duncan (1967) *The American Occupational Structure*. New York: Wiley.

玄田有史 (2001)『仕事のなかの曖昧な不安――揺れる若年の現在』中央公論新社.

濱本千寿香 (2005)「収入からみた貧困の分布とダイナミックス――パネル調査にみる貧困変動」岩田正美・西澤晃彦編著『貧困と社会的排除――福祉社会を蝕むもの』ミネルヴァ書房: 71-93.

石田浩 (2005)「後期青年期と階層・労働市場」『教育社会学研究』76: 41-57.

岩田正美 (1999)「女性と生活水準変動――貧困のダイナミックス研究」樋口美雄・岩田正美編『パネルデータからみた現代女性――結婚・出産・就業・消費・貯蓄』東洋経済新報社: 171-191.

小杉礼子 (2010)『若者と初期キャリア――「非典型」からの出発のために』勁草書房.

厚生労働省編 (2010)『平成22年版 厚生労働白書』日経印刷.

永瀬伸子 (2002)「若年層の雇用の非正規化と結婚行動」『人口問題研究』58(2): 22-35.

OECD (2008) *Growing Unequal? Income Distribution and Poverty in OECD Countries*. OECD Publishing. =(2010) 小島克久・金子能宏訳『格差は拡大しているか―― OECD加盟国における所得分布と貧困』明石書店.

大渕憲一 (2008)「公正な社会を目指して」原純輔・佐藤嘉倫・大渕憲一編『社会階層と不平等』放送大学教育振興会: 222-233.

大石亜希子 (2004)「若年就業と親との同別居」『人口問題研究』60(2): 19-31.

酒井正・樋口美雄 (2005)「フリーターのその後――就業・所得・結婚・出産」『日本労働研究雑誌』535: 29-41.

橘木俊詔・浦川邦夫 (2005)『日本の貧困研究』東京大学出版会.

田辺俊介 (2012)「『東大社研・若年壮年パネル調査』の標本脱落に関する分析: 脱落前年の情報を用いた要因分析」東京大学社会科学研究所パネル調査プロジェクト・ディスカッション・ペーパー・シリーズ No.56.

太郎丸博 (2011)「若年非正規雇用と結婚」佐藤嘉倫・尾嶋史章編『現代の階層社会 1 ――格差と多様性』東京大学出版会: 131-142.

山田昌弘 (1999)『パラサイト・シングルの時代』筑摩書房.

第 6 章

社会的孤立と無業の悪循環

石田賢示

1. 問題の所在

　本研究の目的は，社会ネットワークと無業の関連を，両者の循環的な関係に着目して明らかにすることである．ここでいう無業とは，多くの統計調査で用いられる定義と同様で，収入を伴う仕事をしていない状態を指す．この中には学生や専業主婦と呼ばれる女性など，さまざまな人が含まれる．「就業構造基

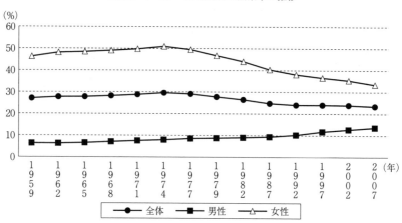

図表6-1　20～39歳男女の無業率の推移

資料：就業構造基本調査より筆者作成

本調査」(総務省) の結果のうち20歳から39歳までの男女について無業率をみると，全体では3割程度で推移しているが，女性の無業率が1970年代半ばを境に減少し，男性の無業率は緩やかに上昇し続けていることがわかる (図表6-1)．

　無業が問題であるのは，それが失業と結びついているからである．無業であり，かつ就業希望である場合が失業だということになるが，完全失業率は上昇傾向にある．「労働力調査」(総務省) の結果から完全失業率の推移をみると，性別，年齢層の別なく1990年代以降急激に上昇し，2000年以降は変動を伴いつつほぼ平坦に推移しているといえる (図表6-2)．失業は経済的に不安定な生活を招く可能性が高く，それが解決されるべき状態であることは論を待たないであろう．女性の無業には先述のとおり専業主婦のようなケースが少なくないため，無業であることの意味は多義的になるが，男性の無業は学生である場合を除けばほぼ失業に近いといえる．本章では無業者のうち学生は除くため，少なくとも男性については無業状態を失業状態とみなして議論を進める．

　本研究で対象とする若年，壮年層における無業の問題は，学卒後の進路未決定問題や (苅谷ほか1997; 粒来1997)，2000年代以降に生じた「ニート」(NEET)

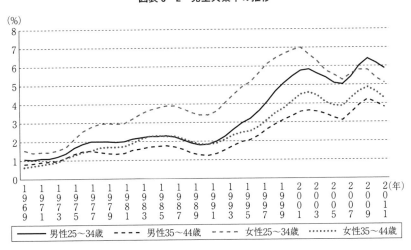

図表6-2　完全失業率の推移

資料：労働力調査より筆者作成

問題（玄田・曲沼 2004；本田ほか 2006）を経ながら，現在に至るまで議論されている．これまでの議論の焦点は若年層，とりわけ学卒後間もない若年層の無業問題であったが，近年では壮年期における不安定就業の問題も検討され始めている（労働政策研究・研修機構 2014）．無業とは異なるが，非正規雇用の問題も生活の不安定さを招く重要な背景である点では共通している．不安定就業や無業が年齢層を問わずキャリア形成の途上にある人々にとって深刻な問題となっているといえるだろう．

　無業の問題に焦点を当てた近年の重要な議論の1つは，「孤立無業者」（SNEP）に関するものであろう（玄田 2013）．「20 歳以上 59 歳以下の学生を除く未婚無業者のうち，ふだんずっと一人か，一緒にいる人が家族以外いない人々」がその定義である（玄田 2013: 24）．「社会生活基本調査」（総務省）から孤立無業者数を推計すると，その数は年々増加しているという（玄田 2013: 27）．文字どおり，孤立無業というカテゴリでは孤立と無業が渾然一体となっているが，両者の間にはどのような関係がみられるのか．それを明らかにするには，孤立と無業を切り分けて検討を進める必要がある．

　本研究では，社会的孤立と無業の関係をパネル調査データの分析を通じて明らかにしたい．とりわけ就業に着目する場合，社会的孤立が問題となるのは自分自身の仕事について相談できるような他者がいないことであると考えられる．若年者の離職理由のうち人間関係の問題は主要なものの1つであることから，有業者にとっても社会的孤立は大きな問題である[1]．したがって，本章では社会的孤立を仕事について相談できるような他者がいない状態として，議論を進めたい[2]．

　無業者にとっては，人間関係を通じて得られる情報や機会を含むさまざまなサポートが，社会的孤立によって得られなくなるという問題が生じる．反対に，無業状態になる（である）ことによって，社会ネットワーク形成の機会を失う，つまり社会的孤立につながるという関係も考えられる．学卒後の人々にとって職場は経済的，社会的に重要な基盤であり，無業になることはさまざまなライフチャンスの喪失につながりかねない（ブリントン 2009）．社会的孤立が無業を招き，また無業が社会的孤立を招くという循環的な関係はあり得るものの，その実証的な検討は必ずしも蓄積されていない．

以下では，社会的孤立と無業の関係について関連する先行研究を整理し，本研究で検討すべき課題を明示する．検討課題に対してはパネル調査データの活用が有効であることを論じた上で，本研究で行う分析の手続きを説明する．それに続き実証分析の結果を示し，本研究で設定された課題に対する答えを得て，そのインプリケーションについて議論したい．

2. 先行研究

本研究に関連する先行研究には，職場の人間関係と離職に焦点を当てたもの，失業者の求職時における社会ネットワークの影響や，無業状態の人々の社会ネットワークの特徴を論じたものなどがある．前者の2点は社会的孤立を無業に影響する要因の1つとして捉えており，3点目のトピックは無業であることが社会的孤立にどのように影響しているのかに焦点を当てている．

2.1 社会的孤立が無業になる（である）ことに与える影響に関する研究

先行研究間では社会的孤立の把握の仕方が異なるものの，社会ネットワークから孤立した状況にある者の無業リスクが高いという指摘がなされている．離職理由に占める人間関係上の理由が上位に位置しやすいことは先に述べたが，職場の人間関係上の問題が離転職意向を高めやすいことや，逆に人間関係からのサポートが定着意向につながるということが，いくつかの調査研究の結果から指摘されている（安田 2008；寺畑 2009）．これらの知見はまだ離職には至っていない者を対象とした研究に基づくが，初期キャリアに着目した研究では，初職開始後最初の3年間の勤め先において上司，同僚や仕事仲間がいない場合，その後の無業でいやすいことが指摘されている（玄田・堀田 2010）．職場の人間関係と離職の関係に焦点を当てた先行研究から得られる示唆は，自身の仕事のことについて相談できるような相手がいない状態に置かれている場合，社会ネットワークからのサポートが得られずに職場を辞めてしまう可能性が高いということであろう．職場に限らず，友人がいない場合に無業である傾向も指摘されている（本田・堀田 2006）．

社会的孤立が無業に影響するのは，上述のように有業者が無業者になってし

まう場合だけではない．無業になった者が再就職する際にも，社会ネットワークからの孤立が就職の阻害要因となると指摘されている．無業の若年者は人間関係がほとんどない孤立した状態となりやすく，仕事の紹介や情緒的なサポートなどが得られにくく，仕事を得る機会の広がりにくいということがインタビュー調査を通じてみいだされている（堀 2004）．

社会ネットワークからの孤立が就業機会の喪失につながるという仮説は，社会ネットワーク論によるキャリア移動の研究における議論に基づいている．仕事をみつける際に有用な情報，機会やさまざまなサポートは社会ネットワークを通じて得ることが可能だが，個人が社会ネットワークから孤立すると，サポートの流れが途絶えてしまうことになる．さまざまな機会や資源が社会ネットワークの中に埋め込まれていると考える社会ネットワーク論の視座（Granovetter 1985; Lin 2001 = 2008）からは，社会的孤立によってそれらの資源へのアクセスができず，就業機会を失うという予測が成り立つ．

欧米では，社会的孤立と無業からの脱出可能性の関連を検討している計量的な実証分析がある．その中には，失業者の中で社会ネットワーク資源に乏しい者が仕事をみつけにくいことを指摘しているものがある（Sprengers et al. 1988）．彼らの分析ではネットワーク上の他者が保有する資源，ネットワークのサイズ，紐帯の強さを総合した指標を用いているためその解釈がやや複雑だが，ネットワーク資源が乏しいということはすべての側面で資源量が小さいことを意味しているといえる．ヨーロッパにおける比較研究でも，失業者の中でも社会ネットワークを通じて（知り合いや親族からの紹介で）仕事をみつけた者の割合が相対的に大きく，無業（失業）からの脱出可能性に社会ネットワークが影響していることが示唆される（Kieselbach ed. 2000）．

これらの知見がある一方で，社会的孤立と無業からの脱出の関連がみられないとする比較研究もある．European Community Household Panel を用いた分析では，友人に会わないことやクラブメンバーではないことが失業からの脱出にどのように影響しているかが検討されている（Gallie et al. 2003）．これらの変数は統計的に有意でない場合が多く，有意な係数であっても仮説どおりの結果となっていないものがある[3]．

日本の若年・壮年層とっては社会的孤立が無業リスクとどのように関連して

いるのかについては，次の2点についてさらなる検討を進める余地がある．1つは，ある個人が仕事をはじめた後に無業になるか否かについて，社会的孤立が影響するのかを実証的に検討することである．この点については，マクロデータやインタビュー調査，あるいは離職意向の分析から検討が加えられてきたが，より直接に検討を加えるべきであろう．玄田・堀田（2010）は現在の就業状況を直接取り扱っているものの，あくまで初期キャリアに着目した分析である．本田・堀田（2006）の分析でも現在の就業状態と社会的孤立の関連が取り扱われているが，その関連が，無業によって社会的孤立が生じたのか，それとも社会的孤立により無業が生じたのかは定かではない．両者の関係の構造を明らかにしようとする本研究の観点からは，これらの先行研究からさらに検討を進める余地があるといえよう．

もう1つは，無業になってから新たに仕事をみつけるまでに社会的孤立がどのように影響するのかを，現代日本の若年・壮年者を対象として検討することである．この点に関する実証研究は，データの制約もありこれまで十分な蓄積がなかったといえる．社会的孤立と無業の間に何らかの関連があることは先行研究の示すところであるが，それがどのような関係なのかについては，より詳細に検討を進めることが必要であろう．

2.2 無業になることが社会的孤立に与える影響に関する研究

次に，無業が社会的孤立に与える影響についてこれまでどのような知見が得られてきたのかを整理する．この点については，国内外の研究でほぼ一貫した知見が得られており，無業は社会ネットワークの縮小，そしてより悪い状態として社会的孤立を引き起こす可能性があると指摘されている．

ヨーロッパの比較研究では，失業によって最終的には社会的紐帯も失われてゆくことが言及されている（Kieselbach ed. 2000 ; Gallie *et al.* 2001）．日本の若年者を対象として実施されたインタビュー調査からも，学校中退や離職によって社会ネットワークが縮小し，無業でいる間はネットワーク形成の機会が得られないとすることが報告されている（堀 2004）．別の調査では，無業の若年者の中でも就業希望ではあるが求職活動をしていない者や就業希望のない者は，求職中の無業者に比べて相談相手がいないということが指摘されている（西田・

工藤 2013).対象は40代後半以降の中高年層であるが,やはり質的研究の成果として失業男性が次第に社会的孤立状態に移ってゆく過程が明らかにされている(高橋 2008).

以上は主にインテンシブな聞き取り調査や,若年無業者に対象を限定した調査研究の成果であるが,より一般的なサンプルによる実証分析でも,無業と社会的孤立の関連が指摘されている.JGSSデータを用いて無業期間と友人との会食頻度の関連をみた分析では,長期間の無業経験により友人との会食頻度を減少させる傾向をもたらし,無業が社会的孤立を引き起こす可能性が示されている(参鍋 2014).

その一方で,無業であることが社会的孤立とは関連しないという研究結果もある.JGSS2003の分析結果から,クロス表では無業であると孤立である傾向がみられていたが,多変量解析では無業が孤立に影響しないということが報告されている(石田 2011).無業者を対象とした先行研究では有業者との比較は不可能であり,回顧的な聞き取り情報を用いているとしても限界がある.有業者と無業者の間で孤立傾向に違いがあるかを直接検討しており,無業か否かと孤立か否かの双方に関連しうる他の要因の影響を考慮して分析ができているという点で,これらの実証分析は優れている.

しかしながら,社会的孤立が無業リスクに与える影響に関する先行研究の場合と同様に,無業が社会的孤立に与える影響に関する先行研究についても,さらなる検討の余地が残されている.無業の影響があるか否かにかかわらず,有業から無業になることで社会的孤立状況がどのように定まるのかについて先行研究では未検討である.この点は対象者が無業者に限られていることや,有業者を含めても一時点のクロスセクションデータの分析であることに由来する.無業であることの影響に関する先行研究の知見を再検討するとともに,同一個人が無業になることの影響について実証的に検討することが,新たな課題として立ち現れる.

また,石田 (2011) の分析結果については,多変量解析の手法によりほかの要因をコントロールしているとはいえ,分析に用いているサンプルの構成を考えると,再検討の余地が残されている.分析に用いられているJGSS2003データには,80歳代までの回答者が含まれている.無業であることの意味は,性

別のみならず年齢層によっても異なると考えられるため，20歳代から80歳代までの人々をひとまとめにしたサンプルで無業の影響を分析した結果では，その意味の解釈は複雑なものとならざるを得ない．少なくとも，キャリア形成において重要な時期にいる20代から40代前半までの人々にとって無業が社会的孤立にどのように影響するのかを明らかにする上で，職業生活から引退した者が多く含まれる高齢者層の影響が交絡することは解釈を困難にする[4]．それゆえ，本研究が対象とする20代から40代前半までの人々において，無業と社会的孤立の関係を再検討する余地があるといえる．

3. 問いと検討課題

以上の整理より，社会的孤立と無業の関連については次のような構造が想定される．すなわち，①社会的に孤立した状態に置かれた者は無業になりやすく，②無業になると孤立しやすくなり，③孤立した状態ではさまざまなサポートが得られなくなるために無業が継続する，というものである．つまり，社会的孤立と無業の間には循環的な関係がみられるということが，先行研究から得られる示唆である．

しかしながら，先述のとおり社会的孤立と無業の悪循環構造については，実証的に検討を進める余地が残されている．上記①と③については，日本の若年・壮年層を対象とした実証研究の蓄積が厚いとはいえず，社会的孤立と無業の関係を明らかにするための分析が必要である．②については社会調査データを用いた実証分析も行われているが，無業の影響の解釈については再検討を要する．

したがって，本研究では先行研究の流れを汲みつつ，社会的孤立と無業の悪循環構造について実証的に検討する．本研究で取り組む問いは「社会的孤立と無業の間に悪循環がみられるか」というものである．この問いに対する答えを得るため，以下の3点が本研究で検討されるべき課題となる．

課題①：社会的孤立状況に置かれていると，無業リスクが高いのか
課題②：無業になると，社会的に孤立しやすくなるのか

課題③：無業になった後，社会的孤立状況に置かれていると，再就職しにくいのか

データの詳細は次節にて説明するが，同一個人を追跡するパネル調査によるデータを分析することで，一時点のクロスセクションデータや，インテンシブであるとはいえ対象者を限定した聞き取り調査では踏み込めない点を，実証的に明らかにすることができるようになる．また，孤立と無業をクロスさせて分類することで「孤立無業」層を発見した先行研究（玄田 2013）では，実質的にこの2つが同時決定的に取り扱われることとなる．本研究の分析はそこから一歩進んで，これらの概念の相互関係をそれぞれ区別して検討することで，社会的孤立と無業の動態的な関係に少しでも迫ろうとするものである．

4. データと方法

以上の問いと課題に取り組むため，以下の実証分析では「働き方とライフスタイルの変化に関する全国調査」（JLPS）の第1波から第8波までの情報を用いる[5]．本研究では社会的孤立と無業の悪循環構造について検討するために3つの検討課題を設定しており，3種類の実証分析を行うこととなる．以下，それぞれの検討課題ごとにデータ，変数の操作化について説明する．

4.1 社会的孤立状況が無業リスクに与える影響の分析

第1の検討課題である社会的孤立状況の無業リスクへの影響に関する分析では，主たる説明変数は社会的孤立状況，従属変数は有業から無業への移行である．独立変数の社会的孤立状況については，第1波，第3波，第5波，第7波の奇数調査波における，相談相手に関する質問を用いる．「自分の仕事や勉強のこと」について相談できる相手が「誰もいない」という場合を1，そうでない場合を0としたダミー変数を作成し，4時点における個人内平均を算出した．仕事について相談できる相手が誰もいないという状況を社会的孤立とみなし，その個人内平均を独立変数として用いる．このような操作化をするのは，偶数調査波では相談相手に関する質問がなされておらず，社会的孤立に関する変数

を時間共変量として用いることが難しいためである．そのため，この変数は「社会的に孤立すると無業リスクが高くなるのか」を解釈するものというよりは，「社会的に孤立していると無業リスクが高いのか」を解釈するためのものであるとみるべきである．データの制約上，社会的孤立の因果的影響については十分な分析ができないが，今後の課題となるだろう．

　従属変数の有業から無業への移行に関する変数ついては，対象者が各ウェーブにおいて転職を除き新たに仕事を始めた場合，分析サンプル（リスクセット）に含まれるように操作化されている．第1波では，2007年から働きはじめて調査時にも就業している場合，分析サンプルに含まれる．その後，無業になるウェーブまで観察が継続し，無業になるか第8波調査時まで有業であり続ける場合，観察打ち切り（右センサーされた状態）となる．第2波以降では，前のウェーブで無業（学生を含む）であり，かつ当該調査時には有業（学生アルバイトを除く）であるとき，新たに分析サンプルに含まれる．その後，無業になるウェーブまたは第8波調査時まで観察が続き，途中で無業になるか第8波まで有業が継続すると，観察打ち切りとなる．このような操作化を行うのは，新たに仕事を始めたときからその後無業になるか否かを検討できるように分析対象者の条件を揃えるためである．分析には，離散時間ロジットモデルを用いる．

4.2　無業が社会的孤立に与える影響の分析

　第1の検討課題は無業になると社会的に孤立するのかというものである．この分析では，鍵となる説明変数はウェーブ間での有業・無業間移動状況であり，ここでの従属変数は仕事についての相談相手の有無である．仕事についての相談相手の有無に関する変数化については4.1で説明したとおりである．従属変数が奇数調査波でのみ利用可能なので，第1波と第3波，第3波と第5波，第5波と第7波の間での，有業・無業間移動を示す指標を説明変数として用いる．それぞれの調査波間で有業か否かをクロスさせると，「有業から無業へ」「無業から有業へ」「無業のまま」「有業のまま」という4つのカテゴリが作成される．このうち「有業のまま」を基準とした3つのダミー変数を用い，特に「有業から無業へ」移動した場合に相談相手が誰もいない傾向が強いのかに着目する．データは個人の中に複数の観察値が含まれるネスト構造であるので，分析はラ

ンダム切片ロジットモデルを用いる．

4.3 社会的孤立状況が再就職可能性に与える影響の分析

第3の検討課題は，無業になった後，社会的孤立状況に置かれていると再就職しにくくなるのかというものである．この分析では，説明変数として第1の課題と同様に社会的孤立状況の個人内平均を用いる．従属変数は，第1の検討課題の場合とは逆で「無業から有業への移行」を操作化したものとなる．操作化の手順は第1の検討課題と同様である．第1波では，調査時に無業である場合は直前の仕事について質問している．その情報を用いることで，2007年から無業になったケースを特定することができる．そのようなケースがリスクセットに含まれ，その後のウェーブで有業になるか，あるいは第8波まで無業が継続する場合，観察打ち切りとなる．第2波以降は，前のウェーブで有業（学生アルバイトを除く）であり，かつ当該調査時に無業（ここでは学生を含まない）であるときリスクセットに含まれることとなる．その後は同様に，有業になるか期間中に分析対象に含まれる期間中は無業が継続する場合，観察打ち切りとなる．第1の検討課題と同じく，ここでの分析でも離散時間ロジットモデルを用いる．

4.4 分析でコントロールする共変量について

第1，第3の検討課題の分析で用いるコントロール変数は次のとおりである．

調査時年齢，有配偶か否か（配偶者がいる場合を1，それ以外を0とするダミー変数），単身世帯か否か（単身の場合1，それ以外を0とするダミー変数），最後に通った学校（高校を基準とする中学，専門・短大高専，大学・大学院の3つのダミー変数），主観的健康状態（とてもよい：2〜悪い：−2），現在の暮らし向き（豊か：2〜貧しい：−2），何回目の有業（無業）状態か（1回目を0，2回目以降を1とするダミー変数）

上記コントロール変数のうち，現在の暮らし向きと「何回目の有業（無業）状態か」については若干の説明を加えておきたい．現在の暮らし向きは，所得

第6章 社会的孤立と無業の悪循環

図表6-3 分析に用いる変数の要約統計量

	男性								女性						
	無業への移動		社会的孤立		再就職		無業への移動		社会的孤立		再就職				
	平均	標準偏差	平均	標準偏差	平均	標準偏差	平均	標準偏差	平均	標準偏差	平均	標準偏差			
無業への移動	0.051	0.220					0.105	0.306							
就業開始からの年数（基準：1年経過時）															
2年経過時	0.280	0.450					0.239	0.427			0.223	0.416			
3年経過時	0.208	0.406					0.170	0.375			0.137	0.344			
4年経過時	0.159	0.366					0.125	0.330			0.081	0.273			
5年経過時	—	—					0.081	0.273			0.057	0.232			
6年経過時	—	—					0.040	0.195			0.022	0.147			
7年経過時	—	—					0.004	0.067			0.030	0.125			
再就職					0.518	0.501					0.325	0.468			
開業開始からの年数（基準：1年経過時）															
2年経過時					0.173	0.379									
3年経過時					0.115	0.320									
4年経過時					0.050	0.219									
5年経過時					0.022	0.146									
仕事の相談相手不在（個人内平均）	0.092	0.200	0.084	0.277	0.129	0.234	0.025	0.102	0.034	0.182					
仕事の相談相手不在ダミー															
雇用形態の変化（基準：有業のまま）															
有業から無業へ			0.019	0.135					0.067	0.250					
無業から有業へ			0.024	0.154					0.083	0.276					
無業のまま			0.022	0.145					0.177	0.382					
仕事の相談相手不在ラグ変数			0.079	0.269					0.030	0.171					
年齢	32.079	5.871	36.479	5.555	36.619	5.638	35.745	6.637	36.444	5.836	36.261	5.299			
有配偶ダミー	0.241	0.428	0.586	0.493	0.281	0.451	0.662	0.473	0.657	0.475	0.864	0.343			
単身世帯ダミー	0.198	0.399	0.109	0.312	0.137	0.345	0.064	0.245	0.063	0.243	0.026	0.160			
最後に通った学校（基準：高校）															
中学校	0.026	0.160	0.020	0.138	—	—	0.008	0.091	0.010	0.101	0.014	0.119			
専門・短大・高専	0.195	0.397	0.225	0.417	0.353	0.479	0.412	0.492	0.449	0.497	0.495	0.500			
大学・大学院	0.598	0.491	0.452	0.498	0.403	0.492	0.328	0.470	0.261	0.439	0.237	0.425			
主観的健康（良い：2〜悪い：-2）	0.300	0.966	0.292	0.891	-0.209	1.060	0.356	0.918	0.359	0.886	0.337	0.919			
暮らし向き（豊か：2〜貧しい：-2）	0.025	0.887	-0.025	0.784	-0.482	0.846	-0.006	0.747	0.002	0.727	0.002	0.715			
2回目以降のリスクセットダミー	0.077	0.267			0.122	0.329	0.070	0.255			0.098	0.297			
調査時点（基準：第3波）															
第5波			0.324	0.468					0.330	0.470					
第7波			0.306	0.461					0.320	0.466					
観察数	610		3995		139		1797		4948		912				
個人数	200		1671		79		546		1914		383				

注：要約統計量の数値は観察数に対するもの．
資料：JLPS第1波〜第8波データより著者作成

変数の代わりに経済状況の影響を把握するための変数として用いる．個人所得や世帯所得変数では欠測が多く，特に第1，第3の検討課題に関する分析が困難となるため，暮らし向きに関する変数を用いることとした．また，「何回目の有業（無業）状態か」についてであるが，観測期間中に，一度観察打ち切りが生じたが，再度リスクセットに戻ってくる場合があり得る（無業になった後，1年以上の無業期間を置いて再度仕事を始める，など）．何回目のリスクセットなのかにより，無業・再就職可能性も異なってくることが予想されるため，コントロール変数として用いることとした[6]．最大で3回目までで，3回目のケース数はきわめて少数のため，2回目以降としてまとめている．

　第2の検討課題では，上記コントロール変数のうち「何回目の有業（無業）状態か」変数以外のすべてを用いる．加えて，分析サンプル上での1つ前のウェーブの従属変数（ラグ従属変数）と調査波ダミー（第3波を基準とする第5波，第7波ダミー変数）をコントロール変数として用いる．以上の変数の要約統計量は図表6-3に示すとおりである．それぞれの分析で用いるサンプルの観察数，個人数，および各変数の平均値をみれば明らかであるが，各検討課題で対象となるサンプルには相互に重なる部分もあるが，重ならない部分も大きい．その意味では，同じ調査データを用いてはいるものの，本研究は同じ対象者集団について社会的孤立と無業の悪循環構造を分析しているものではない．しかしながら，両者の双方向の関連に実証的な検討を加えた例はほとんどなく，より洗練されたアプローチによる検討は今後の課題となるだろう．

5. 分析結果

5.1 基礎的分析

　まず，それぞれの従属変数について，キーとなる説明変数による基礎的な検討をおこなう．図表6-4から図表6-6は，就業開始後に各時点で無業になる割合，ウェーブ間での雇用状態の変化別にみた各時点での相談相手不在割合，そして無業になってから各時点で再就職している割合をそれぞれ示している．以下，順に検討してゆく．

　図表6-4では，性別のほか，各ウェーブの質問で一度でも相談相手不在で

第6章　社会的孤立と無業の悪循環

図表6-4　無業への移動割合の推移

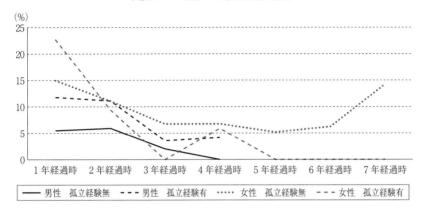

資料：JLPS第1波～第8波データより筆者作成

あったか否かにより無業への移動割合を集計し，折れ線グラフでその推移を示している[7]．時間経過に伴い無業への移動割合は低下するが，男性では孤立経験のある層か否かで，無業リスクが異なるようにみえる．すなわち，分析対象に含まれる期間中に相談相手が不在であるような層では，いずれかの時点で誰かに相談できる層よりも無業リスクが高いということである．女性については，1年経過時には同様の結果が観察されるが，2年経過時以降は無業への移動割合が逆転するため，男性と同様の結果とはいえない．

次に図表6-5は，有業・無業間の移動パターンと各調査時点での相談相手不在割合の関係を，棒グラフで表現したものである．就業状況の変化と孤立の間に関係がみられるのは，男性で顕著であるといえる．各ウェーブで，男性有業継続層では8％前後で相談相手不在割合が推移する一方，無業継続層では20％前後で推移している[8]．本研究で着目する，有業から無業に移動した層については，その割合が上昇しているようにみえる．ただし，無業継続層と同様にケース数が各時点で多くはないので，この結果から何らかのトレンドを読み取るべきではないと思われる．有業継続層に比べて無業を経由している層では社会的孤立が生じやすい可能性を示唆しているが，それ以上の特徴については断定的な議論ができないだろう．

女性については，男性に比べて移動パターンによる相談相手不在割合の差が

207

図表6-5 有業・無業間移動類型別にみた孤立割合

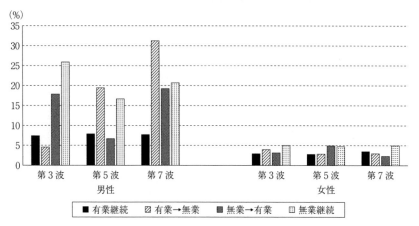

資料：JLPS 第1波〜第8波データより筆者作成

図表6-6 再就職割合の推移

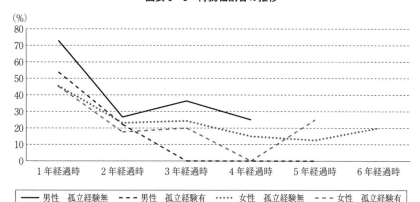

注：男性・孤立経験無の5年経過時についてはケース数が1のため除外
資料：JLPS 第1波〜第8波データより筆者作成

小さい．相対的には，無業継続層の相談相手不在割合が5％程度で推移しており，他の層よりも高いことが読み取れる．しかし，有業から無業に移動した層については有業継続層との間に差があるようにはみえない．

最後に図表6-6は，無業状態になってから再度仕事を始めた者の割合につ

いて，性別と孤立経験の組み合わせごとに集計したものを折れ線グラフで表現している．女性については，孤立経験の有無によって再就職割合に差がほとんどみられない．男性については，孤立経験無しの層の方が，孤立経験のある層よりも再就職割合が大きい．

以降の多変量解析で用いる分析サンプルを用いて基礎的な検討を行った結果は次のとおり要約できる．男性サンプルについては，孤立経験のあった層で無業リスクが高く，有業継続層に比べて無業になった層では相談相手が不在である割合が高く，無業になった後の再就職割合が低い．一方女性については，男性サンプルの分析結果とは異なり明確な結果がみられなかった．基礎的分析の結果からは，孤立と無業の悪循環傾向が男性において生じる現象であると読み取ることができる．

5.2 多変量解析の結果

多変量解析によりさらに検討を加えたものが，図表6-7に示されている．無業への移動，再就職の分析は離散時間ロジットモデル，社会的孤立の分析はランダム切片ロジットモデルによるものである．本研究で焦点を当てている説明変数は「仕事の相談相手不在（個人内平均）」であり，この変数が社会的孤立の指標である．社会的孤立の分析については，雇用形態の変化に関する「有業から無業へ」ダミー変数の効果を中心に検討する．

男性サンプルでは，無業への移動に対して相談相手不在の係数がプラスであり，5％水準で有意である．分析対象に含まれる期間中に仕事について相談できる相手が誰もいないという状況に置かれやすい者は，就業開始後に無業になるリスクが高いということを意味している．これは，先の基礎分析の結果と同様である．

次に第3波，第5波，第7波での社会的孤立状況に関する分析では，「有業から無業へ」ダミー変数の係数が10％水準では有意にプラスとなっており，「無業のまま」ダミー変数は5％水準で有意にプラスの係数を示している．以上の結果は，就業が社会ネットワークの形成・維持のための重要な機会となっていることを意味している．また，無業であることのみならず，無業になることも社会ネットワークの維持を困難にさせるという可能性を示唆している．

第Ⅱ部　初期キャリアの格差

図表6-7　多変量解析の結果

	男性						女性					
	無業への移動		社会的孤立		再就職		無業への移動		社会的孤立		再就職	
	係数	標準誤差	係数	標準誤差	係数	標準誤差	係数	標準誤差	係数	標準誤差	係数	標準誤差
観察開始からの年数（基準：1年経過時）												
2年経過時	0.09	0.42			-2.26**	0.76	-0.31	0.20			-0.96***	0.20
3年経過時	-0.95	0.66			-1.54*	0.75	-0.88**	0.26			-0.89***	0.24
4年経過時	-1.70	1.07			-1.43	1.39	-0.73*	0.30			-1.56***	0.37
5年経過時					-1.08	1.18	-1.04*	0.41			-1.61***	0.42
6年経過時							-0.82	0.54			-1.03†	0.57
7年経過時							-0.31	1.09				
仕事の相談相手不在（個人内平均）	1.28*	0.56			-2.17†	1.11	1.35	0.84			-0.50	0.49
雇用形態の変化（基準：有業のまま）												
有業から無業へ			0.63†	0.34					0.20	0.40		
無業から有業へ			0.37	0.32					0.17	0.35		
無業のまま			0.62*	0.31					0.58*	0.23		
仕事の相談相手不在ラグ変数			2.04***	0.24					2.76***	0.45		
年齢	0.01	0.03	0.01	0.01	0.08†	0.05	-0.05**	0.02	0.03†	0.02	0.02	0.01
有配偶ダミー	-0.52	0.55	-0.38*	0.15	0.02	0.54	1.12***	0.29	-0.40†	0.22	-1.21***	0.24
単身世帯ダミー	-0.50	0.59	0.41*	0.20	0.20	0.58	-0.59	0.65	0.60†	0.32	-0.41	0.57
最後に通った学校（基準：高校）												
中学校	1.18	0.86	-0.57	0.40	—		0.26	0.76	0.55	0.51	-0.34	0.98
専門・短大・高専	0.35	0.47	0.11	0.18	-0.06	0.60	0.26	0.20	-0.04	0.19	0.00	0.18
大学・大学院	-0.25	0.55	-0.02	0.15	-1.61**	0.53	-0.25	0.24	-0.23	0.25	0.05	0.23
主観的健康（良い：2～悪い：-2）	-0.09	0.24	-0.03	0.08	1.11***	0.27	-0.10	0.09	-0.53***	0.10	0.13	0.08
暮らし向き（豊か：2～貧しい：-2）	-0.43†	0.23	-0.25**	0.09	0.60*	0.29	0.13	0.11	-0.40*	0.11	-0.13	0.11
2回目以降のリスクセットダミー	-0.13	0.65			-1.32†	0.68	0.43	0.27			0.03	0.25
調査時点（基準：第3波）												
第5波			0.01	0.17					-0.15	0.22		
第7波			-0.01	0.16					-0.12	0.21		
切片	-2.97†	1.20	-3.24***	0.48	-0.85	1.52	-0.96†	0.50	-4.62***	0.63	0.10	0.58
切片分散			0.36	0.37					0.02	0.51		
擬似-2LL	216.14		2000.34		121.77		1123.29		1204.33		1045.58	
観察数	610		3995		139		1797		4948		912	
個人数	200		1671		79		546		1914		383	

注1：***p<0.001, **p<0.01, *p<0.05, †p<0.1
注2：標準誤差は観察値、リスクセットが個人にネストしていることを考慮したロバスト標準誤差を用いている。
資料：JLPS 第1波〜第8波データより筆者推定

そして再就職機会に関する分析であるが，相談相手不在の変数は10％水準ではマイナスに有意な係数を示している．分析対象に含まれる期間中に新たに無業状態となった者の中で，仕事の相談相手がいない状態に置かれやすい場合に就業機会が得られにくいということを意味している．再就職機会についても，男性においては基礎分析の結果が多変量解析によって確認されたといえる．

他の独立変数についても，その結果を確認しておく．暮らし向き変数については，無業への移動と社会的孤立に対してマイナス，再就職に対してプラスに有意な係数を示している．これらが意味するところは，暮らし向きが貧しいと無業，孤立に陥るリスクが高く，再就職の機会も乏しいということである．この分析からは両者の対応関係を示すにとどまるが，経済状況の悪さが無業と孤立のサイクルを助長する側面があると考えられる．

家族・世帯に関係する変数では，社会的孤立に対して有配偶ダミーがマイナス，単身世帯がプラスに有意な係数を示していた．配偶者や同居者は仕事の相談相手の役割を果たしており，その不在によって相談を通じた情緒的なサポートなどが得られないという可能性が示されているといえるだろう．

年齢については再就職の分析で，10％水準では有意にプラスの係数を示したが，他の2つの分析では有意な結果となってはいない．主観的健康変数については，再就職の分析のみでプラスに有意な係数を示した（0.1％水準）．健康状態が良いことは再就職機会と関連していると解釈できる．一方で，無業への移動や社会的孤立とは関連しておらず，健康状態の悪さが直ちに無業の悪循環に結びつくというわけではなさそうである．

次に女性サンプルの分析結果についてであるが，いずれの分析でもキーとなる説明変数の係数は有意ではなかった．基礎分析と同様の結果であり，無業と社会的孤立のサイクルは女性についてはみられないということを意味している．女性についてこれらの従属変数に一貫して影響しているのは有配偶ダミーである．無業への移動にはプラスに有意な係数を示しており，結婚などに伴う離職を反映しているものと解釈できるだろう．社会的孤立については10％水準では有意にマイナスの係数であり，配偶者が仕事の相談相手として重要な役割を帯びていることは男性と同様であるといえる．最後に，再就職にはマイナスに有意な係数を示している．これはいわゆる専業主婦のような人々が，特に就業

を望まないことを反映した結果であると思われる．

6. 考察とまとめ

　本研究では，社会的孤立と無業の関係についてパネル調査データを用いて検討した．分析の結果，男性について社会的孤立と無業の悪循環がみられた．つまり，社会ネットワークからの孤立によって無業リスクが高まり，無業になることで社会ネットワークから孤立し，その結果として再就職の機会も失われてしまうという構造である．先行研究ではこれらをひとまとめに取り扱っていたが，パネル調査を用いることで社会的孤立と無業の動態的な関係に実証的検討を加えることが可能となったといえるだろう．

　以上の分析結果について考察を加えることで結語としたい．男性については社会的孤立と無業の悪循環が生じているという結果が得られたが，ここでの「男性」とはどのような人々なのか．限られた情報ではあるが，図表6-3の要約統計量からある程度の集合的特徴をつかむことは可能である．

　分析対象となる期間中に無業になった人々（再就職機会の分析サンプル）の特徴をみれば，健康状態と暮らし向きが悪く，労働市場において就業機会を得る上では不利な条件に置かれている人々だといえる．さらに相談相手不在の程度も男性の中では高く，かつ多変量解析の結果からは相談相手のいないことによって再就職機会が遠ざかるという結果が示されている．しかし，全体からみればそのような人々はどちらかといえばレアなケースであり，知見の一般化がどこまで可能なのかという懸念がありうる．本研究で分析できたサンプルサイズも小さく，さらなる検討が必要であることは明らかである．

　しかし，社会的孤立の影響が社会経済的状況，心身状態の良くない男性において生じるものとは限らない．就業開始から無業への移動に関する分析の対象となったサンプルの要約統計量をみると，大学以上の学歴を有する割合が大きく，暮らし向きに対する認識は悪くなく，健康状態もどちらかといえば良い方に感じている人々であることがわかる．一見するとそれほど不安定な状況に置かれていない人々であるが，その中でも社会ネットワークから孤立しやすい人々の無業リスクは高い．社会的孤立と無業リスクの関係は，偶然不利な状況

第6章 社会的孤立と無業の悪循環

に置かれた少数の特殊な人々においてのみ観察されるというわけではなく，男性の中でもより広い範囲の層で生じ得るものだと思われる．ただし，本研究は若年壮年層の男性における「孤立の一般化」を直接に示すものではない．少なくともデータ分析の結果からいえそうなことは，就業機会を失うことを契機として社会的孤立が生じている可能性が高いということである．本研究では社会的孤立と無業の因果的な関係にまでは十分踏み込めていないため，以上の点に関するより精緻な検討は今後の課題となる．

女性の分析については，本研究の枠組みに沿った結果は観察されなかった．この点については，無業であることがほぼ失業と重なる男性に比べ，女性においては必ずしも不利な状況を意味しないためであると考えられる．無業になった者の再就職機会に関する分析サンプルでは，男性では就業自体を希望しない者の割合が5.76%程度であるのに対し，女性については21.82%にのぼる．また，要約統計量からは分析対象が有配偶女性中心であり，主観的健康や暮らし向きはどのサンプルでも同様に悪くないことがわかる．別に生計維持者がいることにより，無業であってもそのことが直ちに問題にはなりにくい有配偶女性にとって，仕事に関する相談相手がいないことにはそもそも相談をする必要さえないという側面も含まれていると思われる．

サンプルの記述統計から上述の想像がある程度可能なものの，なぜ女性では無業や仕事に関する相談相手の不在が不利を生じないのかという点について，本研究では直接明らかにできてはいない．以上の記述統計の結果を踏まえると，男性稼ぎ手モデルのもとでは働くことへの役割期待が男性に比べれば弱く，とりわけ有配偶女性については無業であることがただちに問題とはなりにくいことが考えられよう．あるいは，有配偶女性の労働参加はパートなどいわゆる非正規雇用としての働き方が中心的であるため，社会ネットワークを通じて情報や機会を得るまでもなく仕事をみつけやすいことも背景となっているのかもしれない．社会的孤立と無業の悪循環モデルはキャリア移動の社会ネットワーク論に依拠するところが大きい．そこではキャリア移動の機会が社会ネットワーク構造の制約を受けていることを主張する点で労働市場を自由に移動する経済人モデルが批判される[9]．しかし，本研究の結果が正しいとすれば，社会ネットワーク論的なキャリア移動機会の研究はその他のさまざまな構造的側面を等

閑視してしまっているため，特に家族の中での役割負担も大きな女性の就業については十分な説明力を持たないと考えることもできる．

　以上の点は推測の域を出ておらず，今後さらなる理論的，実証的検討を要する．社会ネットワーク論に依拠したキャリア移動の研究枠組みがどのような人々を前提として組み立てられてきたのかを検討することで，社会ネットワーク論によるキャリア移動の説明力（説得力）も一層高まることが期待できる．社会的孤立と無業の悪循環モデル，ならびに社会ネットワークとキャリア移動機会を結びつける分析枠組みが説得的なものとなる上で，これらの枠組みでは説明できない人々への着目が今後重要となろう．

注
1) 例えば「平成25年若年者雇用実態調査」（厚生労働省）の結果では，はじめて勤務した会社を辞めた理由として「人間関係がよくなかった」と回答した者が，男性で15.7％，女性で22.8％であり，労働条件や賃金に対する不満に次ぐ，あるいは同等の割合を占めている．
2) ただし，本章で言及する先行研究で用いられる「社会的孤立」では，単に日常的に接触する他者がいないというものも含む広い意味を持っている．筆者の着目する社会的孤立が仕事の相談相手の不在であるということに留意されたい．
3) 国別での推定を行っており，社会的孤立に関する変数の効果のあらわれ方がまちまちであるという意味である．
4) あくまで，無業が社会的，経済的生活において重大な意味を持つ若年・壮年層を分析対象としている場合の問題点であり，問題設定の如何で分析モデルの妥当性は変わり得るだろう．
5) 同調査では第5波調査で補充サンプルを追加しているが，本研究では第1波から第4波までの情報も用いるため，今回は補充サンプルを用いずに分析している．
6) ただし，この変数はあくまでパネル調査期間中に何回目の有業（無業）状態なのかを把握するための指標であり，職業経歴全体の状況を捉えられるものではない．そのため，職歴の影響を捉えた変数として積極的に解釈することはできない．
7) 相談相手不在の変数をこのように加工して集計したのは，視覚的に表現するためのあくまで便宜的な理由による．
8) 振れ幅は大きいが，各時点でケース数が30程度なので，時点間での差異から系統的な傾向を読み取ることは難しいと思われる．
9) 代表的な議論は Granovetter（1985）によるものであろう．

文献

ブリントン,メアリー,C.（2009）池村千秋訳『失われた場を探して——ロストジェネレーションの社会学』NTT 出版.

Gallie, Duncan, Dobrinka Kostova and Pavel Kuchar (2001) "Social Consequences of Unemployment: An East-West Comparison," *Journal of European Social Policy* 11(1): 39-54.

Gallie, Duncan, Serge Paugam and Sheila Jacobs (2003) "Unemployment, Poverty and Social Isolation: Is there a vicious circle of social exclusion?," *European Societies* 5(1): 1-32.

玄田有史（2013）『孤立無業（SNEP）』日本経済新聞出版社.

玄田有史・堀田聰子（2010）「「最初の三年」は何故大切なのか」佐藤博樹編著『働くことと学ぶこと——能力開発と人材活用』ミネルヴァ書房: 33-57.

玄田有史・曲沼美恵（2004）『ニート——フリーターでもなく失業者でもなく』幻冬舎.

Granovetter, Mark (1985) "Economic Action and Social Structure: The Problem of Embeddedness," *American Journal of Sociology* 91(3): 481-510.

本田由紀・堀田聰子（2006）「若年無業者の実像——経歴・スキル・意識」『日本労働研究雑誌』556: 92-105.

本田由紀・内藤朝雄・後藤和智（2006）『「ニート」って言うな！』光文社新書.

堀有喜衣（2004）「無業の若者のソーシャル・ネットワークの実態と支援の課題」『日本労働研究雑誌』533: 38-48.

石田光規（2011）『孤立の社会学——無縁社会の処方箋』勁草書房.

苅谷剛彦・粒来香・長須正明・稲田雅也（1997）「進路未決定の構造——高卒進路未決定者の析出メカニズムに関する実証的研究」『東京大学大学院教育学研究科紀要』37: 45-76.

Kieselbach, Thomas (Ed.) (2000) *Youth Unemployment and Social Exclusion: A Comparison of Six European Countries*, Opladen: Leske + Budrich.

Lin, Nan (2001) *Social Capital: A Theory of Social Structure and Action*. Cambridge: Cambridge University Press. =（2008）筒井淳也・石田光規・桜井政成・三輪哲・土岐智賀子訳『ソーシャル・キャピタル——社会構造と行為の理論』ミネルヴァ書房.

西田亮介・工藤啓（2013）『若年無業白書——その実態と社会経済構造分析』バリューブックス.

労働政策研究・研修機構（2014）『壮年非正規労働者の仕事と生活に関する研究——現状分析を中心として（労働政策研究報告書 No.164）』労働政策研究・研修機構.

参鍋篤司（2014）「職業世襲——長期無業・失業, 人的ネットワーク, 幸福度への影響」『日本労働研究雑誌』651: 61-74.

Sprengers, Maaten, Frits Tazelaar and Hendrik D. Flap (1988) "Social Resources, Situational Constraints, and Re-Employment," *Netherlands Journal of Sociology* 24: 98-116.
高橋美保(2008)「日本の中高年男性の失業における困難さ——会社および社会との繋がりに注目して」『発達心理学研究』19(2): 132-143.
寺畑正英(2009)「若年層における継続就業の要因」『経営論集』74: 213-229.
粒来香(1997)「高卒無業者の研究」『教育社会学研究』61: 185-209.
安田雪(2008)「若年者の転職意向と職場の人間関係——上司と職場で防ぐ離・転職」『Works Review』Vol. 3: 14.

終 章

教育とキャリアにみる若者の格差

石田　浩

1. ライフコースと格差[1]

　東京大学社会科学研究所（東大社研）では，現代日本の若者のライフコースと格差を研究するために，「働き方とライフスタイルの変化に関する全国調査」(JLPS) というパネル（追跡）調査を実施してきた．本書は，東大社研パネル調査プロジェクトが蓄積してきた「若年パネル調査」と「壮年パネル調査」を分析した成果を「格差の連鎖と若者」シリーズの第1巻『教育とキャリア』として刊行するものである．

　東大社研パネル調査プロジェクトは，ライフコース研究と格差・不平等に関する研究の2つを橋渡しすることを目的としている．ライフコースとは，個人が時間とともに経験していく社会的に定義された出来事や役割のシークエンスと定義することができる（Elder and Giele 2009 = 2013; Giele and Elder 1998= 2003）．ライフコースの視点に立った研究の特色は，個人の身体的・精神的・社会的な変動という個人内に生ずる変化のプロセスに焦点を当てることにより，個人の変化の流れを断片的に捉えるのではなく，個人の成長・発展として体系的に考察していくことにある．時間の経過（加齢）とともに，個人の身体・心理的な発達だけではなく，社会・経済的地位や社会の中で担っている役割の変化を跡付け，それが世代や時代および地理的な文脈の中でどのように異なるかを分析してきた．

終　章　教育とキャリアにみる若者の格差

　フェザーマンとソーレンセン（Featherman and Sorensen 1983）の研究を例に挙げると，ノルウェー男性の3つの出生コーホート（同時期に出生した年齢集団）について，就学，就業，徴兵，結婚，子の誕生という成人期への移行のパターンを比較し，若いコーホートほど通学年数が長いが通学と就業を同時に行う期間も長く，平時の徴兵制の導入により徴兵期間が長い．結婚も若いコーホートの方が比較的に早いが，結婚から第1子誕生までの期間はコーホート間で大きな違いはない．総じて若いコーホートの方が，通学・就業・徴兵などを同時期に平行して行い，より複雑な形で経験していることを明らかにした．出生コーホートが異なることにより，就学・就職・徴兵・家族形成などの関するライフコースの形状が異なっていることを明らかにすることで，個人の発達・成長と歴史的な時代や場所の力の相互関連性を指摘した．

　他方，個人の軌跡が個人間の属性でどのように異なるのかについては，関心が第2次的になりやすい傾向がある．もちろん男女や人種による違いは，いままでの研究でも繰り返し指摘されてきた．例えば，ブルックナーとメイヤー（Bruckner and Mayer 2005）による1921年から1971年生まれのドイツ人の研究によれば，学校・職業トレーニング・職場に関する移行過程をみるとコーホート間で変化はそれほど大きくなく，男女間の差異は時間とともに消滅していた．これに対して家族形成に関する移行では，同棲の普及などコーホート間で大きな変化がみられ，これらの変化は男女で共通して進行している．性別や人種といった属性については，明確に区別し分析されることが多いが，その他の個人の属性を単なる統制変数としてではなく，ライフコースを形作る主要なファクターとして考慮した研究はそれほど多いわけではない．特に個人の間に存在する社会経済的な格差や不平等が，個人のライフコースの軌跡とどのような関連があるのかを探るという視点は重要である．本書は，まさにこの点に着目した研究である．

　格差・不平等の研究に目を向けると，日本では1990年代後半から「格差」や「不平等」をキーワードとする研究がベストセラーとなっている．日本社会の所得の不平等については，経済学者の橘木俊詔の『日本の経済格差』（1998）や大竹文雄の『日本の不平等』（2005）が代表的な研究として挙げられる．社会学者の佐藤俊樹は，『不平等社会日本』（2000）で世代間階層移動の機会を分

析している．これらの研究は，特定の時点の全国調査を用いて，それぞれの時点の日本社会のマクロな姿と時点間の趨勢を描くことに成功している．しかし，人々の所得は人生の中で変化し，あるときには貧困状態に陥ることもある．階層に関しても職業キャリアを経る中で初職から現職へと階層が上昇していくといった世代内の階層移動も起こる．このように個人のライフコースの流れに沿った所得や階層の変化については，十分な目配りがされているとはいえない．これは用いている調査データが1時点の横断調査であり，個人を追跡するパネル調査ではないことが大きな原因である．

東大社研パネル調査プロジェクトは，ライフコースと格差の研究を結びつけるために，若年・壮年層を長期に渡り追跡するパネル調査を実施してきた．ライフコースと格差の関連を探る理論的枠組みとしては，「格差の連鎖・蓄積」という概念を提唱し，実証分析に応用してきた．この概念は，個人のライフコースの流れの中で，ある時点での社会・経済的な格差が，その後のライフコースに連鎖・蓄積していく過程をあらわす．例えば，生まれ落ちた家庭環境の違い（初発の格差）が，学歴取得の格差を生み出し，学歴の不平等がその後の職業的な地位の達成の格差へとつながる過程である．序章では，「格差の連鎖・蓄積」の過程で，格差が継続する場合，格差が拡大する場合，格差が縮小する場合，という3つのシナリオを区別し，そのうちのどれが当てはまるかを検証した．

東大社研パネル調査プロジェクトは，総論の図表総-1で詳しく説明したように，若年・壮年のライフコースの流れを5つの移行過程・変化の流れとして捉えてきた．ライフコースの出発点として，生まれ落ちた家庭環境を含む個人の社会的な背景を設定し，それが最初の地位達成である学歴取得に与える影響をみたのが「①社会的背景から教育達成への流れ」である．本調査では，広範な背景や生まれ育ってきた環境についての質問項目を含んでいるので，それらにより把握できる多様な社会的背景要因が全体として学歴達成に与える影響を分析する．

第2は，学校を修了し職業の世界へと移行する過程（②学校から職場への流れ）である．日本では学卒者の就職に関して，学校が支援・斡旋の活動を積極的に行っていることが知られている．本研究でも学校での就職活動の内容，学

校が生徒・学生の就活過程で果たす役割，留年や学卒後間断なく就職することのインパクト，就職のために役立つ能力の養成，学歴の社会経済的な効用といった課題を取り上げている．

第3の移行・変化の過程は，「③初職にはじまる職業キャリア」の変遷に関するものである．近年の若年労働市場では，正規雇用と非正規雇用という雇用形態による待遇の格差が指摘されている．どのような人々が非正規雇用に従事しているのか，正規・非正規の間には移動の障壁があるのか，一度非正規雇用に陥ると抜け出すことができないのかなどの課題は，職業キャリアの格差の連鎖・蓄積の動態と直結している．さらに若年・壮年期における貧困や社会的孤立の連鎖についても本研究では分析課題として取り上げている．

第4の移行・変化の過程は，「④家族形成」に関連したものである．新たな家族の形成に向けた婚活，交際，そして結婚，出産といったイベントに焦点を当てる．特に本調査では，結婚に至る前の過程である交際相手の探索や交際相手との出会いの場，相手の属性，交際期間，結婚意向などについて未婚者に詳細にたずねているので，結婚に至る過程で生じる格差についての分析を行うことが可能である．

第5の移行・変化の過程は，「⑤個人の意識・価値観」の変容である．どのような働き方を希望し，それを実現することができているのか，仕事と家庭のバランスについてどのように考えているのか，もともと抱いていたキャリア・デザインはどのようなもので，ライフコースの中で変化していくのか，などの課題を取り上げている．働き方や家族のあり方についての意識の変容だけでなく，意識と実態の関連についても分析を行っていく．

2. 教育とキャリアにみる格差の連鎖・蓄積

本書（第1巻）では，上記の5つの移行過程の中の最初の3つの移行過程である「①社会的背景から学歴達成への流れ」，「②学業修了から職業世界への移行」と「③初期の職業キャリアの達成過程」に焦点を当てた分析を行った．第2巻では，「④交際から結婚への流れ」という家族形成に関連した分析を行い，第3巻では，「⑤意識と価値観の変遷」を中心に取り上げ分析している．

終　章　教育とキャリアにみる若者の格差

　第1巻は，第Ⅰ部「学校から仕事への移行」と第Ⅱ部「初期キャリアの格差」に分かれ，それぞれ3つの章から構成されている．ここでは各章の内容を整理し，教育とキャリアにみる格差の生成について改めて考えていく．

2.1　学校から初職への移行

　第1章「学校経由の就職活動と初職」（大島真夫）では，学校在学中に行われる就職活動とその結果としての初職に着目し，就職活動の内容と労働市場にはじめて参入する時点での格差の関連を分析する．最初の仕事をみつけるための就職活動は，若年者のライフコースにおいても最も重要なイベントの1つといえる．学卒後の仕事は，若年者にとって職業生活でのはじめての経験であり，その後の職業キャリアを大きく規定していく第1歩である．しかし，若年者が就く初職の条件は一様でない．正規職であるのか，大企業への就職なのか，福利施設が完備されているのかなどについての格差が存在する．

　日本では，在学中の生徒・学生が就職活動を行い，卒業前に就職先を決定し，4月の卒業と同時に社会へと出ていく新規学卒一括大量採用という慣行が存在する．特に高校を卒業してすぐに就職する生徒は，在学中から就職活動についての厳密なスケジュールに従い，学校に配布される求人票の中から学校推薦という枠組みをとおして企業に出願し就職試験を受ける．大学生については，学生と企業が直接出会う「オープン」な労働市場で就職・採用の活動が行われるが，その過程でうまく就職先が決定しない学生については，大学の就職部が学生の支援を行っている．このように日本では，学校が生徒・学生の就職活動に深く関与しており，学校経由の就職はどのような就職先に決定したかと深く関わっている．

　初職に応募したきっかけが学校という学校経由の就職は，JLPSのデータからみると，高卒で43％，専門学校卒で47％，短大卒で47％，大卒・文系で10％，大卒・理系で33％となっている．大学では比較的比率が低くなっているが，他の学校種の出身者では半分弱が学校を通した就職を経験している．90年代世代と00年代世代では，高卒と大卒・理系で若干減少傾向が見られるが，全体としてみると学校経由の就職は，マスコミ等でいわれているほど大きな減少があったようにはみえない．

終　章　教育とキャリアにみる若者の格差

　本章では，3つの初職の条件に着目している．初職に間断なく卒業後に移行できたか（間断なし），初職は正規職か（正規職），初職の企業規模が大きいか（大・中規模），である．この3つの条件に関して，学校を経由した場合と他の入職経路を経た場合と比較すると，「間断なし」についてはすべての学校種で，学校を通した就職の方が，卒業後すぐに就職する確率が高いことがわかった．「正規職」「大・中規模の企業」についても，若干の例外を除くとおおむね学校経由の方が正規職と規模の大きい企業に入職しやすい傾向がある．大卒者については，就職シーズンの早期にインターネットや直接応募で就職した「早期」グループ，シーズン晩期に就職部の支援を受けた「晩期（就職部）」グループ，シーズン晩期に就職部以外で就職した「晩期（就職部以外）」グループと「縁故による就職」グループを区別し，「晩期（就職部）」グループは「早期」グループと同様に，「晩期（就職部以外）」グループよりもより条件の良い初職に決定しやすいことを明らかにした．

　学校を経由して就職する生徒・学生は，それ以外の経路で就職する生徒・学生に比べ，高校・専門学校・短大では出席状況が良い傾向，専門学校卒では学業成績が良い傾向，短大では部活動を熱心にやっている傾向がある．これらの結果は，学校を通した就職斡旋を受ける生徒・学生を，学校生活における何らかの基準に照らして学校側が選抜していることを示唆している．これに対して大学では，同様の傾向がみられないことから，大学就職部はすべての学生に門戸を開いているようにみえる．

　本章によれば，就職シーズン晩期に就職部を訪れる学生に対しては，大学は分け隔てなく支援の手を差し伸べており，生徒を選抜していない．さらに大学は，求人先の中から条件が良いとはいえない企業を選抜し，学生には紹介しないというような「企業の選抜」を行っているという．さらに，「生徒の選抜」が中心的役割と思われている高校・専門学校・短大でも，長い就職シーズンの後半では，大学と同じように就職が決まらない生徒・学生に対して条件の良いとはいえない企業を避ける形で斡旋を行っている可能性を示唆している．

　初職の条件でさまざまな格差が生じることは明らかであるが，学校による就職支援は，卒業後すぐに間断なく比較的良好な就職先へと生徒・学生を水路づけるような役割を担っているといえる．就職シーズン晩期に就職活動で苦労す

る学生に就職部が機会を提供していることを考慮すると，大島も指摘しているように，学校経由の就職が恵まれない若年者のための「セーフティネット」として機能していると考えることができる．不利な立場にある若年者に対して，その不利な立場が続いていくことがないように学校は支援を行い，連鎖を断ち切る役割を果たしている可能性がある．

2.2 学歴の労働市場における効用

　第2章「教育拡大と学歴の効用の変容」（苅谷剛彦）では，高等教育の拡大と若年労働市場の変容により，大卒という学歴の持つ意味と効用がどのように変化してきたのかを「学歴インフレーション」という概念を軸に論じる．「学歴インフレーション」とは，ある仕事に従事するときの学歴要件が，以前は高卒で十分であったものが短大卒，あるいは大卒へと上昇していく現象を指す．高卒-短大卒-大卒という「タテの学歴」だけではなく，同じ大卒の中でも大学のランクや選抜度による「ヨコの学歴」に関する要件がより厳しくなることも含まれる．進学率が上昇し同じコーホートの半数以上が大学に通うことになると，大卒学歴により安定して好ましい雇用の機会を確実に確保することができにくくなり，同じ大学でもより選抜度の高い大学に通うことが要件となるような学歴インフレーションの現象が生まれることが予想される．

　学歴の労働市場における価値・効用がどのように変化してきたのかを検証するためにJLPSのデータを用いて，高校卒業時に4年制大学進学率が25％以下だった年長世代，40％まで急上昇した中間世代，40％を超えていた若年世代を区別し，世代間の学歴効用の比較を行った．大企業正規職という安定的で良好な初職チャンスを高める効用について検討すると，大学進学率が40％を超えていた若年世代では，大企業正規職に就く機会自体が少なくなっているだけでなく，大卒という資格の効果が縮小している．つまり大学を卒業しただけの資格の有利さは減少している．これに対して，同じ大卒でも選抜度の高い大学を卒業した場合には，大企業正規職に就くチャンスはどの世代でも一貫して高い．この傾向は男女にかかわらず，同様のパターンがみられる．

　進学率の上昇により大卒者の数がいままで以上に増加し，大企業正規職の数も減少している若年世代にとっては，大卒という学歴資格の効用は相対的に低

下している．選抜度の高い大学を卒業した場合には，世代間で効用の低下は確認されないので，相対的にみると，選抜的大学の卒業生の価値が高くなっていることを意味している．

　第2章で取り上げる2つめの課題は，日本の大学がその卒業生に対して労働市場で役に立つ能力や技能を高める教育を施しているのか，そして大学教育による付加価値が時代とともに変化しているのかを検証することにある．大学では専門的な知識の教育と同時に，近年では「学士力」として汎用的なコミュニケーションや問題解決のスキルを向上させることが大学教育の目標としても掲げられている．

　具体的には，JLPS の調査項目の中で「日常で生じる困難や問題の解決法をみつけることができる」などの問題解決能力，「自分の考えを人に説明する」ことができるなどのコミュニケーション能力の2つを取り上げ，これらの非認知的能力の形成が学歴により異なるのかを検証する．大学教育でこのような能力の形成を促しているのであれば，大卒者は押しなべて問題解決能力，コミュニケーション能力の自己評価が高いはずである．

　分析結果によれば，大卒者はそれ以外に比べ問題解決能力，コミュニケーション能力は相対的に高い．しかし，その効果は若年世代ほど小さくなる傾向にある．選抜度の高い大学の卒業者は，この2つの能力に関しては，特に高い傾向を示していない．つまり日本の高等教育では，大学での教育を通して問題解決やコミュニケーションの能力を高める機能はもともと弱く，大学進学率の増加に伴ってさらに弱まる傾向がみられた．

　日本における高等教育の拡大は，大卒学歴の労働市場における効用の低下と学生の能力形成への影響力の低下につながっている．他方では大学の選抜度というヨコの学歴については，その効用が相対的に上昇する傾向がみられる．しかし，選抜度の高い大学の卒業生の労働市場における価値が上昇しているのは，問題解決能力やコミュニケーション能力が高いことに起因しているわけではない．苅谷によれば「銘柄大学卒業」という学校歴が訓練能力の高さを示すシグナルとして働き，学歴インフレーションが生じていると解釈している．

　さらに，問題解決能力・コミュニケーション能力の形成には，15歳のころの家庭の経済的・文化的資源が学歴とは独立して大きな影響を与えていること

がわかっている．大学教育がこのような能力の形成にほとんど関係しなかったことを考慮すると，生まれ育った家庭環境の格差の影響力の頑健さは際立っている．この知見は，格差の連鎖・蓄積という視点からみると，初発の生まれによる格差・不平等が連鎖していく過程と捉えることができる．家庭環境の格差が，大学進学の機会だけでなく成人期の非認知的な能力形成に関する格差にまで連関していることを示唆している．

2.3 新規大卒者の就職の日韓比較

第3章「新卒一括採用制度の日本的特徴とその帰結」（有田伸）は，学校から職場への移行の日本的特徴といわれている新規の大卒者を卒業と同時に大量に一括して採用する制度について，韓国との比較を通して，そのメリットとデメリットを考察している．すでに働いている既卒の労働者とは別に，新卒者だけを対象に選抜採用する制度は，良好な就職機会を得るための労働市場に参入できる求職者を在学中の学生に限るという参入障壁のあることを意味している．このような参入ルールの存在は，日本の若年者の就職機会の格差と連鎖の問題を考える上で重要な課題であるといえる．

新卒一括採用の仕組みは，お隣の韓国においても同様の制度が存在する．既卒者のための転職市場とは区別された学校を卒業したばかりの若年者を対象とした新卒の採用枠を設け，大企業を中心に一括して採用する仕組みである．しかしその運用のされ方については日本との差異がみられるという．有田によれば，徴兵制度の存在により入学中や卒業後に一定期間徴兵されるため，大学卒業までの期間が大卒者の間で異なり，卒業後すぐに就職する者だけではない．このため韓国では，多様な就学年数の学生と卒業後間もない既卒者が，新卒枠を通して就職することが可能である．さらに新卒選抜の方法についても日韓で違いがみられる．韓国では，筆記試験などの客観的な基準による選抜についての社会的な信頼が厚いために，基礎学力や専門知識の試験やTOEICなどの英語能力試験の点数，コンテスト受賞歴など客観的な成果を選抜のための基準としている．このため学生は就職の準備のために，留年や休学による長期海外ボランティアや英語研修，外国語能力検定の受験，資格の取得などに努める傾向がある．

この結果韓国では，休学や留年，卒業後の「間断」により入職するまでの期間がかなり長く，大卒新入社員の平均年齢は高い．つまり就職の際に有利となる短期的に向上できる指標(スペック)を上げるための就職準備に充てられる期間が日本と比較した場合に各段に長くなっており，それが就職浪人の道を選ぶ人の数を増やしているという循環を生んでいる．これに対して日本の新規大卒者の一括採用制度では，卒業後に間断なく就職し最短の修学年数で卒業することが「標準」となっており，個人の努力により短期間で改善できる（TOEICの成績などの）指標よりも，可視化・指標化が難しい（個人の性格に関わるような）条件が重視される傾向がある．特に日本では，「入職の遅れ」が採用の過程では重要な意味を持つと考えられる．

そこで有田は，JLPSのデータを用いて，「入職の遅れ」（標準となっている入職年齢よりも遅く就職すること）が就職機会にどのように影響しているかを分析した．「入職の遅れなし（最短年齢）」「1年遅れ」「2年以上遅れ」の3つのカテゴリーを区別し，卒業から初職入職までの期間が1ヶ月以上の場合「卒業後の間断あり」とした．2年以上の入職の遅れと卒業から入職までの間断は，正規雇用と民間大企業への就職機会を有意に減少させる効果があり，大学時代の就職活動の熱心さ，授業の出席頻度，「優」の割合の変数を統制してもなお，有意な効果を持つことが明らかになった．官公庁への就職については，2年以上卒業が遅れた場合には，就職しにくい傾向があるが，卒業から入職までの間断がある場合には，逆に就職しやすい傾向がある．これは官公庁の採用では既卒と新卒を区別することなく公務員試験を受験できることと，官公庁への就職を希望しながらも在学中に試験に合格しなかった者が卒業後に再度試験を受けて合格する結果である可能性がある．

日本では入職・卒業の遅れは，正規雇用と民間大企業での就職機会に関して不利な要因となっている．有田はこの原因について，日本企業の内部労働市場と企業内教育訓練システムの強固さを指摘する．同じ新卒の中でも少しでも若い者を採用することにより，企業内訓練投資の収益期間を長くすることができる．また内部労働市場の昇進競争は，同期集団内部での競争であるため，同期集団内の年齢同質性を確保する必要が出てくる．さらに入職・卒業の遅れがなく就職することが規範として広がってしまうと，今度は入職・卒業の遅れがあ

ることは,「最短修了年限で卒業・就職できなかった」という負のイメージが付与され,それが選考の際に不利な材料となってしまう可能性がある.ただし気をつけなければいけないのは,入職・卒業の遅れは正規雇用と民間大企業の就職に不利な効果があるのは確かであるが,正規雇用と民間大企業の就職を不可能にするものではない.例えば卒業が2年以上遅れた学生でも,正規雇用の機会は7割以上残されており,正規雇用への道を完全に閉ざすものではない.

　日本と韓国の比較からみると,日本の新規学卒一括採用の制度は,入職・卒業が大きく遅れたものに対しては参入障壁があり,就職機会が制限されるという大きなデメリットがある.他方では,このような制度があることにより,学生にできる限り早く就職をさせる圧力が生じ,マクロなレベルでは学校から職場への効率的な移行が可能になっていると考えることもできる.韓国のように留年や就職浪人が広がることにより,学校から職場への移行過程が長期化し,若年期の数年間が就職準備のために費やされてしまうという事態が起こりかねない.さらに韓国では新規学卒労働市場に,留年や卒業後の就職浪人が多数参加することによって,良好な就職機会をめぐる過度の競争が生じることになる.日本では新卒市場への参入ルールがあるために,競争相手は限られ競争は「緩和」されていると考えることができる.このように韓国との比較により,日本の新規学卒一括採用の制度のもつメリットとデメリットの両面をきちんと評価する必要がある.

2.4　正規・非正規雇用の格差

　第4章「正規／非正規雇用の移動障壁と非正規雇用からの脱出可能性」(中澤渉)では,正規雇用と非正規雇用の格差の問題を取り上げる.雇用形態による待遇の違いは,すでに多くの研究が指摘することであるが,職場での待遇が劣っている非正規雇用に従事する人々が特定の層やグループに偏っているのではないか,また一度非正規雇用に陥るとそこから抜け出すことができないのではないか,という疑問に本章は着目して分析を進めている.

　日本の近年の労働市場において,非正規雇用者の割合が一貫して上昇していることはよく知られている事実である.市場が流動化することにより,非正規的な働き方に従事する人の割合が上昇することは十分考えられる.ただ誰もが

終　章　教育とキャリアにみる若者の格差

等しく非正規雇用につく確率があるのか，それとも特定の特性を持った人々だけが固定的に非正規雇用に従事しているのかは，政策的な視点からも検証すべき論点である．さらに一度非正規の職に就いた場合に，その後の正規の職への移動チャンスがあるのか，それとも移動の障壁が存在し，移動は極めて困難なのかも，正規・非正規の格差を考える上では重要な論点となる．非正規雇用に陥った場合でも，どのような人がそこから抜け出せ，どのような人が抜け出すことができないのかを明らかにすることは，格差の連鎖という枠組みからも必須のテーマであると考えられる．

　本章では3つの分析課題を設定している．第1に，個人内の従業上の地位の変動パターンを明らかにすることである．非正規雇用を「パート・アルバイト」と「派遣・請負社員」に区別し，「正規雇用」だけでなく「自営・家族従業」「無職」も考慮にいれて，個人の初期キャリア5年間の変動パターンを考察する．第2に，移動ルート・障壁の存在を，対数線形モデルを用いて検証する．正規雇用，自営・家族従業者，パート・アルバイト，派遣・請負，無職の5つの従業上の地位間にみられる移動をモデル化し，どの地位間に移動が容易あるいは困難であるかを検証する．第3に，非正規雇用からの脱出傾向を確認するために，生存時間分析の手法を用いて，パート・アルバイト，派遣・請負，無職の地位にあるものを対象として，これらの人々が正規雇用の職を得たときにイベントが発生したと定義し分析を行った．

　第1の地位の変動パターンについて従業上の地位の5年間の変化をみると，男性の場合には地位が変化しないものが8割である．そのうちの大多数（9割）は正規雇用の地位を継続している人たちで，残りは自営・家族従業とパート・アルバイトの継続である．女性では，結婚が就業と大きく関連している実態があるので，5年間同じ従業上の地位にあるものは5割強であり，正規雇用の継続25％，パート・アルバイトの継続15％，無職の継続14％となっている．未婚女性に限った場合には，正規雇用の継続がほぼ半分（47％），パート・アルバイト，派遣・請負の継続が2割という数値である．女性の結婚に伴う就業移行を除くと，毎年のように地位が変化するような大きな変動を経験する人の割合は，決して多いとはいえない．5年間という比較的短い期間でパネル調査からの脱落バイアスも配慮する必要はあるが，特に男性では変動がかなり限られ

ており，正規雇用の継続が圧倒的に多いことが特徴である．

それでは従業上の地位の移行が起こる場合には，どのような移行のルートや障壁があるのであろうか．第2の分析から明らかになったことをまとめると，男性については，正規雇用の継続傾向が30歳以上では強まり，20歳代のうちにはパート・アルバイトから正規雇用という移動のルートが存在したものが，30歳以上ではそのような移動ルートが消滅し，非正規から正規への移動機会が明らかに減少している．女性でも正規雇用の継続傾向が30歳以上では強まっている．女性の場合には，派遣・請負の継続傾向がパート・アルバイトよりもずっと強い．女性にとっての派遣・請負職は，仕事内容が正規雇用と類似するところがあり，20歳代では正規職からの移動がみられるのが，30歳以降はこのような移動はみられない．他方，パート・アルバイトから正規職への移動はどの年齢層でも一定程度観察される．

第3の生存分析の結果からは，非正規雇用・無職などの不安定な地位からの脱出可能性について下記のようなことが明らかになった．年齢が上がるにしたがって正規雇用への脱出がより困難になり，特に40歳以上では極めて困難である．この知見は，ライフコースの流れの中で加齢とともに格差の固定化が進行することを示唆している．他方では，男性の場合には非正規雇用であっても就業を2～3年継続することは，正規雇用への移行の可能性を高め，女性の場合には学歴の高いことが移行にプラスに働くという知見は，非正規雇用からの脱出に関する手掛かりを与えてくれる．

初職が非正規雇用で出発するなどの初期キャリアの不利は，たまたま卒業した年度の景気動向や就職市場の状況に大きく影響を受けており，個人の自己責任に帰着できない要因の存在を無視することはできない．リターンマッチの機会がない社会では，不公平感が拡大し，社会の活力を奪ってしまう可能性がある．非正規雇用などの不安定な地位が継続し，不利な立場が連鎖する状況があることは否定できず，固定化がさらに強化されるようであれば，このような懸念を想起せざるを得ない．

2.5 経済的貧困の連鎖

第5章「現代日本の若年層の貧困」(林雄亮) は，貧困を鍵概念として若年

層の経済状況に焦点を当てる．経済的貧困は，仕事の有無や働き方とは別に，憲法で保障されている文化的で最低限度の生活を享受できるかを大きく決定する．最近では，OECD 諸国の中でも日本は相対的貧困率が高い国の 1 つとして注目を浴びるようになった．1 時点での貧困の現状だけでなく，貧困の動態についても研究の関心が高まっている．貧困が一時的なものなのか，それとも貧困状態が継続して貧困の連鎖がみられるのかは，政策的にも極めて重要なテーマである．

本章では，厚生省が採用する相対的貧困率（等価可処分所得の中央値の半分以下）に従い，個人所得が 150 万円未満を「低所得状態」と定義し，個人を単位とした「貧困」を表す．JLPS の第 1 波から第 8 波のデータを用いて，若年層における低所得状態の分布，低所得状態にある人々の属性，低所得状態の持続性と変化，そして低所得状態がその後のライフイベント（結婚）に与える影響の 4 つの課題について分析する．

第 1 の課題である個人の低所得状態と世帯の貧困の分布については，第 1 波での個人所得と世帯所得の情報を用いてその関連を分析した．個人が低所得で世帯も貧困であるグループは，単身世帯の場合には個人所得 150 万円未満の人を指し，2 人以上世帯の場合には，回答者本人のみならず生計をともにする同居者も経済的貧困状態にあることを指す．男性では未婚者の 12％，既婚者の 1％，女性では未婚者と既婚者ともに 10％ の比率となっている．未婚の場合には，男女ともに 1 割ほどが，経済的貧困状態にあることがわかる．さらに興味深いのは，個人所得でみると貧困線以下であるが居住している世帯は貧困でない（主に親に経済的に依存していると考えられる）未婚者が，男性で 17％，女性で 24％ 存在することである．

個人所得と婚姻状態は強い相関がある．男性の場合には，（同居世帯の所得レベルにかかわらず）個人所得が貧困と分類される比率は，未婚で 29％，既婚で 2％，女性の場合には未婚 34％，既婚 71％ である．男性の既婚者で低所得層はほぼ存在しないが，女性の場合には専業主婦やパートタイム雇用者の一部が低所得層として分類されているので女性既婚者の間での比率が際立って高い．性別役割分業と男性稼ぎ主モデルの存在の結果と考えられる．

第 2 の課題であるどのような人が低所得状態にあるのかについては，第 1 波

の未婚者を対象とした分析を行い，若いコーホートほど低所得状態に陥りやすく，現職が非正規雇用，自営・家族，無職，学生の場合にも正規雇用に比べ低所得状態に陥りやすい．女性の場合には，低学歴も低所得状態を促す傾向がある．親と同居している場合には，低所得状態であっても同居世帯は貧困ではない確率が高い．

第3の課題である低所得状態の持続性については，第1波から第8波の個人所得から，それぞれに時点で低所得状態であるか否かを計算すると，第1波時点で未婚男性の7割は一度も調査期間中に低所得状態を経験していない．女性では，第1波から第8波までずっと未婚の場合には5割弱（44％）が一度も低所得状態を経験していない．第2波以降に既婚となった場合には，その比率は6割以上である．この知見は，低所得状態は決して若年層の限られた人々にみられるものではなく，未婚男性の3割弱，未婚女性の5割強は，経済的貧困状態を1度は経験していることを示している．

第1波から第8波までの連続する2時点間で低所得状態を継続するものと低所得状態から退出するものの比率を計算すると，男性のほぼ7割が継続，残りの3割が退出しており，女性では約75％が継続，25％が退出である．これらの数値は，低所得状態はある程度の連続性（連鎖）がみられるが，3割弱は1年間で低所得状態を脱出することが可能であることを示している．

次にどのような経歴の人々が低所得状態に陥りやすいかを分析すると，男女にかかわらず，学校から職場への移行に間断のあることや初職が非正規職であるという労働市場への参入時点での不利が，現在の低所得状態につながっていることが明らかになった．学卒後の数年から十数年後の経済状況は，最初に労働市場に参入するときの経験が大きな分かれ道であることを示唆している．すでに第4章のまとめのところでも述べたように，学卒直後の参入経験は，たまたま卒業した年度の景気動向や市場の需給状況など，個人の責任に帰着できない要因に影響を受けている．

最後に低所得状態がその後のライフイベント（結婚）に与える影響を分析した．ある時点で未婚で学生でないものが，翌年に結婚する確率を低所得状態にあるものとないものの間で比較すると，若年コーホート（1976～86年出生）では，男性2.8倍，女性1.6倍，壮年コーホート（1966～75年出生）では男性

11.9倍,女性3.1倍,低所得状態にある方が結婚しにくい.特に壮年男性にとっては,経済貧困は結婚チャンスを大きく減少させることがわかる.このように経済的に不利な状況は,家族形成といったライフイベントにも長い影を落としている.

2.6 社会的孤立と無業

第6章「社会的孤立と無業の悪循環」(石田賢示)は,無業になることと相談相手もなく社会的に孤立した状態になることの関連について,両者の循環的な関係に着目しながら分析することが目的である.先行研究では,社会的に孤立した状況にある人々は,無業になるリスクが高いことが指摘されてきた.職場の人間関係の問題が離職意向と結びついており,仕事のことについて相談できるような相手がいない場合には,社会的なネットワークからの支援を得ることができず,離職につながることが報告されている.無業になってからの再就職に関しても,社会的なネットワークから孤立していることは,就職機会の情報が乏しく仕事をみつけにくい傾向がある.他方で,無業であることは社会ネットワークの網が縮小することにつながり,それが孤立を引き起こす要因となることが報告されている.失業により社会的紐帯が失われていく傾向や,長期間の無業経験は友人との会食頻度を低下させる傾向があり,無業が社会的孤立を促す可能性が示されている.

これらの先行研究を基礎に,無業と社会的孤立の関連についてさらに検討を進めるために,本章では次の3つの課題を検討する.第1に,社会的に孤立した状況に置かれていることは,無業になりやすいのか.第2に,無業になった場合には,社会的に孤立しやすくなるのか.第3に,無業状態から社会的に孤立した状況に置かれると,就職の機会が少なくなるのか.JLPSの第1波から第8波のデータを用いて,無業と社会的孤立の動態的な関連を分析した.

第1の課題については,社会的孤立を説明変数,有業から無業への移行を従属変数とする分析を行った.社会的孤立は,奇数調査波において「自分の仕事や勉強」のことを相談できる相手がいない場合を1,それ以外を0としたダミー変数として,4時点における個人内平均の値を用いた.このため社会的孤立変数は時間不変であり,8年間を通して社会的に孤立している度合いを測定し

ている．多変量解析の結果からは，男性については，社会的孤立状況にある場合には，有業から無業への移行のリスクを高めることが明らかになった．他方女性については，社会的孤立状況は無業への移動に対して影響を与えていない．女性の場合には，結婚に伴う退職など既婚者であることが無業への移行を促す傾向にあった．

　第2の課題である無業が社会的孤立に与える影響については，第3波，第5波，第7波の社会的孤立状況を従属変数，独立変数を有業・無業の移行パターンとする分析を行った．分析結果によると，男性についてのみ「有業のまま」のパターンに比べ，「有業から無業へ」移行した場合あるいは「無業のまま」の場合には，社会的孤立を上昇させる効果があることがわかる．無業であることだけでなく，有業から無業になることも社会的なネットワークを維持することを困難にさせる可能性を示している．さらに社会的孤立状況は，暮らし向きが豊かであること，配偶者がいることにより軽減される傾向があった．女性の場合にも，暮らし向きと有配偶，それに加えて健康度が良い場合には，社会的孤立が軽減される傾向があった．

　第3の課題である再就職の機会についての分析では，分析期間中に無業状態となった対象者のみを取り上げ，相談相手が不在である効果を測定した．男性についてのみ，仕事について相談できる相手がいない場合には，再就職の機会が得られにくいという結果が明らかになった．さらに暮らし向きと主観的健康度が良いことは，再就職にプラスの影響がある．女性の場合には，同様の効果は確認されない．唯一明らかなのは，有配偶者に場合には再就職の機会が減少することである．

　結論としていえることは，男性に関しては，社会的孤立と無業の悪循環が観察された．社会的なネットワークから孤立することにより無業となるリスクが上昇し，無業となることによって社会的な孤立が深まり，その結果再就職の機会も少なくなるという循環である．パネル調査のデータを用いることにより，社会的孤立と無業の間にみられる動態的な関係を明らかにすることができた．女性に関しては，同様な悪循環は観察されなかった．性別役割分業と男性稼ぎ主モデルが根強い日本では，無業や仕事に関する相談相手の不在は，女性の場合には必ずしもすぐに不利な状況に結びつくものではないことを示唆している．

3. 格差の連鎖・蓄積の枠組み

　序章では,「格差の連鎖・蓄積」の枠組みを定義し,それを実証可能な形に定式化した後に,東大社研パネル調査データを用いて具体的な検証を行った.ここでは,もう一度「格差の連鎖・蓄積」の枠組みに立ち返り,序章では十分に展開しきれなかった知見を含めて紹介し,この枠組みの持つ意義について再確認しておきたい.

　序章での議論を再度整理しておく.「格差の連鎖・蓄積」の概念は,ライフコースのある時点での格差（有利さと不利さ）が,その後の時点の格差（有利さと不利さ）に影響を与えることをあらわす（Merton 1968; DiPrete and Eirich 2006）．この影響の仕方については3つのパターンがあることを示した.

　第1は,「格差が連鎖・継続」するパターンである．出発点での生まれ落ちた家庭環境により決定される有利さ・不利さがまったく変わることなく,その後のライフコースにおいても継続していく状態を指す．まったく変わることなく連鎖・継続するということは,初発の格差が広がったり消滅したりすることなく続くことを意味する．加齢とともにさまざまなライフステージを経験していくが,それぞれの段階で初発の有利・不利の状態が維持されたまま継続していくパターンである.

　第2のパターンは,「格差が蓄積・拡大」する場合である．このパターンの特色は,出発点でみられる格差が,その後のライフステージの段階を経るごとに拡大していくことである．有利なものはますます有利に,不利なものはますます不利になっていき,もともとあった格差が時間とともに広がっていく状態である.

　第3のパターンは,「格差が縮小・挽回」する場合である．第2のパターンとは逆に,出発点での格差が,その後のライフステージを通過する過程で縮小していくことを意味する．これは,出発点で不利な立場にあったグループが,その後の地位達成の過程で不利を挽回し,有利なグループとの差を詰めていく状態にほかならない.

　序章では,3つのパターンのどれが当てはまるかについてJLPSを用い,個

人が経験する4つのライフステージを区別し検証した．第1のステージは，生まれ育った家庭環境による有利さ・不利さが決定される格差の出発点である．第2のステージは，教育達成の過程に対応し，学校教育を修了した段階での有利さ・不利さを示す．第3のステージは，労働市場のはじめて参入し初職を得た段階での有利さ・不利さに当たる．第4のステージは，調査時点での労働市場の位置（現職）による格差の状態に対応する．分析では，4つのステージで代表される個人内の変化（個人のライフコース）と，個人間の相違（家庭環境と教育・職業達成における個人の間にみられる格差）の関連を明らかにした．

この4つのステージを通過する中で，格差の連鎖・蓄積の3つのパターンを検証すると，第1のパターンである「格差の連鎖・継続」がデータ分析と最も整合性のあることが明らかになった．高等教育への進学機会は家庭環境により影響を受けており，有利な家庭環境出身者は明らかに進学しやすい．他方では，高等教育修了という学歴達成は，家庭環境が有利なグループ・不利グループどちらにおいても，初職と現職の職業的地位を上昇させる因果的な効果があることが確認された．つまり学歴効果は，出身家庭の有利さ・不利さとは関連なく存在する．有利なものが学歴達成でより有利になり格差が拡大するわけではないと同時に，不利なものが学歴達成で不利な状況を挽回することができるわけでもない．このことは，家庭環境による初発の格差は，ライフコースの流れの中で拡大あるいは縮小していくのではなく，教育達成・職業達成の過程で，そのまま維持・継続していく傾向があった．

序章では，教育達成・職業達成の過程を取り上げたが，同じ「格差の連鎖・蓄積」の枠組みを用いて（調査時点での）所得と健康状態の格差についても検討してみた結果が図表終-1と図表終-2である．図表終-1は，家庭環境による出発点での格差（出身階層地位ランク）において最も不利なグループ1から最も有利なグループ4のそれぞれについて，高等教育の学歴がある場合とない場合の2つに分けて平均所得を検討したものである．図表終-2は，所得ではなく，主観的な健康状態が「とても良い」「まあ良い」と回答した人の比率を示したものである．

いずれの図表についても，「格差の連鎖・蓄積」の3つのパターンの中の第1の「格差の連鎖・継続」と整合的であることがわかる．高等教育学歴は，男

終　章　教育とキャリアにみる若者の格差

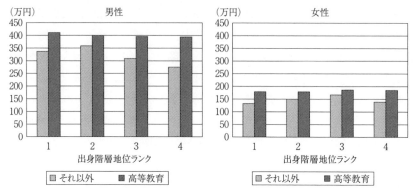

図表終-1　4つの階層別にみた高等教育と所得の関連（男女別）

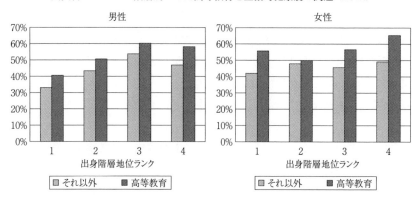

図表終-2　4つの階層別にみた高等教育と主観的健康度の関連（男女別）

性では平均して65万円，女性では35万円ほど年間所得を上昇させる効果があり，この経済効用はどの出身階層地位ランクでも若干の違いはあるがほぼ同程度に確認される．主観的健康度についても，高等教育学歴は出身階層地位にかかわりなく，男性では16％，女性では13％ほど「良い」という回答を上昇させる効果があることがわかる．これらの結果は，家庭環境に基づく社会的背景が不利なグループでも有利なグループでも，高等教育の影響はほぼ一様で，所得と主観的健康観を上昇させることを物語っている．

　さらに交際・結婚といった家族形成に関わる部分についても検討してみたが，

終　章　教育とキャリアにみる若者の格差

初発の社会的背景における格差の効果は，教育達成・職業達成と比較すると，明らかに小さい傾向がみられた．分析の詳細は割愛するが，アウトカムを初職・現職ではなく交際相手の有無という変数を用いると，4つの出身階層地位ランクの間で交際機会についての有意な違いはみられない．またアウトカムを結婚までの年数とした生存分析についても，4つの出身階層地位ランク別の生存曲線に関して有意な違いはみられない[2]．つまり職業達成と比較して，交際・結婚の機会は，社会的背景における格差の影響力を受けにくい可能性がある．しかしこのことから，社会的背景が家族形成にまったく影響を与えていないと断定することはできない．出身家庭の属性と家族形成との関連については，第2巻で詳しく分析されている．

これらの知見が示唆するのは，家庭環境による出発点での格差が連鎖・継続していくパターンが明確にみられるのは，社会・経済的地位の達成の過程であり，家族形成などの他のライフコースの領域では，出発点での格差が連鎖・継続していく度合いは，社会経済的地位と関連した労働市場の領域と比較すると小さいと予想される．

4. 大人への移行と格差の連鎖・蓄積

若者のライフコースの流れは，社会を構成する1人前の「大人」へと成長する軌跡としても考えることができる．近年，日本に限らず欧米を含む産業諸国では，「大人への移行」の遅れが指摘されてきた（Furstenberg 2013; Settersten, Furstenberg and Rumbaut 2005）．現代の若者は，より長く教育を受けるようになり，離家の遅れが目立ち，新たな家族を形成し経済的な自立を達成するまでにより長い時間を要するようになった．「大人への移行」の過程は，半世紀前に比べると，よりゆるやかでより多様な道のりとなっている．男性・女性にかかわらずすべての階層出身者で，移行を経験する時期の遅れが観察されているが，階層差は時代とともに拡大する傾向がある．アメリカでは，恵まれない階層出身の若者は，伝統的な移行マーカーの生起順序（シークエンス），すなわち教育，就業，離家，結婚，子どもの誕生という予想される順番に従うことがより困難になっている．恵まれた階層出身者は，伝統的な移行の順序に従い

やすいが，これらの移行経験の時期は以前に比べ格段に遅くなっており，特に教育を修了するまでは，親に経済的に依存する状態が続く傾向がある．親への依存は 30 歳代まで継続することもまれではなく，親世帯の経済的・情緒的負担も以前では考えられないほど増大している（Furstenberg 2010）．「ブーメラン家族」という表現のように，一度離家した成人子が，生まれ育った家族に戻ってくる現象も多くの産業諸国で報告されている（Newman 2012）．

　「大人への移行」に関わるタイムテーブルの規範に関しても，すべての人々に共有されているわけではない．アメリカの研究では，低学歴・低所得であるほど，若者が家を離れ，教育を修了し，フルタイムの職に就き，結婚し，親となる期限をより早く設定する傾向があることが指摘されている（Settersten and Ray 2010）．つまり，実際の「大人への移行」に関するイベントの生起順序とタイミングだけでなくライフコースのタイムテーブルの規範についても，社会経済的な格差があることがわかる．

　「大人への移行」の遅れは，生まれ育った家族（定位家族）の影響が長引くことを意味する．離家の遅れは典型であるが，家を離れたとしても，経済的自立や結婚の遅れは，定位家族からの支援の継続を意味し，生まれ落ちた家庭の社会経済的な状況が，より長期にわたって若年者の生活に影響を及ぼす可能性を示唆している．このように，「大人への移行」の遅れは，格差の連鎖・蓄積という枠組みにとって，重要な社会的なコンテクストを提供しているといえる．出身家庭の社会的背景という出発点での格差・不平等が，若年者の格差の生成過程に，より長い影を落としている可能性がある．このことは，「大人への移行」の過程がより長期化している産業諸国では，初発の格差・不平等の持つ意味がますます重要になってきていることを物語っている．

5. おわりに

　最後に本書の知見から導き出される政策的なインプリケーションと今後の課題について考えてみたい．

　第 1 に，本書は初発の格差・不平等，特に人々が生育してきた家庭環境と社会的な背景に関する格差が，成人後の自立の過程に継続して影響を与えており，

初期段階での格差は拡大こそしないものの，縮小することなく連鎖していく傾向のあること，そして自立した大人へと巣立つ過程が長期化することにより，初期の格差の持つ重要性がより拡大している可能性のあることを明らかにした．これらの知見が示唆することの１つは，すでに幼少期の時期から家庭環境による格差が生まれており，政策的にも比較的早期の教育段階から格差是正の支援を必要としていることである．

今後の研究課題としても，幼少期の家庭環境の格差がどのように子どもの生活や学び，教育達成に影響を与えているのかを明らかにする必要がある．生まれ落ちた家庭の不平等が，子どもの学力などの認知的なスキルだけでなく，規則正しい生活や忍耐力・問題解決能力などの生活習慣や非認知的なスキルにも影響をあたえているのか，どのくらいの年齢，学年で子どもの能力に格差が生み出されてくるのか，中学・高校の受験などのトラッキング分化の過程で格差が拡大していくのか，などについては研究の余地がある．

最近のアメリカにおける研究では，幼少期における子どもの能力の発達と世帯の所得レベルの関係に関する分析がなされ，小学校入学前の早い段階から世帯所得による格差があることが報告されている（Duncan and Murnane 2011; Ermisch, Jäntti and Smeeding 2012）．日本でも苅谷・志水編（2004），耳塚編（2013），赤林・直井・敷島編（2016）などが，すでに小・中学校段階から世帯の経済状況により学力格差が存在することを明らかにしている．さらに学力だけではなく忍耐力や問題解決力などの非認知的な能力についても考慮する必要があり，世帯所得などの経済状況だけでなく，JLPSで使用したような広範な家庭環境，社会的背景に関する変数を考慮することにより，社会的背景の中のどの要因が子どもの認知的・非認知能力の格差を生み出すのかを特定していく作業が必要であろう．

第２に，本書の分析から，学校から職場への移行に間断のあることや初職が非正規職であるという労働市場への参入時点での不利な経験は，その後のライフコースの中で就業機会を失う，貧困状態に陥る，社会的に孤立するなど更なる不利な状況へと陥るリスクを高めることがわかっている．はじめて労働市場に入るときの経験が大きな分かれ道となっている可能性が高い．しかしすでに述べたように，学卒直後の参入経験は，たまたま卒業した年度の景気動向や市

終　章　教育とキャリアにみる若者の格差

場の需給状況など，個人の責任に帰着できない要因に影響を受けている．このように偶然的に不利が生じる場合に，そのインパクトを最小限に食い止める支援策が求められている．本書では，学校がセーフティネットとして機能している可能性が指摘されている．学校や職業安定機関のような公共の制度が，若年者の初期キャリアにおいて果たす役割は極めて大きいといえる．特にはじめて労働市場に参入したときに不利な状況に直面した若年者をターゲットに，その不利を挽回できるような施策が必要となる．

　第3に，本書では非正規雇用，貧困，無業，社会的孤立といった若年者の初期キャリアにおける不利の持つ意味と影響を分析してきた．労働市場の参入時だけでなく，その後のキャリア形成の時期に継続して不利な状況下に置かれてしまう若者の存在がある．学卒時が不況期に当たり新卒採用が削減され正規の就職ができなかったのが，景気が回復して以降は新卒でないという理由で正規職に採用されないという2重のペナルティーが科されてしまう状況は，解消する必要がある．若年者のためのセカンド・チャンスの可能性がない社会は，閉塞感が漂い，不公平感を助長することになるであろう．

　日本企業の新規学卒一括大量採用という雇用慣行のために，標準的なルートに乗れない若年に対して負のレッテルが貼られる傾向がある．しかし，このような若者は確実に増加している．学校を中退したり，失業・無業という経験をしてきた若年者に，教育機関や企業現場で実践的な職業技能訓練だけでなくコミュニケーション能力・問題解決能力等といわれる社会人としての基礎的な行動様式を学ぶ機会を提供することは，まさにセカンド・チャンスを提供することにつながるだろう．若者が仕事を通して自分の持つ能力・スキルを開発・向上する機会がある社会は，個人のレベルでの損失だけでなく社会的損失を最小化できると同時に，将来的なリスクの削減にもつながる．

　社会人・職業人としての能力・技能の養成は，不利な状況に陥った若者だけが必要としているわけでない．いかなる形で若年者の「大人への移行」を支援し，自立した社会人・職業人として育成していくのかについて，国家レベルでの議論が必須である．どのような能力・技能が必要であり，誰がその育成を担うのか，民間の企業における企業内訓練によるのか，それとも公的な教育機関などで国家が行うべきことなのか，誰が費用を負担するべきなのか，育成のた

めの枠組みは誰が設計するのか，育成の結果身に着けた職業能力を測定したり認定したりすることができるのか，など課題は多い．

そしてこの自立した社会人・職業人を育成する仕組みは，社会に存在する格差と無縁に設計することはできない．そのメリットを受け取れそうでないのは誰なのか，仕組みを最も利用できなさそうな若年にどのようにして機会を提供していけるのかといった点を考慮していかない限り，すでにある格差を解消する方向に持っていくことはできない．こうした「格差の連鎖・蓄積」の視点の重要性を本書は訴えている．

注

1) 本研究は、日本学術振興会の科学研究費補助金基盤研究（S）（18103003, 22223005)、特別推進研究研究（25000001)、厚生労働科学研究費補助金政策科学推進事業（H16 - 政策 - 018)、および日本経済研究センター研究奨励金、公益財団法人 三菱財団の研究助成を受けた。東大社研パネル調査プロジェクトの運営とパネル調査の継続にあたっては、東京大学社会科学研究所からの研究および人的支援、株式会社アウトソーシングからの奨学寄付金を受けた。
2) 第1波の2007年時点ですでに30代後半（36歳以上）の回答者の場合には、最も恵まれない層で結婚ハザードが有意に低い結果が出ている。

文献

赤林英夫・直井道生・敷島千鶴編（2016）『学力・心理・家庭環境の経済分析』有斐閣.

Bruckner, Hannah and Karl Ulrich Mayer (2005) "De-Standardization of the Life Course," *Advances in Life Course Research* 9 : 27-53.

DiPrete, Thomas A. and Gregory M. Eirich (2006) "Cumulative Advantages as a Mechanism for Inequality," *Annual Review of Sociology* 32 : 271-297.

Duncan, Greg J. and Richard J. Murnane (2011) *Whither Opportunity? Rising Inequality, Schools, and Children's Life Chances.* New York: Russell Sage Foundation.

Elder, Glen H., Jr. and Janet Z. Giele (2009) "Life Course Studies," *The Craft of Life Course Research.* New York: Guilford Press. =（2013）本田時雄ほか訳『ライフコース研究の技法』明石書店.

Ermisch, John, Markus Jäntti, and Timothy M. Smeeding (2012) *From Parents to Children: The Intergenerational Transmission of Advantage.* New York: Russell Sage Foundation.

Featherman, David L. and Annemette Sorensen (1983) "Societal Transforma-

tion in Norway and Change in the Life Course Transition Into Adulthood," *Acta Sociologica* 26(2): 105-126.
Furstenberg, Frank F. Jr. (2010) "On a New Schedule: Transitions to Adulthood and Family Change," *The Future of Children* 20(1): 67-87.
Furstenberg, Frank F. Jr. (2013) "Transitions to Adulthood: What We Can Learn from the West," *The Annals of the American Academy of Political and Social Science* 646: 28-41.
Giele, Janet Z. and Glen H. Elder, Jr. (1998) "Life Course Research," *Methods of Life Course Research*, New York: Sage Publishing = (2003) 正岡寛司ほか訳『ライフコース研究の方法』明石書店.
苅谷剛彦・志水宏吉編 (2004)『学力の社会学――調査が示す学力の変化と学習の課題』岩波書店.
Merton, Robert K. (1968) "The Matthew Effect in Science," *Science* 159(3810): 56-63.
耳塚寛明編 (2013)『学力格差に挑む』金子書房.
Newman, Katherine S. (2012) *The Accordion Family*. Boston: Beacon Press.
大竹文雄 (2005)『日本の不平等』日本経済新聞社.
Settersten, Richard A. Jr., Frank F. Furstenberg, Jr., and Ruben G. Rumbaut (eds.) (2005) *On the Frontier of Adulthood: Theory, Research, and Public Policy*. Chicago, University of Chicago Press.
Settersten, Richard A. Jr. and Barbara Ray (2010) "What's Going on with Young People Today? The Long and Twisting Path to Adulthood," *The Future of Children* 20(1): 19-42.
佐藤俊樹 (2000)『不平等社会日本――さよなら総中流』中央公論社.
橘木俊詔 (1998)『日本の経済格差――所得と資産から考える』岩波書店.

付　録

分析に使用した調査票の設問一覧

注：各章で分析に使用した調査票の設問を，wave 1 の問 1 から順に並べています．同じ問に含まれていて分析に使用しなかった設問の選択肢は，削除しています．（たとえば問の中に A・B・C の設問があり，A だけを分析に使用した場合，B・C の選択肢を削除．）また，分岐項目の指示なども，不要なものについては削除しています．

★序章

〈wave 1〉

○性別・年齢（wave 1 問 1 (1)(2)）

問 1　あなたの性別とお生まれの年月をお教えください．
　(1) 性別

1. 男性	2. 女性

　(2) お生まれの年月

西暦		
昭和	年	月

付　録　分析に使用した調査票の設問一覧

○就業（wave 1 問 4 (1) (2) (3) (6)）

問 4　あなたの現在および最初に就いたお仕事についてうかがいます（現在働いていない方は，直近の（最後に就いた）お仕事についてうかがいます）．

	A. 現在（直近）のお仕事	B. 学校を卒業後最初に就いたお仕事
〈現在（直近）のお仕事〉と〈学校を卒業後，最初に就いたお仕事〉が同じ場合は，Aにのみ回答してください．		
(1) 働き方　もっとも近いものを１つ選んでください．（○は１つ）		
1. 経営者，役員	1	1
2. 正社員・正職員	2	2
3. パート・アルバイト（学生アルバイトを含む）・契約・臨時・嘱託	3	3
〔学生アルバイトの方はA.現在（直近）のお仕事にのみお答え下さい〕		
4. 派遣社員	4	4
5. 請負社員	5	5
6. 自営業主，自由業者	6	6
7. 家族従業者	7	7
8. 内職	8	8
9. その他　［9. その他　具体的に　　　　　］	9	9
(2) お仕事の内容　もっとも近いものを１つ選んでください．（○は１つ）		
1. 専門職・技術職（医師，看護師，弁護士，教師，技術者，デザイナーなど専門的知識・技術を要するもの）	1	1
2. 管理職（企業・官公庁における課長職以上，議員，経営者など）	2	2
3. 事務職（企業・官公庁における一般事務，経理，内勤の営業など）	3	3
4. 販売職（小売・卸売店主，店員，不動産売買，保険外交，外回りのセールスなど）	4	4
5. サービス職（理・美容師，料理人，ウェイトレス，ホームヘルパーなど）	5	5
6. 生産現場職・技能職（製品製造・組立，自動車整備，建設作業員，大工，電気工事，農水産物加工など）	6	6
7. 運輸・保安職（トラック・タクシー運転手，船員，郵便配達，通信士，警察官，消防官，自衛官，警備員など）	7	7
8. その他	8	8

付　録　分析に使用した調査票の設問一覧

(2)-2 お仕事の内容を具体的にお教えください．		
記入例「○○（勤め先）で××の仕事（資格）」のようにご記入ください 農家で米づくり　　小学校で教員 スーパーでレジ　　食品販売会社で電話営業 化粧品会社で外回り営業 工場でプラスティック製おもちゃの製造 建築現場で屋内電気配線 福祉施設で介護の仕事（介護福祉士） ソフトウェア開発会社でシステムエンジニア（ソフトウェア開発技術者）	記入欄	記入欄
(3) 役職　もっとも近いものを1つ選んでください．（○は1つ）		
1. 役職なし	1	1
2. 監督，職長，班長，組長	2	2
3. 係長，係長相当職	3	3
4. 課長，課長相当職	4	4
5. 部長，部長相当職	5	5
6. 社長，重役，役員，理事	6	6
7. その他	7 → [7. その他 具体的に] ← 7	
(6) 会社全体（支社等含む）の従業員数　家族従業者，パート・アルバイトも含めます．（○は1つ）		
1. 1人　　　　6. 100〜299人	1　　6	1　　6
2. 2〜4人　　7. 300〜999人	2　　7	2　　7
3. 5〜9人　　8. 1000人以上	3　　8	3　　8
4. 10〜29人　9. 官公庁	4　　9	4　　9
5. 30〜99人　10. わからない	5　　10	5　　10

○親の離婚・失業（wave 1 問11）

問11　あなたは今までに以下のような出来事を経験したことがありますか．あてはまる番号すべてに○をつけてください．（○はいくつでも）

1. 親が失業した／親が事業で失敗した
2. 親が離婚した

○きょうだい数，きょうだい順位（wave 1 問14）

問14　同居していない方も含めて，ご家族のことをうかがいます．
(1) あなたの兄弟姉妹は何人ですか．亡くなった兄弟姉妹も含めてください．

兄	姉	あなた自身	弟	妹
人	人		人	人

付　録　分析に使用した調査票の設問一覧

○15歳時の暮らし向き（wave 1 問 16）

問 16　あなたが 15 歳だった頃（中学卒業時），あなたのお宅の暮らしむきは，この中のどれにあたるでしょうか．当時のふつうの暮らしむきとくらべてお答えください．（○は 1 つ）

1	2	3	4	5	6
豊か	やや豊か	ふつう	やや貧しい	貧しい	わからない

○中学 3 年時の成績（wave 1 問 17）

問 17　あなたが中学 3 年生のとき，あなたの成績は学年の中でどれくらいでしたか．（○は 1 つ）

1	2	3	4	5	6
上の方	やや上の方	真ん中あたり	やや下の方	下の方	わからない

○15 歳時の資産（wave 1 問 18）

問 18　あなたが 15 歳だった頃（中学卒業時），お宅には次にあげるもののうち，どれがありましたか．（○はいくつでも）

1. 持ち家
2. 風呂
3. 自分専用の部屋
4. ピアノ
5. 文学全集・図鑑
6. 別荘

○15 歳時の本の数（wave 1 問 19）

問 19　あなたが 15 歳だった頃（中学卒業時），あなたのお宅には本がどのくらいありましたか．雑誌，新聞，教科書，漫画，コミックは含めないでお答えください．（○は 1 つ）

0. 0 冊（家に本は無かった）	5. 101 冊〜200 冊
1. 10 冊以下	6. 201 冊〜500 冊
2. 11 冊〜25 冊	7. 501 冊以上
3. 26 冊〜50 冊	8. わからない
4. 51 冊〜100 冊	

○15 歳時の家庭の雰囲気（wave1 問 21）

問 21　あなたが 15 歳だった頃（中学卒業時），あなたの育った家庭の雰囲気はいかがでしたか．（○は 1 つ）

1. 暖かい雰囲気だった	3. どちらかというと暖かい雰囲気ではなかった
2. どちらかというと暖かい雰囲気だった	4. 暖かい雰囲気ではなかった

付　録　分析に使用した調査票の設問一覧

○ 15 歳時の父親・母親の就業（wave 1 問 22（1）（2）（3）（4））

問 22　あなたが 15 歳だった頃（中学卒業時），ご両親はどのようなお仕事をなさっていましたか．

	A. 父親	B. 母親
(1) 働き方　もっとも近いものを 1 つ選んでください．（○は 1 つ）		
1. 経営者，役員	1	1
2. 正社員・正職員	2	2
3. パートなど(契約・臨時・嘱託・請負等含む)	3	3
4. 自営業主，自由業者	4	4
5. 家族従業者	5	5
6. 内職	6	6
7. 無職（専業主婦・主夫を含む）	7	7
8. 学生	8	8
9. 当時父・母はいなかった	9	9
10. その他	10	10
父の(2)〜(4)は回答不要　母の(2)〜(4)は回答不要　[10. その他 具体的に]		
(2) お仕事の内容　もっとも近いものを 1 つ選んでください．（○は 1 つ）		
1. 専門職・技術職 …… (医師，看護師，弁護士，教師，技術者，デザイナーなど専門的知識・技術を要するもの)	1	1
2. 管理職 ………………… (企業・官公庁における課長職以上，議員，経営者など)	2	2
3. 事務職 ………………… (企業・官公庁における一般事務，経理，内勤の営業など)	3	3
4. 販売職 ………………… (小売・卸売店主，店員，不動産売買，保険外交，外勤のセールスなど)	4	4
5. サービス職 ………… (理・美容師，料理人，ウェイトレス，ホームヘルパーなど)	5	5
6. 生産現場職・技能職 … (製品製造・組立，自動車整備，建設作業員，大工，電気工事，農水産物加工など)	6	6
7. 運輸・保安職 ……… (トラック運転手，船員，郵便配達，通信士，警察官，消防官，自衛官，警備員など)	7	7
8. その他	8	8
9. わからない	9	9
(2)-2　お仕事の内容を具体的にお教えください．	記入欄	記入欄
記入例　「○○（勤め先）で××の仕事（資格）」のようにご記入ください 農家で米づくり　　小学校で教員 銀行で受付　　化粧品会社で外回り営業 工場でプラスティック製おもちゃの製造　　国鉄で電車の運転 建築現場で屋内電気配線　　市役所で経理事務 ラーメン屋で調理		

247

付　録　分析に使用した調査票の設問一覧

(3) 役職　もっとも近いものを1つ選んでください．（○は1つ）			
1. 役職なし	1		1
2. 監督，職長，班長，組長	2		2
3. 係長，係長相当職	3		3
4. 課長，課長相当職	4		4
5. 部長，部長相当職	5		5
6. 社長，重役，役員，理事	6	[7. その他] 具体的に	6
7. その他	7 →		← 7

(4) 会社全体の従業員数　家族従業者，パート・アルバイトも含めます．（○は1つ）						
1. 1人	5. 300人以上	1	5	1	5
2. 2〜4人	6. 官公庁	2	6	2	6
3. 5〜29人	7. わからない	3	7	3	7
4. 30〜299人		4		4	

○学歴（回答者，父親，母親）（wave 1 問23，問24）

問23　次のうち，あなたが最後に通った（または現在通学中の）学校はどれですか．あてはまるもの1つに○をつけてください．配偶者やご両親についても，わかる範囲で同様にお答えください．

	あなた	配偶者	父親	母親	(注)
1. 中学校	1	1	1	1	旧制の学校は次のように読み替えてください．
2. 高等学校	2	2	2	2	〈1. 中学校〉とするもの
3. 専修学校（専門学校）	3	3	3	3	尋常小学校（国民学校含む）
4. 短期大学・高等専門学校（5年制）	4	4	4	4	高等小学校
5. 大学	5	5	5	5	〈2. 高等学校〉とするもの
6. 大学院	6	6	6	6	旧制中学校，高等女学校
7. わからない	7	7	7	7	実業学校，商業学校，師範学校
8. 配偶者はいない		8			〈5. 大学〉とするもの 旧制大学，旧制高等学校 旧制専門学校，高等師範学校 〈6. 大学院〉とするもの 旧制大学院

問24　あなたは，上記の最後の学校を卒業しましたか．また，それはいつですか．

1. 卒業した　→	卒業・中退したのはいつですか	西暦 昭和・平成	年　　月
2. 中退した　→			
3. 在学中			

付　録　分析に使用した調査票の設問一覧

〈wave 2〉

○高校のタイプ・成績（wave 2 問 17（1）（2）（3）（5）（6）（7））

問 17　あなたの通った高校についてうかがいます．
　　　　　　　　　　　　　　　　　　　複数の高校に通った方
（1）その高校は，次のうちどれですか．（○は 1 つ）　最後の高校についてお答え下さい．

1. 全日制	3. 通信制（サポート校含む）	5. 高校には通わなかった
2. 定時制	4. 高等専門学校（5 年制）	

→ 問 18 へすすむ

（2）その高校は，公立でしたか，私立でしたか，それとも国立でしたか．（○は 1 つ）

1. 公立（都道府県立・市立・組合立）	2. 私立	3. 国立	4. わからない

（3）その高校では，どの学科に在籍していましたか．（○は 1 つ）

1. 普通科・理数科・英数科・英語科・国際科	6. 看護・介護・福祉・保育に関する学科
2. 工業に関する学科	7. 芸術・体育に関する学科
3. 商業に関する学科	8. 総合学科
4. 農業・水産に関する学科	9. わからない
5. 家庭・家政・衛生に関する学科	

（5）あなたは，その高校を卒業しましたか．（○は 1 つ）

1. 卒業
2. 中退
3. 在学中

（6）あなたが高校 3 年生のとき，成績は学年の中でどれくらいでしたか．（○は 1 つ）

1	2	3	4	5	6
上の方	やや上の方	真ん中のあたり	やや下の方	下の方	わからない

（7）その高校の同級生のなかで，大学や短大に進学した人はどのくらいいましたか．（○は 1 つ）

1	2	3	4	5	6
ほぼ全員	7〜8 割	半数くらい	2〜3 割	ほとんどいない	わからない

付　録　分析に使用した調査票の設問一覧

○短大・大学のタイプ・大学名（wave 2 問 19）

問 19　あなたは専門学校・短大・大学・大学院・職業訓練校などの学校に通ったことがありますか．

1. ある	2. ない

〈付問〉その学校について，設置者（国立・公立・私立），学校名，学部・学科，課程，入学年，卒業・中退年をお教え下さい．

	設置者 (国公私)	学校名	学部・学科など	課程	入学		卒業等	
1	1. 国立 2. 公立 3. 私立			1. 昼間 2. 夜間 3. 通信	西暦 　　年	西暦 　　年に	1. 卒業見込み 2. 卒業 3. 中退	
2	1. 国立 2. 公立 3. 私立			1. 昼間 2. 夜間 3. 通信	西暦 　　年	西暦 　　年に	1. 卒業見込み 2. 卒業 3. 中退	
3	1. 国立 2. 公立 3. 私立			1. 昼間 2. 夜間 3. 通信	西暦 　　年	西暦 　　年に	1. 卒業見込み 2. 卒業 3. 中退	
4	1. 国立 2. 公立 3. 私立			1. 昼間 2. 夜間 3. 通信	西暦 　　年	西暦 　　年に	1. 卒業見込み 2. 卒業 3. 中退	

5 校以上通われた方は，ページの余白にご記入下さい．

★第 1 章

〈wave 1〉

○性別・年齢（wave 1 問 1 (1) (2)）

問 1　あなたの性別とお生まれの年月をお教えください．

(1) 性別

1. 男性	2. 女性

(2) お生まれの年月

西暦 昭和	年	月

付　録　分析に使用した調査票の設問一覧

○就業（wave 1 問 4（1）（6）（8））

問4　あなたの現在および最初に就いたお仕事についてうかがいます（現在働いていない方は，直近の（最後に就いた）お仕事についてうかがいます）．

〈現在（直近）のお仕事〉と〈学校を卒業後，最初に就いたお仕事〉が同じ場合は，Aにのみ回答してください．	A.現在（直近）のお仕事	B.学校を卒業後最初に就いたお仕事
(1) 働き方　もっとも近いものを1つ選んでください．（○は1つ）		
1. 経営者，役員	1	1
2. 正社員・正職員	2	2
3. パート・アルバイト（学生アルバイトを含む）・契約・臨時・嘱託	3	3
4. 派遣社員	4	4
5. 請負社員	5	5
6. 自営業主，自由業者	6	6
7. 家族従業者	7	7
8. 内職	8	8
9. その他	9	9

学生アルバイトの方はA.現在（直近）のお仕事にのみお答え下さい

[9. その他]具体的に

(6) 会社全体（支社等含む）の従業員数　家族従業者，パート・アルバイトも含めます．（○は1つ）				
1. 1人　　　　　6. 100～299人	1	6	1	6
2. 2～4人　　　7. 300～999人	2	7	2	7
3. 5～9人　　　8. 1000人以上	3	8	3	8
4. 10～29人　　9. 官公庁	4	9	4	9
5. 30～99人　　10. わからない	5	10	5	10

(8) 勤続期間・住居地		
1. 勤めはじめた年月　西暦または元号いずれか1つで年を記入	西暦／昭和・平成　　年　月	西暦／昭和・平成　　年　月
1-a そのとき住んでいた市町村	都・道府・県　市・区町・村	都・道府・県　市・区町・村
2. 勤めをやめた年月　西暦または元号いずれか1つで年を記入	西暦／昭和・平成　　年　月	西暦／昭和・平成　　年　月

付　録　分析に使用した調査票の設問一覧

○学歴（wave1 問23, 問24）

問23　次のうち, あなたが最後に通った（または現在通学中の）学校はどれですか. あてはまるもの
　　　1つに○をつけてください. 配偶者やご両親についても, わかる範囲で同様にお答えください.

	あなた	配偶者	父親	母親	（注）
1. 中学校	1	1	1	1	旧制の学校は次のように読み替えてください.
2. 高等学校	2	2	2	2	〈1. 中学校〉とするもの
3. 専修学校（専門学校）	3	3	3	3	尋常小学校（国民学校含む）
4. 短期大学・高等専門学校（5年制）	4	4	4	4	高等小学校
5. 大学	5	5	5	5	〈2. 高等学校〉とするもの
6. 大学院	6	6	6	6	旧制中学校, 高等女学校
7. わからない	7	7	7	7	実業学校, 商業学校, 師範学校
8. 配偶者はいない		8			〈5. 大学〉とするもの　旧制大学, 旧制高等学校　旧制専門学校, 高等師範学校　〈6. 大学院〉とするもの　旧制大学院

問24　あなたは, 上記の最後の学校を卒業しましたか. また, それはいつですか.

1. 卒業した　→	卒業・中退したのはいつですか	西暦	年	月
2. 中退した　→		昭和・平成		
3. 在学中				

〈Wave 2〉

○高校のタイプ（wave 2 問17 (1) (2) (3) (5) (6) (8)）

問17　あなたの通った高校についてうかがいます．　　複数の高校に通った方
　　　　　　　　　　　　　　　　　　　　　　　　　最後の高校についてお答え下さい．
（1）その高校は, 次のうちどれですか．（○は1つ）

| 1. 全日制　3. 通信制（サポート校含む） | 5. 高校には通わなかった |
| 2. 定時制　4. 高等専門学校（5年制） | → 問18へすすむ |

（2）その高校は, 公立でしたか, 私立でしたか, それとも国立でしたか．（○は1つ）

| 1. 公立（都道府県立・市立・組合立）　2. 私立　3. 国立　4. わからない |

（3）その高校では, どの学科に在籍していましたか．（○は1つ）

1. 普通科・理数科・英数科・英語科・国際科	6. 看護・介護・福祉・保育に関する学科
2. 工業に関する学科	7. 芸術・体育に関する学科
3. 商業に関する学科	8. 総合学科
4. 農業・水産に関する学科	9. わからない
5. 家庭・家政・衛生に関する学科	

（5）あなたは, その高校を卒業しましたか．（○は1つ）

1. 卒業
2. 中退
3. 在学中

付　録　分析に使用した調査票の設問一覧

(6) あなたが高校3年生のとき，成績は学年の中でどれくらいでしたか．(○は1つ)

1	2	3	4	5	6
上の方	やや上の方	真ん中のあたり	やや下の方	下の方	わからない

(8) その高校を卒業（または中退）後，あなたはどのような進路に進みましたか．(○は1つ)
1. 専門学校　　2. 短大　　3. 大学　　4. 正社員として就職　　5. アルバイトなどで働く
6. 大学などを目指して浪人　　7. その他（具体的に：　　　　　　　　　　　　　　）

○短大・大学のタイプ（wave 2 問19）

問19　あなたは専門学校・短大・大学・大学院・職業訓練校などの学校に通ったことがありますか．

〈付問〉その学校について，設置者（国立・公立・私立），学校名，学部・学科，課程，入学年，卒業・中退年をお教え下さい．

	設置者 (国公私)	学校名	学部・学科など	課程	入学	卒業等	
1	1. 国立 2. 公立 3. 私立			1. 昼間 2. 夜間 3. 通信	西暦 　　　年	西暦 　　　年に	1. 卒業見込み 2. 卒業 3. 中退
2	1. 国立 2. 公立 3. 私立			1. 昼間 2. 夜間 3. 通信	西暦 　　　年	西暦 　　　年に	1. 卒業見込み 2. 卒業 3. 中退
3	1. 国立 2. 公立 3. 私立			1. 昼間 2. 夜間 3. 通信	西暦 　　　年	西暦 　　　年に	1. 卒業見込み 2. 卒業 3. 中退
4	1. 国立 2. 公立 3. 私立			1. 昼間 2. 夜間 3. 通信	西暦 　　　年	西暦 　　　年に	1. 卒業見込み 2. 卒業 3. 中退

5校以上通われた方は，ページの余白にご記入下さい．

付　録　分析に使用した調査票の設問一覧

○学校生活（wave 2 問 21（1）（2）（3）（4））

問21　あなたが「最後に通った学校」での（または現在通学中の）学校生活についてうかがいます．

「最後に通った学校」とは卒業だけでなく中退も含めます．たとえば，大卒・大学中退の方は →大学 / 高卒・高校中退の方は →高校

（1）「最後に通った学校」で，あなたは以下のことにどのくらい熱心でしたか．（○はそれぞれにつき1つ）

	とても熱心だった	まあ熱心だった	それほど熱心ではなかった	熱心ではなかった やっていなかった
A．勉強・授業	1	2	3	4
B．クラブ・サークル・部活動	1	2	3	4
C．友達や仲間とのつきあい	1	2	3	4
D．アルバイト	1	2	3	4
E．旅行・レジャー	1	2	3	4
F．恋愛	1	2	3	4
G．習い事・資格取得	1	2	3	4
H．趣味	1	2	3	4
I．就職活動	1	2	3	4

（2）「最後に通った学校」では，授業や講義にはどれくらい出席していましたか．（○は1つ）

1	2	3	4	5
2割未満	2～4割未満	4～6割未満	6～8割未満	8割以上

（3）「最後に通った学校」での成績についてうかがいます．80点以上（優，A，5段階で一番上の評価など）の成績だった科目は，全科目のうちどれくらいの割合でしたか．（○は1つ）

1	2	3	4	5
2割未満	2～4割未満	4～6割未満	6～8割未満	8割以上

（4）「最後に通った学校」での就職活動についてうかがいます．以下のことをどれくらい利用しましたか．（○はそれぞれにつき1つ）

	よく利用した	やや利用した	あまり利用しなかった	全く利用しなかった
A．就職支援ウェブサイト（リクナビなど）	1	2	3	4
B．就職情報誌（就職ジャーナルなど）	1	2	3	4
C．学校の教員（先生・教授など）からの情報・紹介	1	2	3	4
D．学校に来ていた求人票の閲覧	1	2	3	4
E．進路指導室や就職部にある企業データ閲覧	1	2	3	4
F．会社説明会やセミナーなど	1	2	3	4
G．進路指導室や就職部での個人面談（進路相談）	1	2	3	4
H．学校での模擬面接	1	2	3	4
I．友人からの情報・紹介	1	2	3	4
J．両親・家族・親族からの情報・紹介	1	2	3	4

○初職について（wave 2 問 22 (1) (2)）

問 22 「最後に通った学校」を出て，はじめて就いた仕事（初職）についてうかがいます．
(1) 初職には，卒業した年の4月から（中退の場合は1ヶ月以内に）勤め始めましたか．（○は1つ）

| 1. はい | 2. いいえ | 3. 在学中 | 4. 卒業・中退後仕事に就いたことはない |

　　　　　　　　　　　　　　　　　　　　　　問 23 へ
　　　　　　　　　　　　　　　　　　　　　　すすむ

(2) 初職のことを知り応募したきっかけは何でしたか．（○はいくつでも）

1. インターネットや資料請求ハガキ	4. 学校の先生	7. 友人・知人
2. 学校の先輩・リクルーター	5. 家族や親族	8. その他（具体的に： ）
3. 進路指導室や就職部	6. 求人広告や雑誌	

★第2章

〈wave 1〉

○性別・年齢（wave 1 問 1 (1) (2)）

問 1　あなたの性別とお生まれの年月をお教えください．
(1) 性別

| 1. 男性 | 2. 女性 |

(2) お生まれの年月

| 西暦 / 昭和　　年 | 月 |

付　録　分析に使用した調査票の設問一覧

○就業（wave 1 問 4 (1) (2)）

問 4　あなたの現在および最初に就いたお仕事についてうかがいます（現在働いていない方は，直近の（最後に就いた）お仕事についてうかがいます）．

〈現在（直近）のお仕事〉と〈学校を卒業後，最初に就いたお仕事〉が同じ場合は，A にのみ回答してください．

B. 学校を卒業後　最初に就いたお仕事

(1) 働き方　もっとも近いものを1つ選んでください．（○は1つ）

	B
1. 経営者，役員	1
2. 正社員・正職員	2
3. パート・アルバイト（学生アルバイトを含む）・契約・臨時・嘱託	3
4. 派遣社員	4
5. 請負社員	5
6. 自営業主，自由業者	6
7. 家族従業者	7
8. 内職	8
9. その他	9

学生アルバイトの方は A．現在（直近）のお仕事にのみお答え下さい

(2) お仕事の内容　もっとも近いものを1つ選んでください．（○は1つ）

	B
1. 専門職・技術職 ……（医師，看護師，弁護士，教師，技術者，デザイナーなど専門的知識・技術を要するもの）	1
2. 管理職 ……………（企業・官公庁における課長職以上，議員，経営者など）	2
3. 事務職 ……………（企業・官公庁における一般事務，経理，内勤の営業など）	3
4. 販売職 ……………（小売・卸売店主，店員，不動産売買，保険外交，外回りのセールスなど）	4
5. サービス職 ………（理・美容師，料理人，ウェイトレス，ホームヘルパーなど）	5
6. 生産現場職・技能職 …（製品製造・組立，自動車整備，建設作業員，大工，電気工事，農水産物加工など）	6
7. 運輸・保安職 ………（トラック・タクシー運転手，船員，郵便配達，通信士，警察官，消防官，自衛官，警備員など）	7
8. その他	8

○ 15 歳時の暮らし向き（wave 1 問 16）

問 16　あなたが 15 歳だった頃（中学卒業時），あなたのお宅の暮らしむきは，この中のどれにあたるでしょうか．当時のふつうの暮らしむきとくらべてお答えください．（○は1つ）

1	2	3	4	5	6
豊か	やや豊か	ふつう	やや貧しい	貧しい	わからない

付　録　分析に使用した調査票の設問一覧

○中学3年時の成績（wave 1 問 17）

問17　あなたが中学3年生のとき，あなたの成績は学年の中でどれくらいでしたか．（○は1つ）

1	2	3	4	5	6
上の方	やや上の方	真ん中あたり	やや下の方	下の方	わからない

○15歳時の家庭の本の数（wave1 問 19）

問19　あなたが15歳だった頃（中学卒業時），あなたのお宅には本がどのくらいありましたか．雑誌，新聞，教科書，漫画，コミックは含めないでお答えください．（○は1つ）

```
0. 0 冊（家に本は無かった）     5. 101 冊～ 200 冊
1. 10 冊以下                    6. 201 冊～ 500 冊
2. 11 冊～ 25 冊                7. 501 冊以上
3. 26 冊～ 50 冊                8. わからない
4. 51 冊～ 100 冊
```

○15歳時の父の就業（wave 1 問 22 A（2）（4））

問22　あなたが15歳だった頃（中学卒業時），ご両親はどのようなお仕事をなさっていましたか．

(2) お仕事の内容　もっとも近いものを1つ選んでください．（○は1つ）	A. 父親
1. 専門職・技術職　………（医師，看護師，弁護士，教師，技術者，デザイナーなど専門的知識・技術を要するもの）	1
2. 管理職　………………（企業・官公庁における課長職以上，議員，経営者など）	2
3. 事務職　………………（企業・官公庁における一般事務，経理，内勤の営業など）	3
4. 販売職　………………（小売・卸売店主，店員，不動産売買，保険外交，外勤のセールスなど）	4
5. サービス職　…………（理・美容師，料理人，ウェイトレス，ホームヘルパーなど）	5
6. 生産現場職・技能職　…（製品製造・組立，自動車整備，建設作業員，大工，電気工事，農水産物加工など）	6
7. 運輸・保安職　…………（トラック運転手，船員，郵便配達，通信士，警察官，消防官，自衛官，警備員など）	7
8. その他	8
9. わからない	9
(2)-2　お仕事の内容を具体的にお教えください．	
記入例　「○○（勤め先）で××の仕事（資格）」のようにご記入ください 農家で米づくり　小学校で教員　銀行で受付　化粧品会社で外回り営業 工場でプラスチック製おもちゃの製造　国鉄で電車の運転 建築現場で屋内電気配線　市役所で経理事務　ラーメン屋で調理	記入欄 [　　]
(4) 会社全体の従業員数　家族従業者，パート・アルバイトも含めます．（○は1つ）	
1. 1 人	1
2. 2 ～ 4 人	2
3. 5 ～ 29 人	3
4. 30 ～ 299 人	4
5. 300 人以上	5
6. 官公庁	6
7. わからない	7

付　録　分析に使用した調査票の設問一覧

○学歴（wave 1 問 23, 問 24）

問 23　次のうち，あなたが最後に通った（または現在通学中の）学校はどれですか．あてはまるもの1つに○をつけてください．配偶者やご両親についても，わかる範囲で同様にお答えください．

	あなた	配偶者	父親	母親	（注）
1. 中学校	1	1	1	1	旧制の学校は次のように読み替えてください．
2. 高等学校	2	2	2	2	〈1. 中学校〉とするもの
3. 専修学校（専門学校）	3	3	3	3	尋常小学校（国民学校含む） 高等小学校
4. 短期大学・高等専門学校（5年制）	4	4	4	4	〈2. 高等学校〉とするもの
5. 大学	5	5	5	5	旧制中学校，高等女学校
6. 大学院	6	6	6	6	実業学校，商業学校，師範学校
7. わからない	7	7	7	7	〈5. 大学〉とするもの 旧制大学，旧制高等学校 旧制専門学校，高等師範学校
8. 配偶者はいない		8			〈6. 大学院〉とするもの 旧制大学院

問 24　あなたは，上記の最後の学校を卒業しましたか．また，それはいつですか．

1. 卒業した　→	卒業・中退したのはいつですか	西暦	年	月
2. 中退した　→		昭和・平成		
3. 在学中				

○人生に対する考え方（wave 1 問 31）

問 31　あなたの人生に対する考え方についてうかがいます．それぞれ1～7までのうち，あなたの感じ方をもっともよくあらわしている数字1つに○をつけてください．（○はそれぞれにつき1つ）

	よく あてはまる	←			→		まったく あてはまらない
A. 私は，日常生じる困難や問題の解決策を見つけることができる	1	2	3	4	5	6	7
B. 私は，人生で生じる困難や問題のいくつかは，向き合い，取り組む価値があると思う	1	2	3	4	5	6	7
C. 私は，日常生じる困難や問題を理解したり予測したりできる	1	2	3	4	5	6	7

○ふだんの生活（wave 1 問 32）

問 32　あなたは，ふだんの仕事や生活の中で次のことがそれぞれどのくらいできますか．あてはまる番号1つに○をつけてください．（○はそれぞれにつき1つ）

	できる	ある程度 できる	あまり できない	できない
A. 自分の考えを人に説明する	1	2	3	4
B. よく知らない人と自然に会話する	1	2	3	4
C. まわりの人をまとめてひっぱっていく	1	2	3	4
D. 面白いことを言って人を楽しませる	1	2	3	4

付　録　分析に使用した調査票の設問一覧

★第3章

〈wave 1〉

○性別・年齢（wave 1 問1 (1) (2)）

問1　あなたの性別とお生まれの年月をお教えください．
(1) 性別

1. 男性	2. 女性

(2) お生まれの年月

西暦 昭和	年	月

○就業（wave 1 問4B (1) (2) (6) (8)）

問4　あなたの現在および最初に就いたお仕事についてうかがいます（現在働いていない方は，直近の（最後に就いた）お仕事についてうかがいます）．

〈現在（直近）のお仕事〉と〈学校を卒業後　最初に就いたお仕事〉が同じ場合は，Aにのみ回答してください．	B. 学校を卒業後 最初に就いたお仕事
(1) 働き方　もっとも近いものを1つ選んでください．（○は1つ）	
1. 経営者，役員	1
2. 正社員・正職員	2
3. パート・アルバイト（学生アルバイトを含む）・契約・臨時・嘱託	3
学生アルバイトの方はA．現在（直近）のお仕事にのみお答え下さい	
4. 派遣社員	4
5. 請負社員	5
6. 自営業主，自由業者	6
7. 家族従業者	7
8. 内職	8
9. その他　[9. その他 具体的に]	9
(2)-2　お仕事の内容を具体的にお教えください．	記入欄
記入例　「○○（勤め先）で××の仕事（資格）」のようにご記入ください 農家で米づくり　小学校で教員　スーパーでレジ 食品販売会社で電話営業　化粧品会社で外回り営業 工場でプラスチック製おもちゃの製造 建築現場で屋内電気配線 福祉施設で介護の仕事（介護福祉士） ソフトウェア開発会社でシステムエンジニア（ソフトウェア開発技術者）	

付　録　分析に使用した調査票の設問一覧

(6) 会社全体（支社等含む）の従業員数　家族従業者，パート・アルバイトも含めます。（○は1つ）

1. 1人	6. 100～299人	1　6
2. 2～4人	7. 300～999人	2　7
3. 5～9人	8. 1000人以上	3　8
4. 10～29人	9. 官公庁	4　9
5. 30～99人	10. わからない	5　10

(8) 勤続期間・住居地

1. 勤めはじめた年月	西暦または元号 いずれか1つで年を記入	西暦 昭和・平成　年　月
1-a そのとき住んでいた市町村		都・道府・県 市・区 町・村
2. 勤めをやめた年月	西暦または元号 いずれか1つで年を記入	西暦 昭和・平成　年　月

○学歴（wave 1 問23，問24）

問23　次のうち，あなたが最後に通った（または現在通学中の）学校はどれですか．あてはまるもの1つに○をつけてください．配偶者やご両親についても，わかる範囲で同様にお答えください．

	あなた	配偶者	父親	母親	（注）
1. 中学校	1	1	1	1	旧制の学校は次のように読み替えてください．
2. 高等学校	2	2	2	2	〈1. 中学校〉とするもの
3. 専修学校（専門学校）	3	3	3	3	尋常小学校（国民学校含む）
4. 短期大学・高等専門学校（5年制）	4	4	4	4	高等小学校
5. 大学	5	5	5	5	〈2. 高等学校〉とするもの
6. 大学院	6	6	6	6	旧制中学校，高等女学校
7. わからない	7	7	7	7	実業学校，商業学校，師範学校
8. 配偶者はいない		8			〈5. 大学〉とするもの 旧制大学，旧制高等学校 旧制専門学校，高等師範学校 〈6. 大学院〉とするもの 旧制大学院

問24　あなたは，上記の最後の学校を卒業しましたか．また，それはいつですか．

1. 卒業した →	卒業・中退したのはいつですか	西暦 昭和・平成　年　月
2. 中退した →		
3. 在学中		

〈wave 2〉

○就職活動の熱心さ（wave 2 問21 (1)）

問21　あなたが「最後に通った学校」での（または現在通学中の）学校生活についてうかがいます．

(1) 「最後に通った学校」で，あなたは以下のことにどのくらい熱心でしたか．（○はそれぞれにつき1つ）

「最後に通った学校」とは
卒業だけでなく中退も含めます．
たとえば，大卒・大学中退の方は
→大学
高卒・高校中退の方は
→高校

	とても熱心だった	まあ熱心だった	それほど熱心ではなかった	熱心ではなかったやっていなかった
I. 就職活動	1	2	3	4

付　録　分析に使用した調査票の設問一覧

○授業出席頻度（wave 2 問 21（2））

問 21　あなたが「最後に通った学校」での（または現在通学中の）学校生活についてうかがいます．
　（2）「最後に通った学校」では，授業や講義にはどれくらい出席していましたか．（○は 1 つ）

1	2	3	4	5
2 割未満	2～4 割未満	4～6 割未満	6～8 割未満	8 割以上

○在学時の成績（wave 2 問 21（3））

問 21　あなたが「最後に通った学校」での（または現在通学中の）学校生活についてうかがいます．
　（3）「最後に通った学校」での成績についてうかがいます．80 点以上（優，A，5 段階で一番上の評価など）の成績だった科目は，全科目のうちどれくらいの割合でしたか．（○は 1 つ）

1	2	3	4	5
2 割未満	2～4 割未満	4～6 割未満	6～8 割未満	8 割以上

★第 4 章

〈wave 1〉

○性別・年齢（wave 1 問 1（1）（2））

問 1　あなたの性別とお生まれの年月をお教えください．
　（1）性別

1．男性	2．女性

　（2）お生まれの年月

西暦 昭和	年	月

付　録　分析に使用した調査票の設問一覧

○就業（wave 1 問4，wave 2〜wave 5　問3）

問4　あなたの現在および最初に就いたお仕事についてうかがいます（現在働いていない方は，直近の（最後に就いた）お仕事についてうかがいます）．

〈現在（直近）のお仕事〉と〈学校を卒業後，最初に就いたお仕事〉が同じ場合は，Aにのみ回答してください．	A.現在（直近）のお仕事	B.学校を卒業後最初に就いたお仕事
(1) 働き方　もっとも近いものを1つ選んでください．（○は1つ）		
1. 経営者，役員	1	1
2. 正社員・正職員	2	2
3. パート・アルバイト（学生アルバイトを含む）・契約・臨時・嘱託	3	3
4. 派遣社員　［学生アルバイトの方はA.現在（直近）のお仕事にのみお答え下さい］	4	4
5. 請負社員	5	5
6. 自営業主，自由業者	6	6
7. 家族従業者	7	7
8. 内職	8	8
9. その他　［9.その他　具体的に］	9→[　　]	→9[　　]
(2) お仕事の内容　もっとも近いものを1つ選んでください．（○は1つ）		
1. 専門職・技術職　………（医師，看護師，弁護士，教師，技術者，デザイナーなど専門的知識・技術を要するもの）	1	1
2. 管理職　………………（企業・官公庁における課長職以上，議員，経営者など）	2	2
3. 事務職　………………（企業・官公庁における一般事務，経理，内勤の営業など）	3	3
4. 販売職　………………（小売・卸売店主，店員，不動産売買，保険外交，外回りのセールスなど）	4	4
5. サービス職　…………（理・美容師，料理人，ウェイトレス，ホームヘルパーなど）	5	5
6. 生産現場職・技能職　…（製品製造・組立，自動車整備，建設作業員，大工，電気工事，農水産物加工など）	6	6
7. 運輸・保安職　………（トラック・タクシー運転手，船員，郵便配達，通信士，警察官，消防官，自衛官，警備員など）	7	7
8. その他	8	8
(2)-2　お仕事の内容を具体的にお教えください．	記入欄	記入欄
記入例　「○○（勤め先）で××の仕事（資格）」のようにご記入ください 農家で米づくり　小学校で教員　スーパーでレジ 食品販売会社で電話営業　化粧品会社で外回り営業 工場でプラスチック製おもちゃの製造 建築現場で屋内電気配線 福祉施設で介護の仕事（介護福祉士） ソフトウェア開発会社でシステムエンジニア（ソフトウェア開発技術者）	[　　]	[　　]

付　録　分析に使用した調査票の設問一覧

(3) 役職　もっとも近いものを1つ選んでください．(○は1つ)		
1. 役職なし	1	1
2. 監督，職長，班長，組長	2	2
3. 係長，係長相当職	3	3
4. 課長，課長相当職	4	4
5. 部長，部長相当職	5	5
6. 社長，重役，役員，理事	6　[7. その他]	6
7. その他	7　具体的に	7

(4) ふだん仕事に従事している時間		
1. 1日あたり時間（残業を含み，休憩時間を除く）	1日あたり　　時間	1日あたり　　時間
2. 週あたり日数または月あたり日数（休日出勤含む）	週あたり　　日	週あたり　　日
	月あたり　　日	月あたり　　日

○現職の開始時期（wave 1 問 4 (8)）

問4　あなたの現在および最初に就いたお仕事についてうかがいます（現在働いていない方は，直近の（最後に就いた）お仕事についてうかがいます）．

(8) 勤続期間・住居地				
1. 勤めはじめた年月	西暦または元号いずれか1つで年を記入	西暦昭和・平成　　年　月		西暦昭和・平成　　年　月
1-a そのとき住んでいた市町村		都・道府・県市・区町・村		都・道府・県市・区町・村
2. 勤めをやめた年月	西暦または元号いずれか1つで年を記入	西暦昭和・平成　　年　月		西暦昭和・平成　　年　月

直近のお仕事の場合のみご回答ください

○所定労働時間（wave 1 問 5 (2)）

問5　あなたの現在（もしくは直近）のお仕事に関してうかがいます．

(2) あなたが通常働くことになっている時間は，残業を除いて週何時間ですか．(○は1つ)

1. 20 時間以下	4. 35 時間超 40 時間未満	7. 定まっていない
2. 20 時間超 30 時間以下	5. 40 時間	（季節により異なるなど）
3. 30 時間超 35 時間以下	6. 40 時間超	8. わからない

付　録　分析に使用した調査票の設問一覧

○学歴（wave 1 問 23）

問 23　次のうち，あなたが最後に通った（または現在通学中の）学校はどれですか．あてはまるもの
　　　　1つに○をつけてください．配偶者やご両親についても，わかる範囲で同様にお答えください．

	あなた	配偶者	父親	母親	(注)
1. 中学校	1	1	1	1	旧制の学校は次のように読み替えてください．
2. 高等学校	2	2	2	2	〈1. 中学校〉とするもの
3. 専修学校（専門学校）	3	3	3	3	尋常小学校（国民学校含む）
4. 短期大学・高等専門学校（5年制）	4	4	4	4	高等小学校
5. 大学	5	5	5	5	〈2. 高等学校〉とするもの
6. 大学院	6	6	6	6	旧制中学校，高等女学校
7. わからない	7	7	7	7	実業学校，商業学校，師範学校
8. 配偶者はいない	✗	8	✗	✗	〈5. 大学〉とするもの 旧制大学，旧制高等学校 旧制専門学校，高等師範学校 〈6. 大学院〉とするもの 旧制大学院

○婚姻状態　（wave 1 問 50，wave 2 問 52，wave 3 問 42，wave 4　問 45，wave 5 問 43）

問 50　あなたは現在結婚していますか．

| 1. 未婚 |
| 2. 既婚（配偶者あり） |
| 3. 死別 |
| 4. 離別 |

付　録　分析に使用した調査票の設問一覧

〈wave 2〉

○この1年勤めた会社（wave 2 〜 wave 5 問5）

問5　この1年間（2007年3月〜現在）に，現在働いている会社も含めていくつの会社に勤めましたか．派遣社員や請負社員の方は，実際に仕事をした会社ではなく，派遣会社や請負会社の数を回答して下さい．（○は1つ）

1. この1年間，一度も働かなかった
2. この1年間，同じ会社にずっと勤め続けた
3. この1年間，複数の会社に勤めた
4. その他（具体的に：　　　　　　　　　　）

→ 問6へすすむ

会社とは
短期アルバイト・パート
自営や自分で起こした事業も
〈1社〉と数えてお答え下さい．

〈付問1〉1年間で何社に勤めましたか．合計何ヶ月働きましたか

1年間で（　　　）社に勤め，（　　　）ヶ月働いた

〈付問2〉昨年（2007年）の3月初めころ，あなたは以下のどれにあてはまりますか．（○は1つ）

1. 当時仕事はしていなかった
2. 当時働いていた勤め先を，その後やめた

〈付問2-1〉その時（2007年3月）の勤め先をやめた主な理由はなんですか．（○は1つ）

1. 定年，契約期間の終了など
2. 倒産，廃業，人員整理など
3. よい仕事がみつかったから
4. 家庭の理由
5. 家業を継ぐため
6. 職場に対する不満
7. その他（具体的に：　　　　　　　）

〈付問2-2〉その時（2007年3月）の勤め先をやめたのはいつですか．（○は1つ）

1. 昨年（2007年）の（　　　月）　2. 今年（2008年）の（　　　月）

〈付問3〉現在の勤め先へ就職したのはいつですか．（○は1つ）

1. 現在は働いていない
2. 昨年（2007年）の（　　　月）
3. 今年（2008年）の（　　　月）

→ 問6へすすむ

〈付問3-1〉現在の勤め先へはどのようにして就職しましたか（○はいくつでも）

1. 家族・親戚の紹介
2. 友人・知人の紹介
3. 卒業した学校の先輩の紹介
4. 卒業した学校の先生の紹介（学校推薦も含む）
5. 職業安定所（ハローワーク）の紹介
6. 民間の職業紹介機関の紹介
7. 求人広告や雑誌などを見て直接応募した
8. 資料請求はがきやエントリーシートを送付した
9. 家業を継いだ（家業に入った）
10. 自分ではじめた
11. 現在の従業先から誘われた
12. 前の従業先の紹介
13. その他（具体的に：　　　　　　　　　）

付　録　分析に使用した調査票の設問一覧

★第5章

〈wave 1〉

○性別・年齢（wave 1 問 1（1）（2））

問 1　あなたの性別とお生まれの年月をお教えください．
　(1) 性別

1．男性	2．女性

　(2) お生まれの年月

西暦 昭和	年	月

○就業（wave 1 問 4　wave 2 ～ wave 8　問 5 ほか）

問 4　あなたの現在および最初に就いたお仕事についてうかがいます（現在働いていない方は，直近の（最後に就いた）お仕事についてうかがいます）．

〈現在（直近）のお仕事〉と〈学校を卒業後，最初に就いたお仕事〉が同じ場合は，Aにのみ回答してください．	A. 現在（直近）のお仕事	B. 学校を卒業後最初に就いたお仕事
(1) 働き方　もっとも近いものを1つ選んでください．（○は1つ）		
1．経営者，役員	1	1
2．正社員・正職員	2	2
3．パート・アルバイト（学生アルバイトを含む）・契約・臨時・嘱託	3	3
↓　学生アルバイトの方はA．現在（直近）のお仕事のみお答え下さい		
4．派遣社員	4	4
5．請負社員	5	5
6．自営業主，自由業者	6	6
7．家族従業者	7	7
8．内職	8	8
9．その他	9→	→9
［9．その他］具体的に		

付　録　分析に使用した調査票の設問一覧

(2) お仕事の内容　もっとも近いものを1つ選んでください．(○は1つ)			
1. 専門職・技術職　………	(医師，看護師，弁護士，教師，技術者，デザイナーなど専門的知識・技術を要するもの)	1	2
2. 管理職　…………………	(企業・官公庁における課長職以上，議員，経営者など)	2	2
3. 事務職　…………………	(企業・官公庁における一般事務，経理，内勤の営業など)	3	3
4. 販売職　…………………	(小売・卸売店主，店員，不動産売買，保険外交，外回りのセールスなど)	4	4
5. サービス職　……………	(理・美容師，料理人，ウェイトレス，ホームヘルパーなど)	5	5
6. 生産現場職・技能職　…	(製品製造・組立，自動車整備，建設作業員，大工，電気工事，農水産物加工など)	6	6
7. 運輸・保安職　…………	(トラック・タクシー運転手，船員，郵便配達，通信士，警察官，消防官，自衛官，警備員など)	7	7
8. その他		8	8

(2)-2　お仕事の内容を具体的にお教えください．		
記入例　「○○（勤め先）で××の仕事（資格）」のようにご記入ください． 農家で米づくり　小学校で教員　スーパーでレジ 食品販売会社で電話営業　化粧品会社で外回り営業 工場でプラスチック製おもちゃの製造 建築現場で屋内電気配線 福祉施設で介護の仕事（介護福祉士） ソフトウェア開発会社でシステムエンジニア（ソフトウェア開発技術者）	記入欄	記入欄

(3) 役職　もっとも近いものを1つ選んでください．(○は1つ)		
1. 役職なし	1	1
2. 監督，職長，班長，組長	2	2
3. 係長，係長相当職	3	3
4. 課長，課長相当職	4	4
5. 部長，部長相当職	5	5
6. 社長，重役，役員，理事	6	6
7. その他	7 ← [7. その他]具体的に → 7	

(4) ふだん仕事に従事している時間		
1. 1日あたり時間（残業を含み，休憩時間を除く）	1日あたり　　時間	1日あたり　　時間
2. 週あたり日数　または　月あたり日数（休日出勤含む）	週あたり　　日 月あたり　　日	週あたり　　日 月あたり　　日

267

付　録　分析に使用した調査票の設問一覧

(5) 勤め先の事業内容　なるべく具体的にお書きください．	記入欄	記入欄
記入例 自動車部品の製造　野菜の販売　旅館　銀行の支店 デパート　設計事務所　共済組合　人材派遣会社 県立高校　市役所　環境についてのNPO法人		

(6) 会社全体（支社等含む）の従業員数　家族従業者，パート・アルバイトも含めます．（○は1つ）				
1. 1人	6. 100〜299人	1　　6	1　　6
2. 2〜4人	7. 300〜999人	2　　7	2　　7
3. 5〜9人	8. 1000人以上	3　　8	3　　8
4. 10〜29人	9. 官公庁	4　　9	4　　9
5. 30〜99人	10. わからない	5　　10	5　　10

(7) 勤め先へ就職したきっかけ　（○はいくつでも）		
1. 家族・親戚の紹介	1	1
2. 友人・知人の紹介	2	2
3. 卒業した学校の先輩の紹介	3	3
4. 卒業した学校の先生の紹介（学校推薦も含む）	4	4
5. 職業安定所（ハローワーク）の紹介	5	5
6. 民間の職業紹介機関の紹介	6	6
7. 求人広告や雑誌などを見て直接応募した	7	7
8. 資料請求はがきやエントリーシートを送付した	8	8
9. 家業を継いだ（家業に入った）	9	9
10. 自分ではじめた	10	10
11. 現在の従業先から誘われた	11	11
12. 前の従業先の紹介	12	12
13. その他	13→ [13. その他 具体的に] ←13	

(8) 勤続期間・住居地			
1. 勤めはじめた年月	西暦または元号 いずれか1つで年を記入	西暦 昭和・平成　年　月	西暦 昭和・平成　年　月
1-a そのとき住んでいた市町村		都・道 府・県 市・区 町・村	都・道 府・県 市・区 町・村
2. 勤めをやめた年月	西暦または元号 いずれか1つで年を記入	西暦 昭和・平成　年　月	西暦 昭和・平成　年　月

○同居家族（wave 1 問 13（1）（2），wave 2〜wave 8　問 11（1）ほか）

問 13　あなたのご家族についてうかがいます．

（1）同居されている（いま一緒に暮らしている）方は，あなたを含めて何人ですか．

　　　　　　　　　　人

付　録　分析に使用した調査票の設問一覧

(2) つぎのなかから，同居されている方をすべて選び，○をつけてください．（○はいくつでも）

0. あなたご自身	5. 子どもの配偶者	10. 配偶者の母親	15. あなたの兄弟姉妹
1. 配偶者（夫または妻）	6. 孫	11. あなたの祖父	16. 配偶者の兄弟姉妹
2. 恋人	7. あなたの父親	12. あなたの祖母	17. その他
3. 息子	8. あなたの母親	13. 配偶者の祖父	［具体的に　　　］
4. 娘	9. 配偶者の父親	14. 配偶者の祖母	

○学歴（wave 1 問 23）

問23　次のうち，あなたが最後に通った（または現在通学中の）学校はどれですか．あてはまるもの1つに○をつけてください．配偶者やご両親についても，わかる範囲で同様にお答えください．

	あなた	配偶者	父親	母親	（注）
1. 中学校	1	1	1	1	旧制の学校は次のように読み替えてください．
2. 高等学校	2	2	2	2	〈1. 中学校〉とするもの
3. 専修学校（専門学校）	3	3	3	3	尋常小学校（国民学校含む）
4. 短期大学・高等専門学校（5年制）	4	4	4	4	高等小学校
5. 大学	5	5	5	5	〈2. 高等学校〉とするもの
6. 大学院	6	6	6	6	旧制中学校，高等女学校
7. わからない	7	7	7	7	実業学校，商業学校，師範学校
8. 配偶者はいない	×	8	×	×	〈5. 大学〉とするもの 旧制大学，旧制高等学校 旧制専門学校，高等師範学校 〈6. 大学院〉とするもの 旧制大学院

○収入（wave 1 問 47AC, wave 2～wave 8　問 36 ほか）

問47　過去一年間の収入についてうかがいます．あなた個人，配偶者，世帯全体の収入はそれぞれどれくらいでしょうか．臨時収入，副収入も含めてお答えください．

	あなた個人	配偶者	世帯全体
1. なし	1	1	1
2. 25万円未満	2	2	2
3. 50万円くらい（25～75万円未満）	3	3	3
4. 100万円くらい（75～150万円未満）	4	4	4
5. 200万円くらい（150～250万円未満）	5	5	5
6. 300万円くらい（250～350万円未満）	6	6	6
7. 400万円くらい（350～450万円未満）	7	7	7
8. 500万円くらい（450～600万円未満）	8	8	8
9. 700万円くらい（600～850万円未満）	9	9	9
10. 1,000万円くらい（850～1,250万円未満）	10	10	10
11. 1,500万円くらい（1,250～1,750万円未満）	11	11	11
12. 2,000万円くらい（1,750～2,250万円未満）	12	12	12
13. 2,250万円以上	13	13	13
14. わからない	14	14	14
15. 配偶者はいない	×	15	×

付　録　分析に使用した調査票の設問一覧

○婚姻状態（wave 1 問 50，wave 2 〜 wave 8　問 52 ほか）

問 50　あなたは現在結婚していますか．

| 1. 未婚 |
| 2. 既婚（配偶者あり） |
| 3. 死別 |
| 4. 離別 |

〈wave 2〉

○初職入職時期（wave 2 問 22（1））

「最後に通った学校」を出て，はじめて就いた仕事（初職）についてうかがいます．
　（1）初職には，卒業した年の 4 月から（中退の場合は 1 ヶ月以内に）勤め始めましたか．（○は 1 つ）

| 1. はい　　　2. いいえ　　　3. 在学中　　　4. 卒業・中退後仕事に就いたことはない |

○配偶者学歴（wave 2 〜 wave 8 問 46（1）ほか）

あなたの配偶者（夫または妻）についてうかがいます．
　（1）あなたの配偶者の最後に通った（または現在通学中の）学校はどれですか．（○は 1 つ）

1. 中学校	4. 短期大学・高等専門学校（5 年制）	7. わからない
2. 高等学校	5. 大学	
3. 専修学校（専門学校）	6. 大学院	

第 6 章

〈wave 1〉

○性別・年齢（wave 1 問 1（1）（2））

問 1　あなたの性別とお生まれの年月をお教えください．
　（1）性別

| 1. 男性 | 2. 女性 |

　（2）お生まれの年月

| 西暦 | | |
| 昭和 | 年 | 月 |

付　録　分析に使用した調査票の設問一覧

○就業（wave 1 問 4 wave 2 ～ wave 8　問 3 ほか）

問 4　あなたの現在および最初に就いたお仕事についてうかがいます（現在働いていない方は，直近の（最後に就いた）お仕事についてうかがいます）．

〈現在（直近）のお仕事〉と〈学校を卒業後，最初に就いたお仕事〉が同じ場合は，Aにのみ回答してください．	A. 現在（直近）のお仕事	B. 学校を卒業後最初に就いたお仕事
(1) 働き方　もっとも近いものを1つ選んでください．（○は1つ）		
1. 経営者，役員	1	1
2. 正社員・正職員	2	2
3. パート・アルバイト（学生アルバイトを含む）・契約・臨時・嘱託	3	3
4. 派遣社員	4	4
5. 請負社員	5	5
6. 自営業主，自由業者	6	6
7. 家族従業者	7	7
8. 内職	8	8
9. その他	9	9

（学生アルバイトの方はA．現在（直近）のお仕事にのみお答え下さい）

[9. その他]　具体的に

〈wave 2〉

○婚姻状態　（wave 2 問 52，wave 3 ～ wave 8　問 42 ほか）

問 52　あなたは現在結婚していますか．（○は1つ）

1. 既婚（事実婚を含む）
2. 未婚
3. 死別
4. 離別

○同居人数　（wave 2 問 11，wave 3 ～ wave 8　問 13 ほか）

問 11　あなたと同居されている（今一緒に暮らしている）方についてうかがいます．
(1) 同居されている方は，あなたを含めて何人ですか．
　　　　　　人

○主観的健康状態　（wave 2 問 23，wave 3 ～ wave 8　問 14 ほか）

問 23　あなたは，自分の健康状態についてどのようにお感じですか．（○は1つ）

1	2	3	4	5
とても良い	まあ良い	普通	あまり良くない	悪い

付　録　分析に使用した調査票の設問一覧

○現在の暮らし向き　（wave 2 問 6，wave 3～wave 8　問 25 ほか）

問 6　現在のあなたのお宅の暮らしむきは，この中のどれにあたるでしょうか．（○は 1 つ）

1	2	3	4	5
豊か	やや豊か	ふつう	やや貧しい	貧しい

〈wave 3〉

○仕事の相談相手（wave 1 問 9A　wave 3 問 11A　wave 5 問 8A　wave 8 問 8A）

問 9　あなたは，次のA～Dについて相談したり頼んだりするとき，どのような方になさいますか．次の中から選んでください．（○はいくつでも）

	親	配偶者または恋人	子ども	兄弟姉妹	親戚その他	仕事関係の友人・知人	学生時代の友人・知人	その他の友人・知人	誰もいない
A. 自分の仕事や勉強のこと	1	2	3	4	5	6	7	8	9

終　章

〈wave 1〉

○性別・年齢（wave 1 問 1 (1) (2)）

問 1　あなたの性別とお生まれの年月をお教えください．
　（1）性別

1．男性	2．女性

　（2）お生まれの年月

西暦 昭和	．年	月

○親の離婚・失業（wave 1 問 11）

問 11　あなたは今までに以下のような出来事を経験したことがありますか．あてはまる番号すべてに○をつけてください．（○はいくつでも）

| 1. 親が失業した／親が事業で失敗した |
| 2. 親が離婚した |

付　録　分析に使用した調査票の設問一覧

○きょうだい数，きょうだい順位（wave 1 問 14）

問 14　同居していない方も含めて，ご家族のことをうかがいます．
(1) あなたの兄弟姉妹は何人ですか．亡くなった兄弟姉妹も含めてください．

兄	姉	あなたご自身	弟	妹
人	人		人	人

○15歳時の暮らし向き（wave 1 問 16）

問 16　あなたが15歳だった頃（中学卒業時），あなたのお宅の暮らしむきは，この中のどれにあたるでしょうか．当時のふつうの暮らしむきとくらべてお答えください．（○は１つ）

1	2	3	4	5	6
豊か	やや豊か	ふつう	やや貧しい	貧しい	わからない

○中学３年時の成績（wave 1 問 17）

問 17　あなたが中学３年生のとき，あなたの成績は学年の中でどれくらいでしたか．（○は１つ）

1	2	3	4	5	6
上の方	やや上の方	真ん中あたり	やや下の方	下の方	わからない

○15歳時の資産（wave 1 問 18）

問 18　あなたが15歳だった頃（中学卒業時），お宅には次にあげるもののうち，どれがありましたか．（○はいくつでも）

1. 持ち家
2. 風呂
3. 自分専用の部屋
4. ピアノ
5. 文学全集・図鑑
6. 別荘

○15歳時の本の数（wave 1 問 19）

問 19　あなたが15歳だった頃（中学卒業時），あなたのお宅には本がどのくらいありましたか．雑誌，新聞，教科書，漫画，コミックは含めないでお答えください．（○は１つ）

0. 0 冊（家に本は無かった）
1. 10 冊以下
2. 11 冊～ 25 冊
3. 26 冊～ 50 冊
4. 51 冊～ 100 冊
5. 101 冊～ 200 冊
6. 201 冊～ 500 冊
7. 501 冊以上
8. わからない

○15歳時の家庭の雰囲気（wave 1 問 21）

問 21　あなたが15歳だった頃（中学卒業時），あなたの育った家庭の雰囲気はいかがでしたか．（○は１つ）

1. 暖かい雰囲気だった
2. どちらかというと暖かい雰囲気だった
3. どちらかというと暖かい雰囲気ではなかった
4. 暖かい雰囲気ではなかった

付　録　分析に使用した調査票の設問一覧

○ 15歳時の父親・母親の就業（wave 1 問22）

問22　あなたが15歳だった頃（中学卒業時），ご両親はどのようなお仕事をなさっていましたか．

	A. 父親	B. 母親
(1) 働き方　もっとも近いものを1つ選んでください．（○は1つ）		
1. 経営者，役員	1	1
2. 正社員・正職員	2	2
3. パートなど（契約・臨時・嘱託・請負等含む）	3	3
4. 自営業主，自由業者	4	4
5. 家族従業者	5	5
6. 内職	6	6
7. 無職（専業主婦・主夫を含む）	7 → 父の(2)～(4)は回答不要	7 → 母の(2)～(4)は回答不要
8. 学生	8	8
9. 当時父・母はいなかった	9	9
10. その他	10 → [10. その他 具体的に]	← 10
(2) お仕事の内容　もっとも近いものを1つ選んでください．（○は1つ）		
1. 専門職・技術職 ……（医師，看護師，弁護士，教師，技術者，デザイナーなど専門的知識・技術を要するもの）	1	1
2. 管理職 ………………（企業・官公庁における課長職以上，議員，経営者など）	2	2
3. 事務職 ………………（企業・官公庁における一般事務，経理，内勤の営業など）	3	3
4. 販売職 ………………（小売・卸売店主，店員，不動産売買，保険外交，外勤のセールスなど）	4	4
5. サービス職 …………（理・美容師，料理人，ウェイトレス，ホームヘルパーなど）	5	5
6. 生産現場職・技能職 …（製品製造・組立，自動車整備，建設作業員，大工，電気工事，農水産物加工など）	6	6
7. 運輸・保安職 ………（トラック運転手，船員，郵便配達，通信士，警察官，消防官，自衛官，警備員など）	7	7
8. その他	8	8
9. わからない	9	9
(2)-2　お仕事の内容を具体的にお教えください．		
記入例　「○○（勤め先）で××の仕事（資格）」のようにご記入ください 農家で米づくり　　小学校で教員 銀行で受付　　化粧品会社で外回り営業 工場でプラスチック製おもちゃの製造　　国鉄で電車の運転 建築現場で屋内電気配線　　市役所で経理事務 ラーメン屋で調理	記入欄	記入欄

付　録　分析に使用した調査票の設問一覧

```
(3) 役職　もっとも近いものを１つ選んでください．（○は１つ）
    1. 役職なし                          1          1
    2. 監督，職長，班長，組長             2          2
    3. 係長，係長相当職                   3          3
    4. 課長，課長相当職                   4          4
    5. 部長，部長相当職                   5          5
    6. 社長，重役，役員，理事             6          6
    7. その他                           7→         →7
                                              [7. その他]
                                              具体的に

(4) 会社全体の従業員数　家族従業者，パート・アルバイトも含めます．（○は１つ）
    1. １人          5. 300人以上        1    5     1    5
    2. ２～４人      6. 官公庁           2    6     2    6
    3. ５～29人      7. わからない       3    7     3    7
    4. 30～299人                         4          4
```

○学歴（回答者，父親，母親）（wave 1 問23，問24）

問23　次のうち，あなたが最後に通った（または現在通学中の）学校はどれですか．あてはまるもの１つに○をつけてください．配偶者やご両親についても，わかる範囲で同様にお答えください．

	あなた	配偶者	父親	母親	（注）
1. 中学校	1	1	1	1	旧制の学校は次のように読み替えてください．
2. 高等学校	2	2	2	2	〈1. 中学校〉とするもの
3. 専修学校（専門学校）	3	3	3	3	尋常小学校（国民学校含む）
4. 短期大学・高等専門学校（5年制）	4	4	4	4	高等小学校
5. 大学	5	5	5	5	〈2. 高等学校〉とするもの
6. 大学院	6	6	6	6	旧制中学校，高等女学校
7. わからない	7	7	7	7	実業学校，商業学校，師範学校
8. 配偶者はいない	×	8	×	×	〈5. 大学〉とするもの
					旧制大学，旧制高等学校
					旧制専門学校，高等師範学校
					〈6. 大学院〉とするもの
					旧制大学院

問24　あなたは，上記の最後の学校を卒業しましたか．また，それはいつですか．

1. 卒業した →	卒業・中退したのはいつですか	西暦	年　月
2. 中退した →		昭和・平成	
3. 在学中			

○主観的健康状態　（wave 1 問25）

問25　あなたは，自分の健康状態についてどのようにお感じですか．（○は１つ）

1	2	3	4	5
とても良い	まあ良い	普通	あまり良くない	悪い

付　録　分析に使用した調査票の設問一覧

○所得（wave 1 問 47）

問 47　過去一年間の収入についてうかがいます．あなた個人，配偶者，世帯全体の収入はそれぞれどれくらいでしょうか．臨時収入，副収入も含めてお答えください．

	あなた個人	配偶者	世帯全体
1. なし	1	1	1
2. 25 万円未満	2	2	2
3. 50 万円くらい（25～75 万円未満）	3	3	3
4. 100 万円くらい（75～150 万円未満）	4	4	4
5. 200 万円くらい（150～250 万円未満）	5	5	5
6. 300 万円くらい（250～350 万円未満）	6	6	6
7. 400 万円くらい（350～450 万円未満）	7	7	7
8. 500 万円くらい（450～600 万円未満）	8	8	8
9. 700 万円くらい（600～850 万円未満）	9	9	9
10. 1,000 万円くらい（850～1,250 万円未満）	10	10	10
11. 1,500 万円くらい（1,250～1,750 万円未満）	11	11	11
12. 2,000 万円くらい（1,750～2,250 万円未満）	12	12	12
13. 2,250 万円以上	13	13	13
14. わからない	14	14	14
15. 配偶者はいない		15	

○婚姻状態（wave 1 問 50，問 51）

問 50　あなたは現在結婚していますか．

1. 未婚
2. 既婚（配偶者あり）
3. 死別
4. 離別

問 51　結婚なさったのは，あなたが何歳のときでしたか．複数回経験がおありの方は，一番最近の結婚についてお答えください．（お歳がわからないときは，何年かでお答えください）

満　　　歳　　または　　西暦 昭和・平成　　　年

○交際状態（wave 1 問 58）

問 58　（未婚・離死別の回答者）現在，交際している人はいますか．（○は 1 つ）

1. 婚約者がいる
2. 特定の交際相手がいる
3. 現在はいない

〈wave 2 とそれ以降〉

○婚姻状態（wave 2～wave 8 問 52，問 54）

問 52　あなたは現在結婚していますか．（○は1つ）

| 1. 既婚（事実婚を含む） |
| 2. 未婚 |
| 3. 死別 |
| 4. 離別 |

問 54　あなたが，今の配偶者と交際を始めてから結婚に至るまでのことについてうかがいます．
（1）以下のそれぞれは，あなたが何歳の時のことですか．

| 今の配偶者と交際を始めたのは | あなたが（　　　）歳のとき |
| 今の配偶者と結婚したのは | あなたが（　　　）歳のとき |

索　引

あ行

斡旋　67
有田伸　113, 117, 121, 137, 225
石田浩　12, 16, 31-33, 36, 61, 87, 89, 113, 155, 167-169, 171, 193, 200
石田光規　215
一括採用制度　133
移動の障壁　9, 57, 143, 145, 151, 155, 220, 227, 228
移動表　157
入職までの間断　126, 127, 128
岩田龍子　94, 95, 97, 112
岩永雅也　113, 138
因果効果　12, 13, 52
因果推論　13
失われた世代　17
縁故　69, 70-74, 76, 77, 79, 80, 81, 88
エントリーシート　71
横断的調査　11-13, 17, 31, 145, 173
大島真夫　65, 67, 68, 87, 89, 113, 138, 221
大竹文雄　35, 36, 61, 218, 242
大人への移行　10, 24, 237, 238, 240

か行

回収状況　19, 20, 22
階層地位　42, 43, 44, 46, 47, 51
香川めい　113, 114, 120, 138
学際性　17
格差が縮小　41, 49, 54, 59, 234
格差が蓄積・拡大　40, 49, 234
格差が連鎖　49, 53-55, 237
格差の拡大　51, 55
格差の縮小　51, 55
格差の連鎖　7, 16, 48, 51, 55, 56, 217, 228
格差の連鎖・蓄積　5, 7, 17, 31, 35, 38, 39, 42, 57, 219, 225, 234, 235, 238, 241
学士力　99, 224
学歴インフレーション　56, 90, 92, 93, 109, 110, 223, 224
学歴の効用　56
家計経済研究所　14
家族　5
価値観　4, 9, 10, 17, 30, 220
学校経由　56, 65, 66, 68-74, 76, 78-85, 113, 221, 223
学校歴　96, 102, 224
家庭の雰囲気　24, 45, 51, 58
家庭の豊かさ　100, 106
カプラン・マイヤー　75, 161, 162
苅谷剛彦　3, 8, 33, 56, 61, 66, 87-90, 94, 112, 113, 138, 195, 215, 223, 239, 242
韓国企業　116, 117, 119
間断有　71-74, 78, 82-84
企業内教育訓練　130, 226
企業の選抜　66-68, 86, 87, 222
キャリア移動　213, 214
キャリア形成　15, 56, 201, 240
キャリア・デザイン　9, 220
教育拡大　56, 90
教育拡大と学歴の効用の変容　223
きょうだい　24, 45, 46, 51
暮らし向き　24, 45, 51, 204, 206, 211-213, 233
クリーニング　29
訓練能力　96
傾向スコア　42, 48, 51-53, 58, 59
経済的格差　57
経済的地位　57
継続就業経験　151
継続性　16

索　引

結婚　　4, 5, 6-7, 9, 10, 12-14, 16, 23, 24, 30, 57, 153, 154, 175, 176, 188-191, 211, 220, 228, 230-233, 236-238
結婚市場　　144
結婚適齢期　　6
玄田有史　　3, 32, 134, 137, 145, 151, 161, 171, 193, 196, 197, 199, 202, 215
公開性　　18
高学歴化　　92, 109, 114
高卒パネル調査　　15, 16, 17, 22, 25, 26, 30, 32
高度経済成長期　　6
個人の責任　　8
小杉礼子　　3, 33, 57, 61, 135, 138, 144, 147, 155, 161, 167, 169, 171, 193
コミュニケーション能力　　94, 99, 100, 104, 105, 106, 107, 108, 109, 110, 224, 240

さ 行

再就職　　57, 152, 198, 204, 206, 208, 209, 211, 212, 213, 233
採用　　56, 57, 65, 95, 96
佐藤俊樹　　35, 36, 62, 218, 242
サムスン電子　　116, 117
参入制限ルール　　114
シグナリング効果　　94, 110, 166
シグナル　　96, 104, 109, 155, 224
シグナル効果　　56
自己責任　　167, 229
自己選抜　　67, 78
自己評定　　99, 104, 108, 110
資産　　24, 45, 46
七五三現象　　75
失業　　14, 45, 195, 197, 198, 199, 200, 232, 240
嶋崎尚子　　6, 34
社会階層と社会移動調査　　17, 36
社会科学研究所　　15, 16, 26, 28, 31, 173, 191, 217, 241
社会・経済的格差　　7, 9, 31

社会・経済的な地位　　7
社会調査・データアーカイブ研究センター　　18, 25, 29
社会的孤立　　57, 194, 196-204, 206, 207, 209, 211-214, 220, 232, 233, 240
社会的弱者　　174
社会的に孤立　　239
社会的背景　　39, 45-48, 50, 51, 52, 55, 59, 219, 220, 236, 237-239
社会ネットワーク　　196, 198, 199, 212-214, 232, 233
社会保障制度　　144
若年・壮年パネル調査　　18, 21, 25, 26, 31, 42, 44, 45, 173
若年・壮年パネル調査と高卒パネル調査　　25
若年パネル調査　　15-18, 23, 30, 32, 217
就職　　67
就職斡旋　　66, 84, 85, 222
就職活動　　56, 65-68, 70-72, 78, 85-87, 97, 122, 124, 126, 127, 129, 155, 219, 221, 222, 226
就職活動シーズン　　71, 86
就職支援　　67, 222
就職氷河期　　17
就職浪人　　119, 120, 132, 133, 226, 227
縦断調査　　11, 15
収入　　24
住民基本台帳　　18, 31
主観的健康状態　　24, 204, 211, 213, 235, 236
縮小　　48
出身階層　　100, 101
小企業　　71-74, 78, 82, 83, 84
少子化　　4
少子高齢化　　9
初期キャリア　　34, 56, 141, 155, 166, 182, 197, 228, 229, 240
職業安定法　　66, 87, 88
職業威信スコア　　43, 45-47
職業キャリア　　8, 9, 30, 38, 58, 186, 188, 190,

219, 220, 221
職業・産業コード　18, 27
職業生活　15, 68, 191, 201, 221
初職入職経路　69
初職継続期間　75-77
処置　52, 53
所得再分配調査　36
初発　225
初発の格差・不平等　7, 8, 219, 234, 235, 238
白波瀬佐和子　4, 34
新規学卒　56, 57, 65, 95, 96
新規学卒一括採用　166, 167, 227, 240
新規学卒労働力　91
新規大卒一括採用制度　120
新卒一括採用制度　57, 113-115, 120, 121, 134, 135, 225
スクリーニング　56, 93, 94, 97, 104, 109, 131, 132, 133
スペック　118, 119, 135, 226
正規雇用　125-127, 133, 136, 143, 144, 148-150, 153, 154, 156, 157, 160, 161, 163, 165, 168, 171, 177, 178, 185, 186, 190, 226-229, 231
正規職　98, 101-104, 107, 108, 222
正規・非正規　8, 21, 57, 220
生徒の選抜　66-68, 78, 79, 81, 84-87, 222
性別役割分業　144, 165, 230, 233
性別役割分業意識　24
セーフティネット　68, 84, 86, 87, 223, 240
選挙人名簿　18, 31
専門・管理職　49, 53
総合性　17
相対的貧困　172, 173, 230
相談相手　199, 202, 203, 207, 209, 211-213, 232, 233
壮年パネル調査　16-18, 23, 30, 32, 217

た行

第2新卒　117

大学教育機会　92
大学教育無用論　94, 97
大学進学率　91, 94, 97, 98, 107, 223
大学の就職部　67, 71, 86-88, 138, 221, 222
大学ランク　46, 97
大企業　98, 101-104, 106-108, 122, 123, 127, 221, 226, 227
大企業正規職　109, 223
竹内洋　112, 131, 138
多項ロジット　79, 122, 127, 177
橘木俊詔　35, 36, 62, 192, 193, 218, 242
脱出　57, 143, 151, 155, 162, 163, 165, 183, 184, 187, 192, 198, 227-229, 231
脱落　14, 21, 31, 152, 153, 192, 228
タテ学歴　90, 102, 108, 109, 223
田辺俊介　14, 21, 34, 193
太郎丸博　3, 34, 57, 62, 145, 155, 157, 169, 170, 189, 193
地位達成モデル　37, 38, 42, 43, 46
父親と母親の学歴・職業　24
父親の学歴　100
父親の職業　100
父階層　45
父教育　45
父職　45
中学での成績　24, 46, 100, 104-106, 108-110
調査設計　18, 23
調査票　16, 18, 19, 22, 23, 25, 27, 45
徴兵制度　116, 117, 225
粒来香　3, 34, 195, 215, 216
低所得状態　9, 36, 57, 174-191, 230, 231
データアーカイブ　18, 25
データ・クリーニング　27, 28
適性検査　117
東大社研パネル調査　15, 16, 25, 26, 28, 31, 42, 55, 58, 219, 234, 241

な行

内部労働市場　130, 226

索　引

中澤渉　　12, 33, 111, 112, 227
ニート　　3, 32-34, 138, 169, 195, 215
仁田道夫　　146, 169
日本の雇用慣行　　96, 130, 166
日本版総合社会調査　　17, 32
入職年齢　　120, 122-125
入職の遅れ　　133, 134, 135

は行
働き方とライフスタイルの変化に関する全国調査（JLPS）　　14-16, 18, 23, 66, 92, 93, 98, 121, 147, 173, 202, 217
パネル調査　　10-18, 27, 29, 31, 145, 152, 153, 155, 161, 173, 174, 196, 212, 217, 219, 233
母教育　　45
晩婚化　　4
比較可能性　　17
非正規　　71-74, 78, 82-84, 88, 160, 167, 168
非正規雇用　　3, 57, 92, 93, 102, 121, 123, 125, 143-147, 151-153, 157, 161-163, 165-168, 171, 172, 177, 178, 180, 185-191, 196, 220, 227-229, 231, 239, 240
貧困　　9, 36, 39, 57, 172-176, 179, 180, 191, 192, 219, 220, 229-232, 239, 240
貧困群　　178, 180
貧困線　　172, 174, 176, 192, 230
貧困ダイナミクス研究　　173
部活動　　79, 80, 222
不平等　　225
父母学歴　　51
フリーター　　3, 32-34, 138, 144, 155, 169, 172, 193, 215
不利の連鎖　　172, 190, 191
プレスリリース　　24, 27, 29
ペーパーテスト　　117
偏差値ランク　　92, 93
堀有喜衣　　198, 199, 215
本田由紀　　56, 61, 68, 88, 89, 99, 112, 135-137, 167, 169, 196, 197, 199, 215

ま行
マクロ　　12, 37, 97, 219, 227
マタイ効果　　38, 40
待ち行列　　107
ミクロ　　12, 37
未婚化　　4
宮本みち子　　4, 33
三輪哲　　19, 32, 33, 36, 61
無職　　21, 151, 152, 154, 157, 161-163, 165, 168, 180, 184, 190, 228, 229, 231
無業　　3, 57, 194-204, 206-209, 211, 212, 213, 214, 232, 233, 240
問題解決能力　　94, 98-100, 104, 105, 108-110, 224, 240

や行
保田時男　　28, 30, 34
安田雪　　197, 216
矢野眞和　　96, 112, 120, 139
山田昌弘　　4, 34, 174, 193
有業・無業間の移動　　203, 207, 208
有利さ・不利さ　　38, 41, 44, 46, 234, 235
ヨコ学歴　　90, 223, 224

ら行
ライフイベント　　43, 57, 172, 174, 175, 188, 191, 230, 231, 232
ライフコース　　3, 5-10, 15, 17, 23, 30, 31, 38, 39, 42, 43, 47, 56, 57, 113, 176, 185, 188, 190, 217-221, 229, 234, 237, 239
リーフレット　　26, 29
離家　　4, 9-11, 237, 238
離婚　　14
リスク　　57, 75, 198, 200, 202, 203, 207, 211, 212, 232, 233, 239, 240
リスクセット　　162, 163, 165, 168, 203, 204, 206
リターンマッチ　　167, 229
連携性　　17
労働基準法　　13

ログランク検定　88
ログリニア分析　59, 60
ログリニア・モデル　159
ロジスティック　101, 103
ロジスティック回帰　51, 59
ロジット分析　82
ロジットモデル　122, 124, 125, 163, 185, 204, 209

わ行
若者の自立　10
若者の自立の歩み　11

アルファベット
Blau（ブラウ）　37, 41, 42, 60, 173, 193
DiPrete（ディプリ）　7, 32, 40, 58, 60, 234, 241
Duncan（ダンカン）　37, 41, 42, 60, 173, 193
Elder（エルダー）　5, 6, 32, 241
JGSS　200
JLPS　15, 18, 25, 28, 34, 69, 71, 75, 77, 79, 174, 185, 192, 221
Kariya　113, 138
Merton（マートン）　7, 33, 38, 40, 61, 133, 138, 234, 242
OECD　172, 173, 193, 230
OJT　95, 96
Thurow（サロー）　96, 107, 112, 132, 138
TOEIC　116, 117, 225, 226

執筆者紹介 (執筆順. *は編者)

石田　浩（いしだ　ひろし）*
　1954年生まれ．ハーバード大学大学院博士課程修了．Ph. D（社会学）
　現　在　東京大学社会科学研究所教授
　主　著　『学校・職安と労働市場――戦後新規学卒市場の制度化過程』（2000, 東京大学出版会, 共編著）
　　　　　Social Class in Contemporary Japan: Structures, Sorting and Strategies（2010, Routledge, 共編著）

大島真夫（おおしま　まさお）
　1974年生まれ．東京大学大学院教育学研究科博士課程修了．博士（教育学）
　現　在　東京理科大学教育支援機構教職教育センター講師
　主　著　『大学就職部にできること』（2012, 勁草書房）

苅谷剛彦（かりや　たけひこ）
　1955年生まれ．ノースウェスタン大学大学院博士課程修了．Ph. D（社会学）
　現　在　オックスフォード大学社会学科及びニッサン日本問題研究所教授
　主　著　Education Reform and Social Class in Japan: The Emerging Incentive Divide（2013, Routledge）
　　　　　『教育と平等――大衆教育社会はいかに生成したか』（2009, 中央公論社）

有田　伸（ありた　しん）
　1969年生まれ．東京大学大学院総合文化研究科博士課程単位取得退学．博士（学術）
　現　在　東京大学社会科学研究所教授
　主　著　『就業機会と報酬格差の社会学――非正規雇用・社会階層の日韓比較』（2016, 東京大学出版会）
　　　　　『韓国の教育と社会階層――「学歴社会」への実証的アプローチ』（2006, 東京大学出版会）

中澤　渉（なかざわ　わたる）
　1973年生まれ．東京大学大学院教育学研究科博士課程単位取得退学．博士（教育学）
　現　在　大阪大学大学院人間科学研究科准教授
　主　著　『なぜ日本の公教育費は少ないのか――教育の公的役割を問いなおす』（2014, 勁草書房）
　　　　　『格差社会の中の高校生――家族・学校・進路選択』（2015, 勁草書房, 共編著）

林　雄亮（はやし　ゆうすけ）
1980年生まれ．東北大学大学院文学研究科博士課程修了．博士（文学）
現　在　武蔵大学社会学部社会学科准教授
主　著　「転職時の収入変化——高度経済成長期から2000年代までの構造と変容」石田浩・近藤博之・中尾啓子編『現代の階層社会2　階層と移動の構造』（2011，東京大学出版会）
「青少年の性行動の低年齢化・分極化と性に対する新たな態度」日本性教育協会編『「若者の性」白書——第7回青少年の性行動全国調査報告』（2013，小学館）

石田賢示（いしだ　けんじ）
1985年生まれ．東北大学大学院教育学研究科博士課程後期修了．博士（教育学）
現　在　東京大学社会科学研究所准教授
主　著　「弁護士のキャリア移動に見られるジェンダー差」中村真由美編著『弁護士のワークライフバランス——ジェンダー差から見たキャリア形成と家事・育児分担』（2015，明石書店）
「移民はどのようにして成功するのか——在日外国人の経済的達成と日本の社会階層化」佐藤嘉倫・木村敏明編著『不平等生成メカニズムの解明——格差・階層・公正』（2013，ミネルヴァ書房）

格差の連鎖と若者　第1巻
教育とキャリア

2017年3月20日　第1版第1刷発行

監修者　石　田　　　浩
編　者
いし　だ　　　　ひろし

発行者　井　村　寿　人

発行所　株式会社　勁　草　書　房
　　　　　　　　　　けい　そう

112-0005 東京都文京区水道2-1-1　振替　00150-2-175253
　　　　　（編集）電話 03-3815-5277／FAX 03-3814-6968
　　　　　（営業）電話 03-3814-6861／FAX 03-3814-6854
　　　　　本文組版 プログレス・日本フィニッシュ・松岳社

©ISHIDA Hiroshi　2017

ISBN978-4-326-64882-5　　Printed in Japan

JCOPY　＜(社)出版者著作権管理機構 委託出版物＞

本書の無断複写は著作権法上での例外を除き禁じられています。
複写される場合は、そのつど事前に、(社)出版者著作権管理機構
（電話 03-3513-6969、FAX 03-3513-6979、e-mail: info@jcopy.or.jp）
の許諾を得てください。

＊落丁本・乱丁本はお取替いたします。

http://www.keisoshobo.co.jp

佐藤博樹 武石恵美子	編著	ワーク・ライフ・バランスと働き方改革	2400円
佐藤博樹 武石恵美子	編著	人を活かす企業が伸びる 人事戦略としてのワーク・ライフ・バランス	2800円
佐藤博樹 永井暁子 三輪哲	編著	結婚の壁 非婚・晩婚の構造	2400円
中澤渉		なぜ日本の公教育費は少ないのか 教育の公的割合を問いなおす	3800円
中澤渉 藤原翔	編著	格差社会の中の高校生 家族・学校・進路選択	3200円
大島正夫		大学就職部にできること	2700円

石田 浩 監修
── 格差の連鎖と若者 ──

石田 浩 編
第1巻 教育とキャリア　　　　　　3000円

佐藤 博樹 編
第2巻 結婚と若者　　　　　　　　近刊

佐藤 香 編
第3巻 ライフデザインと希望　　　2800円

勁草書房刊

＊刊行状況と表示価格は2017年3月現在。消費税は含まれておりません。